I0125562

LETTRES FAMILIÈRES

SUR

L'ALGÉRIE

UN PETIT ROYAUME ARABE

PAR

M. Th. PEIN

COLONEL D'INFANTERIE EN RETRAITE.

PARIS

CH. TANERA, LIBRAIRE, RUE DE SAVOIE, 6.

CHALONS-SUR-MARNE

T. MARTIN, IMPRIMEUR-LIBRAIRE, ÉDITEUR.

FRANCE ET ALGÉRIE : CHEZ LES PRINCIPAUX LIBRAIRES.

1871

DÉPÔT LÉGAL

Marne

N° 52

1871

LETTRES SUR L'ALGÉRIE

Châlons-sur-Marne, imp. T. MARTIN, place du Marché-au-Blé, 50.

LETTRES FAMILIÈRES

SUR

L'ALGÉRIE

UN PETIT ROYAUME ARABE

PAR

M. Th. PEIN

COLONEL D'INFANTERIE EN RETRAITE.

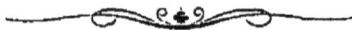

BIBLIOTHÈQUE NATIONALE R.F. IMPRIMÉS

PARIS

CH. TANERA, LIBRAIRE, RUE DE SAVOIE, 6.

CHALONS-SUR-MARNE

T. MARTIN, IMPRIMEUR-LIBRAIRE, ÉDITEUR.

FRANCE ET ALGÉRIE

CHEZ LES PRINCIPAUX LIBRAIRES.

1871

AVANT-PROPOS.

J'ai connu, dans l'armée, des officiers qui avaient toujours quelque chose à demander au ministre, qui ne leur accordait jamais rien; je n'ai pas à me plaindre d'avoir été traité de la sorte; pendant trente-deux ans que j'ai servi, je ne dirai pas la Royauté, la République et l'Empire, mais mon pays, ce qui exprime bien mieux ma pensée, le ministre n'a reçu de moi qu'une seule demande, celle de ma retraite, et je l'ai vu accueillir si gracieusement, si favorablement, que j'ai regretté de n'avoir pas demandé bien d'autres choses.

Je me trouvai donc, de bonne heure, libre comme l'air, pouvant faire tout ce que je voulais, et faisant, au contraire, ce que je ne voulais pas, bâillant à me démonter la mâchoire, tant je m'ennuyais de cette vie de lézard, de cette existence de fossile. Mon beau rêve de liberté s'était évanoui, et la liberté ne m'avait pas du tout donné ce que je lui avais demandé, elle n'avait pas fait comme le ministre. Avis aux amateurs.

Que devenir? Je songeai au mouvement, je me décidai à changer d'encastrement. Après avoir passé un an dans la Champagne, je séjournai six mois à Paris, puis autant en Normandie, j'allai revivre en Afrique, je me rabattis sur la Corse et, en dernier lieu, sur le midi de la France, sur le théâtre de la guerre des Albigeois.

Quoique le soleil y soit chaud, le vin passable, je ne m'y trouvai pas mieux qu'ailleurs; mais comme je m'aperçus que vingt francs dans la poche du voyageur n'en valent pas dix dans celle de l'homme en repos, force me fut de cesser cette vie nomade que le Juif-Errant ne put mener, pendant des siècles, que parce que ses moyens le lui permirent.

Cette circonstance me contraria ; mais je n'avais pas le caractère assez mal fait pour déblatérer contre le Gouvernement, parce qu'il ne s'engageait pas à défrayer l'officier en retraite pendant ses tournées de fantaisie.

Un adjudant-major, avec qui j'avais servi, me conseilla de me loger près de la caserne, je le fis. J'ouvrais ma fenêtre à chaque sonnerie ; tout ce qui sortait du quartier, compagnies, détachements, me passait sous les yeux ; pas un homme de corvée portant la soupe aux hommes de garde ne m'échappait, j'avais l'œil sur la cour, je suivais l'instruction des recrues ; mais la rue était assez mal habitée, le clairon et la musique à tour de bras m'empêchaient de dormir, et je ne trouvai pas longtemps récréative l'intonation des instructeurs « portez-armes ; baïonnette-on ; remettez-ette, » je délogeai.

Je me rappelai l'expression essentiellement militaire « planter ses choux » : je louai un jardin, je me mis à piocher, à arroser, à héserber ; mais la bêche me cassait les bras ; en me baissant, j'attrapais des courbatures ; je m'aperçus que j'avais pris la profession un peu tard, j'y renonçai.

J'achetai des rabots, des scies, un établi, je me fis menuisier ; hélas ! je n'ai pu parvenir à aplanir, avec la varlope, une planche large comme la main ; j'y faisais des entailles comme la hache du charpentier ; je ne persévérai pas dans la partie. Je rencontrai un ancien camarade qui me conseilla la tapisserie comme remède de l'hypocondrie.

Un autre raccommodait ses frusques, la retraite l'avait transformé en machine à coudre. Trois anciens faisaient, depuis quinze ans, une partie de loto qui n'était interrompue que par les repas ; ils me proposèrent d'être le quatrième.

Tout le monde m'indiquait son petit moyen, chacun s'intéressait à mon triste sort : un seul osa me parler d'un remède pire que le mal, le mariage ; ce n'était pas un homme sérieux.

J'étais toujours fort embarrassé, quand le facteur frappa à la porte, vociférant de la rue : « M. P***! M. P***! » Avec ces braillards-là, il n'est plus possible de vivre ignoré, pour soi, de cacher son existence. L'homme de lettres m'en remit une : elle était d'une connaissance, d'un pays, comme on dit dans le métier des armes ; c'était le fils d'un médecin. Il avait aussi étudié la partie ; mais, né dans l'aisance, aimant beaucoup la liberté et son prochain, il avait renoncé à exercer.

« Cher compatriote, me disait-il, vous vous livrez à l'ennui, je le sais ; je m'en afflige. Plusieurs de vos collègues s'adonnent au suicide, comme s'ils ne pouvaient pas attendre, la moyenne de la vie de l'officier en retraite étant de quatre ans. Vous ne les imiterez pas, vous saurez supporter le mal ; mais il faut faire mieux, il faut le guérir . Quoique j'aie renoncé à soigner le corps, je ne vois pas de danger pour mes amis à ce que je soigne leur esprit, et je vous adresse un conseil. Vous cherchez une occupation : écrivez, griffonnez, correspondons ensemble ; vous êtes resté si longtemps en Afrique que vous devez connaître les hommes et les choses de ce pays ; je suis avide de tout ce qu'on en dit. Vos souvenirs doivent vous fournir des matériaux pour une correspondance volumineuse ; allons, jetez-les sur le papier, pêle-mêle, comme vous l'entendrez, peu importe, vous me ferez toujours plaisir. »

Je préférai ce conseil aux autres, et me voilà griffonnant, barbouillant, distillant tout ce que je trouvais dans ma tête, dans mes souvenirs, dans quelques vieilles notes, des chiffons de papier. Quand mon grimoire atteignait en poids 100 grammes, j'expédiais, et mon ami n'avait pas l'air de s'en fatiguer ; je n'en revenais pas. Une idée en engendre toujours une autre : un jour, je me tâtai le pouls pour savoir si je ne pourrais arriver à tirer de mon pathos un groupe de faits formant un corps, je ne dirai pas bien complet, mais dont les membres fussent en corrélation, quelque chose, en un mot, qui pût être publié.

Je me mis à la besogne, et ce que je me permets de présenter au public, est donc tout simplement l'extrait d'une énorme correspondance, toute sans façon et plus que familière, limite littéraire que je ne puis dépasser.

Je n'espère pas que le lecteur trouve, à le parcourir, autant de plaisir que j'en ai trouvé à l'écrire, car ce travail a chassé l'ennui, et le remède indiqué par l'ami dévoué a cicatrisé une plaie qui menaçait de s'envenimer. Si elle se rouvrait, je chercherais à la fermer par le même procédé.

UN PEU DE PRÉFACE

Ce qui précède prouve que je n'ai pas eu la prétention de faire ce qu'on appelle un ouvrage. Ce que je raconte de l'histoire de Tougourt est incomplet et interrompu par des lacunes ; je ne pouvais chercher à les remplir en recourant à des documents que je n'étais plus à même d'obtenir, retranché et éloigné que je suis du cercle des personnes qui les possèdent, si toutefois il en existe : mes documents sont dans ma tête, mes archives sont de singulières archives, archives de poche, feuilles volantes, décousues, de vieux calepins en pièces et dont l'écriture effacée est presque illisible. Voilà mon bagage historique.

J'ai développé et mêlé à cette histoire des légendes qui m'ont été contées, parce que l'Afrique est le pays des légendes ; les ravins, les rochers, les tas de pierres, les arbres, les cavernes, ont leur légende ; chaque peuplade a la sienne, ou plutôt les siennes. Si le voyageur interroge son guide, et si son guide n'est pas un crétin comme il s'en trouve dans le nombre, il lui contera quelques légendes de son pays, et il les lui contera très-bien, car personne ne manie mieux la parole qu'un Arabe intelligent : l'Arabe est conteur, historien et avocat retors surtout.

D'ailleurs, on retrouve la légende au berceau de tous les peuples, grands ou petits ; et ces récits ont tant de charmes qu'arrivé au moment où l'histoire d'un peuple se dégage du féerique et du mystérieux, le lecteur quitte avec regret cette région fantastique où son imagination errait avec délices.

J'ai parlé de puits artésiens que creusent les indigènes, parce que beaucoup de personnes ne savent pas qu'il en existe en Algérie, et que celles qui savent quel degré d'ingénieuse simplicité a atteint l'outillage Dégousée et Laurent, ne trouveront pas sans intérêt de se voir reportées à quelques siècles en arrière et de connaître les longs et pénibles travaux, les grossiers procédés qui ont marqué l'enfance de l'art des sondages.

Si j'ai dit quelques mots des courses que firent dans le sud et de la manière dont furent organisées les petites colonnes mobiles formées, chaque année, dans le but de protéger nos tribus contre les coups de main du Chérif Mohamed Ben Abdallah, c'est qu'ayant été investi, pendant bien des années, du commandement d'une de ces colonnes légères, je n'ai pu résister au bonheur de revenir sur cette existence active que j'aimai tant, de me reporter, par le souvenir, à des lieux qui ont toujours pour moi quelque chose de poétique.

Se lancer dans les régions sahariennes sans parler du commerce du Sud paraîtrait assez singulier ; puis-je refuser un mot consolant aux âmes naïves qui y ont cru ? Non ; mais le commerce du Sud tiendra une très-petite place dans ces pages, parce que, après en avoir occupé une grande dans l'imagination, il était, au moment où j'ai quitté l'Algérie, presque réduit à la forme vaporeuse du mythe. Peut-être a-t-il, depuis cette époque, commencé à prendre un corps ? J'en doute.

Enfin, comme je n'ai jamais partagé l'avis des gens opposés à l'occupation de régions éloignées dont, selon eux, nous ne ferons jamais rien, j'ai saisi l'occasion d'exposer quelques idées sur les avantages que nous devons tirer, dans l'avenir, d'une zône inaccessible, il est vrai, à la colonisation européenne, mais que nous aurons à utiliser autrement. Dans ces parages, la sonde artésienne et la noria me semblent destinées à opérer une métamorphose et à doubler les ressources de l'Algérie en fertilisant des terres arides et improductives ; seules, la sonde artésienne et la noria peuvent, n'en doutons pas, amener dans l'avenir la solution de ce difficile problème :

Fixer au sol les populations nomades.

INTRODUCTION NOUVELLE

J'allais présenter aux lecteurs ce recueil de lettres, quand s'ouvrit l'ère de nos malheurs et force me fut, pour cette raison, d'en retarder la publication.

Absorbée par les tristes évènements qui se succédaient sans relâche, l'attention se trouvait détournée de tout ce qui y était étranger.

Puis éclata la guerre sociale, la guerre civile. Aujourd'hui le calme semble vouloir renaître. Dieu veuille qu'il s'établisse et soit durable !

L'attention se reportera sur l'Afrique qui, elle aussi, a eu ses déchirements intérieurs, mais qui, il faut l'espérer, va reprendre sa physionomie habituelle, et dont la République saura sans doute mieux utiliser les ressources que ne l'a fait l'Empire.

Aujourd'hui ma publication a un semblant d'actualité. D'abord on y trouve des détails sur le chef de la famille des deux Mograni qui furent l'âme de la dernière insurrection, et la zône dans laquelle se passent les évènements que je raconte pourra un jour offrir un important débouché aux populations du nord, si le nombre accru des colons les force à émigrer vers le sud.

Les temps anciens nous offrent l'exemple de populations qui ont suivi cette route et dont l'existence s'est modifiée et s'est appropriée, en peu de temps, à la nature des lieux devenus leur nouvelle patrie.

20 juin 1871.

LETTRES FAMILIÈRES

SUR L'ALGÉRIE

––––

LETTRE I.

IGNORANCE, INDIFFÉRENCE A L'ENDROIT DE L'ALGÉRIE.
— CE QUE C'EST QU'UN ROUMI.

Je suis bien convaincu, cher compatriote, que si vous
parliez à un Iroquois, un Caffre ou un Chinois, de Paris
ou de London, ils vous diraient tous qu'ils en ont entendu
parler ; mais si vous prononcez le mot de Tougourt devant la majorité des Français et des Anglais, vous pouvez
être certain qu'ils vous demanderont ce que c'est, pour
peu qu'ils soient curieux.

Cela se comprend, d'abord parce que Tougourt est
un point de l'Algérie très-éloigné des côtes, qu'on n'a
occupé que fort tard, et puis c'est qu'il règne en France
une ignorance des choses d'Afrique dont on est loin de
se douter dans notre colonie ; on est, à son endroit, d'une
insouciance dont rien n'approche.

Dans une ville de France qui compte aujourd'hui 120,000 âmes, le chef d'un établissement très-bien monté, très-achalandé, le propriétaire d'un salon de lecture, fréquenté par une bonne et nombreuse société, à qui je demandais avec étonnement comment il se faisait qu'il ne recevait aucun journal de l'Algérie, me répondait :
» Mon Dieu, monsieur, j'étais autrefois abonné à une
» des meilleures feuilles de l'Afrique; mais, comme elle
» n'était lue par personne, il m'a bien fallu, malgré moi,
» renoncer à la recevoir; c'était une dépense inutile, de
» l'argent jeté par la fenêtre. »

Et ceci se passait dans une de nos meilleurs cités du Midi, dans un pays d'où l'Algérie tire chaque année une bonne partie des vins qu'elle consomme.

Hélas! me dis-je, s'il en est ainsi dans le Midi, que doit-il en être dans le Nord? Cette réflexion m'attriste, elle m'inquiète pour l'avenir de notre belle colonie.

Des gens qui n'étaient dépourvus ni d'éducation, ni d'instruction, m'ont fait sur l'Algérie des questions comme celles-ci ou qui en approchent :

Etes-vous resté longtemps là-bas? — Très-longtemps. — Vous avez dû connaître M...? — Ni vu, ni connu. — C'est bien extraordinaire, il s'y trouvait en même temps que vous et habitait à Oran. — Moi, j'étais à Constantine. — On se voit donc très-peu là-bas?

Alger, pour certaines personnes, ressemblerait donc à un chef-lieu de canton.

Quant aux Africains, ils ont un autre travers. Je suppose que vous débarquez chez eux, arrivé de France tout frais; l'un d'eux vous parle de Tougourt et vous répondez: Connais pas. — Comment! connais pas : vous ne connaissez pas Tougourt ? — Non. — Or, soyez sûr que, quand vous aurez tourné le dos, il haussera les épaules et vous qualifiera de roumi, pourvu que ce soit un Africain renforcé.

Roumi est un mot du pays, mot de mépris dans la bouche d'un indigène et sous lequel il désigne le chrétien ; mais, entre Européens de la colonie, on surnomme roumi les gens venus de France depuis peu avec les idées de leur pays et qui, tout-à-fait étrangers à ce qui se passe en Algérie, marchent sur cette terre si nouvelle pour eux, de surprise en surprise.

Or, les Européens d'Afrique ont la prétention de croire que l'univers entier connaît certains lieux assez remarquables dans la contrée, certains faits importants pour la colonie ou pour la province ; mais le nom de ces lieux est à peine parvenu jusqu'aux flots de la Méditerranée ; le retentissement de ces faits s'est arrêté sur ses bords, ou si, poussés par le sirocco, ils ont pu arriver jusqu'aux plages de notre belle Provence, ils se sont perdus dans le tourbillon soulevé par son affreux mistral.

LETTRE II.

RÉGIONS MAUDITES.

Il est, sous la calotte des cieux, des lieux toujours couverts de neige et de glaces; on y grelotte, on y tremble, on s'y emballe dans des fourrures et on a toujours froid. Il est d'autres contrées que rôtit le soleil, que ses rayons calcinent, où l'on cuit dans son jus, où l'on s'en va tout en eau, comme au Congo, par exemple; d'autres, comme Cayenne, dont le séjour malsain remplace avec avantage la peine de mort, pour crimes politiques. Ne dirait-on pas que ces lieux sont maudits, que Dieu, dans sa colère, a détourné sa face de leurs habitants, pour un motif ou pour un autre, et qu'au contraire il aime et protège exclusivement une autre partie du genre humain, qu'il a placée dans des endroits privilégiés, dans certaines contrées de l'Europe, de l'Asie, de l'Océanie, où règne un printemps perpétuel, où il semble que là seulement la vie ait des charmes, l'avenir soit riant, l'existence douce et facile. Eh bien, c'est une grosse erreur, chacun se trouve bien là où il est né! chacun chérit le berceau de son enfance. Nous sommes Français, je ne dis pas le contraire, mais nous n'avons pas le monopole de la chanson; si les autres sont Esquimaux, Russes, Malais ou Nègres, ils n'en chantent pas moins : « Mon pays avant tout. » C'est drôle, mais c'est comme cela.

Pourquoi les choses ont-elles été ainsi arrangées? Cherchez bien, je parie que vous ne vous en doutez pas ; eh bien, ni moi non plus : tel que vous me connaissez, je n'en sais pas le premier mot; cependant, voilà ce que j'ai pensé, après m'être demandé ce que nous faisions dans le monde. « La Providence nous emploie, sans que nous le soupçonnions, à une grande œuvre qu'elle accomplit partout, et, afin de trouver des ouvriers dans toutes les directions, elle inspire à tous les hommes l'amour du pays et l'instinct de la conservation. » Nous sommes les dindons de la farce proprement dits.

Ceci était pour arriver à vous dire que je ne crois pas devoir classer Tougourt au nombre des contrées privilégiées. Si vous continuez la lecture de mes lettres, vous vous rangerez à mon avis.

LETTRE III.

L'OUED R'IR. — FIÈVRE QUI Y RÈGNE.

Tougourt est la capitale de l'oued R'ir, oasis du Sahara, située à plus de 400 kilomètres de la mer, dans le sud de la province de Constantine.

Cette oasis occupe une bande sablonneuse qui s'étend du nord au sud, sur une longueur de 120 kilomètres, et de l'est à l'ouest, sur une largeur de 20 kilomètres seulement. Elle est couverte de villages et bourgs construits en terre et si peu distants les uns des autres, qu'en en quittant un, on en aperçoit toujours un autre. Chaque village a sa forêt de palmiers qui l'entoure ou lui est adjacente ; celle de Tougourt seule renferme 120,000 de ces arbres. Cette ville se compose de 400 maisons et compte 2,000 habitants pour le moins ; elle est, comme les autres centres de population de l'oasis, défendue, d'après le procédé local, par une muraille en pisé, plus épaisse que celles des maisons particulières, et entourée d'un fossé rempli d'eau stagnante, sale, verdâtre, infecte, que les Arabes désignent sous·le nom d'El ma Fassed, *eau corrompue.*

On est surpris de trouver, sur plusieurs points de l'oasis, d'immenses lacs de 40 à 50 mètres de profondeur, dont l'eau est pure et ne ressemble en rien à celle des fossés ; un de ces lacs, situé au sud de Tougourt, a plusieurs kilomètres de longueur. Ils sont peuplés de myriades d'oiseaux aquatiques des espèces les plus variées et les plus bizarres : les tadornes, les oies, les canards, etc.; les espèces de canards surtout y sont nuancées à l'infini. Au premier abord, on a peine à croire que la race humaine partage, avec ces bêtes aquatiques, la propriété d'une terre aussi détrempée et qui semble créée exclusivement pour ces volatiles palmés.

Aussi, ses malheureux habitants sont en proie, chaque année, aux horreurs d'une fièvre d'un genre tout particulier et qu'on appelle *thèm.* Cette maladie, du caractère le plus pernicieux, n'épargne personne ; quand l'œil du nouveau-né s'ouvre à la lumière, sa bouche a déjà aspiré, avec les premières bouffées d'air, les miasmes pestilentiels dont il est saturé, et le vieillard descendu dans la tombe n'a jamais vu finir un printemps sans éprouver le malaise du *thèm,* que la saison chaude lui apporte régulièrement; au reste, il l'attendait chaque année comme une nécessité de son existence, s'y résignait comme on se résigne aux misères de la vie; elle ne l'effrayait plus ; si elle ne fût pas venue, il s'en fût peutêtre inquiété, il eût peut-être supposé du dérangement dans son organisme, il eût peut-être fait à la mosquée des prières pour la réclamer.

Comme les Parisiens qui vont à la campagne, quand leurs moyens le leur permettent, chercher une agréable fraîcheur que la capitale leur refuse, les Rouar'as (habitants de l'oued R'ir) essaient de tempérer la force de la maladie en allant demander un air plus pur à la partie des forêts de palmiers la plus éloignée des mares et des lacs. Cette précaution, qui les soulage un peu, ne les soustrait pas aux rigueurs du fléau qui regarde l'oued R'ir comme son empire pendant une partie de l'année et abuse de sa position.

Si la maladie altère le physique, elle n'est pas sans influence sur le moral. La population, atrophiée, abâtardie, gratifiée de plus sous ces latitudes de quelques particularités physionomiques de la race nègre, est d'un aspect peu séduisant. Ajoutez au thèm l'ophtalmie en permanence, produite par le soleil, le sirocco et la poussière, entretenue par la malpropreté et la mauvaise construction des habitations, et il vous sera possible, cher compatriote, de vous faire une idée de cette peuplade de malingres, de borgnes, d'aveugles et d'abrutis que le ciel a jetés au milieu du Sahara pour des raisons à lui connues, mais dont il n'a pas à nous rendre compte : rien de plus affreux que ces momes nus comme des vers, maigres, décharnés, errant dans les rues, précédés d'un abdomen qui les absorbe et dont la grosse tête est ornée d'une pincée de cheveux de couleur fauve. On se demande s'il n'eût pas mieux valu que de pareils avortons fussent morts en naissant. Il en meurt beaucoup ; mais, là comme ailleurs, les déficits se comblent.

L'énergie fait souvent défaut aux Rouar'as. Plusieurs années après notre occupation, les habitants d'un village, armés de fusils, ont fui devant 200 Tunisiens vagabonds, venus pour les piller. Ils se réfugièrent dans leurs palmiers, laissèrent aux maraudeurs le temps nécessaire pour faire leur coup à leur aise et ne rentrèrent chez eux que lorsque les chouaf (vedettes) les eurent avertis que l'ennemi s'était retiré avec le butin qu'il avait pu emporter.

Et cependant, la force numérique des maraudeurs était inférieure à la leur.

Une telle population, incapable de se gouverner elle-même, devait subir le joug du despotisme et du bon plaisir.

LETTRE IV.

HABITATIONS DES ROUAR'A.

Les maisons de l'oued R'ir diffèrent peu, par leur construction, de celles des autres ksars[1] du Sud ; la toub ou brique cuite, en terre, en fait l'élément principal, comme le couscoussou est l'élément de la nourriture arabe. On modifie ses dimensions ; dans les lieux où la terre n'a pas assez de consistance, on y mélange de la paille hachée, comme à Msilah par exemple ; là où elle est trop forte, on y fait entrer du sable, mais c'est toujours la toub, c'est jus vert ou vert jus. On les lie toutes entre elles par du mortier de terre. La toiture se compose de djerids (branches supérieures du palmier) dans les oasis situées

---

[1] Ksar pluriel de ksour (village).

le plus au sud, ou de roseaux dans les ksars du Nord ;
ces djerids ou roseaux remplacent exactement les lattes
auxquelles on fixe chez nous le plâtre des plafonds. Les
djerids ou les roseaux sont soutenus par des poutres
d'ar'ar (genévrier) dans les oasis situées près des montagnes où il abonde, comme Mdoukal, Bousa'adah, Msilah ;
dans les autres, l'ar'ar est remplacé par l'arbre de palmier,
qui est moins solide et forme, sous le poids de la toiture,
une courbe intérieure qui offre aux étrangers la perspec-
tive riante d'être écrasé par les plafonds, car les djerids
ou les roseaux supportent une couche de terre détrempée qui remplace la tuile et dont la pesanteur, mal cal-
culée, est souvent au-dessus des forces de la malheureuse
poutre ; mais vous savez que les Arabes n'y regardent
pas de si près et ne sont pas gens de détail. Le soin
minutieux que nous prenons des choses les fait rire de
pitié, ils les font bien plus en grand ; rien d'étriqué chez
eux.

La maison est à quatre faces et à cour intérieure. Quand
je dis cour, il faut nous entendre : c'est un espace plus
ou moins étendu dont la surface n'a souvent pas deux
mètres de côté ; dans le plus grand nombre des habitations, la maison n'a pas de mur du côté de la cour, ce
qui n'a pas d'inconvénient dans un pays où l'on n'éprouve
pas la rigueur des grands froids. Elle ne se compose que
d'une seule pièce qui forme alors, sans porte de communication, la chambre à coucher, la salle à manger et le
salon. On fait, au moyen d'une natte ou d'un haïk ou
haouli (grande pièce d'étoffe qui fait partie de l'habillement), un réduit pour la partie féminine de la famille,
sur laquelle l'œil de l'étranger n'a pas le droit de se

promener. Ce mur n'empêche pas d'entendre tout ce que l'on dit; mais chez les Arabes il n'y a pas de secrets.

Le feu se fait dans l'appartement, la fumée s'en va par les sorties générales, comme tout le monde, et ne jouit pas, comme chez nous, du privilége d'une issue pratiquée à son intention; aussi, elle ne s'en va jamais avant d'avoir caressé les murailles, qu'elle noircit, et arraché des larmes à tous les yeux, peu disposés pourtant à la regretter. Les femmes, réduites à un état larmoyant perpétuel, n'ont plus aucun effort à faire pour pleurer à la mort de leur époux.

Les gens huppés blanchissent leurs maisons à la chaux et jouissent, de plus, d'une chambre séparée qu'on nomme hanout; elle donne sur la rue : c'est le magasin, s'ils sont marchands; s'ils ne sont rien, c'est une pièce de luxe, mais c'est toujours là qu'on s'étend, qu'on fume, qu'on reçoit l'ami et qu'on couche la nuit; aussi communique-t-elle, par une petite porte bien basse, au logement des femmes. Quelques maisons ont un étage, c'est un grenier ou le logement d'une autre famille.

LETTRE V.

MOBILIER. — BIJOUX.

Chez les Arabes, on reconnaît l'opulence à l'abondance des tapis, de la soie, des joyaux de femme, des lourds anneaux aux jambes, des bracelets, des coraux autour du cou, des plaques et des larges rosaces dont l'ensemble se nomme chebka et qu'elles s'appliquent sur la poitrine, gros bijoux disgracieux, suspendus et battant sur un sein aplati ; le tout, soit en or, soit en argent, soit en cuivre argenté, selon les moyens du chef de famille ; tout cela est de très-mauvais goût et de très-gros volume, et la malheureuse que sa position condamne à s'affubler de cette incommode parure, de ces anneaux aux tibias, de cette batterie d'ustensiles sur l'estomac, serait incapable de battre le moindre entrechat et rappelle, en se mouvant, l'élégante allure du condamné au boulet, jointe à la marche bruyante de l'Auvergnat qui passe dans nos rues avec son attirail de casseroles.

Le pauvre n'a d'autres meubles que des nattes déchirées, quelques sacs de laine contenant le grain et le couscoussou séché. Le riche a des coffres en bois couverts de sculptures et de peintures bizarres.

Si l'habitant d'une maison est père d'un nouveau-né, l'enfant est placé dans un panier grossier, sur des chiffons pliés, et ce berceau, d'un genre particulier au pays, est suspendu par une corde en laine à une poutre du plafond ; on comprend alors qu'il est facile à la mère de mettre en branle le berceau d'un mouvement du pied ou de la main, sans se déranger beaucoup de son travail ; l'élan maintient longtemps l'oscillation du pendule. Je recommande aux mères de famille ce procédé ingénieux de berçage, qui permet de faire deux choses à la fois, mais dont la simplicité est trop grande pour que la civilisation l'adopte.

Il ne peut arriver que l'époux ivre saisisse une chaise pour battre sa femme ou renverse une table ; dans les maisons comme sous la tente, il n'existe ni chaise, ni table ; les indigènes trouvent plus simple de s'asseoir par terre, les jambes croisées exactement comme les tailleurs, et de manger dans un plat posé sur le sol battu qui forme le parquet. De plus, l'Arabe ne se grise pas, parce qu'il n'a pas encore assez fréquenté les roumis et ne boit que de l'eau, ce qui ne l'empêche pas de jouer quelquefois, à tête reposée, le proverbe : « qui aime bien châtie bien. »

Les portes, composées de lourds madriers de palmier joints entre eux par des traverses de même bois, sont d'une pesanteur impossible ; on s'expose à se briser la clavicule chaque fois que de l'épaule on pousse la porte du logis. Les serrures sont en bois et d'un mécanisme très-primitif, mais pourtant si compliqué qu'il faut bien l'avoir examiné pour le comprendre ; aussi, suis-je très-convaincu, cher compatriote, que quand j'aurai sué sang et eau pour bien vous l'exposer dans ses détails, vous serez arrivé immanquablement à vous demander ce que cela peut être. L'expérience m'a prouvé que la parole n'ayant jamais pu parvenir à donner une idée exacte de la chose la plus simple, c'est se mettre positivement le doigt dans l'œil que de se figurer qu'on est compris quand on décrit un objet complexe. Je veux cependant braver la difficulté et vous parler de cette fameuse serrure, il vous en restera toujours quelque chose ; mais il faut me recueillir.

LETTRE VI.

COMMENT ON FERME SA PORTE.

Le corps de cette serrure est un morceau de bois formant un parallélipipède long de 50 centimètres, plus ou
moins, et placé verticalement dans la porte aux lieu et
place des serrures ordinaires; il correspond avec un
autre morceau de bois de même forme, mais plus court
des trois quarts, qui, y faisant suite, se trouve dans le
chambranle et remplace ou forme la gâche. La serrure
est creusée de manière à recevoir exactement une petite
bande de bois armée de dents comme un peigne, et au-
dessous de cette bande une pièce de bois percée de trous
correspondant aux dents destinées à s'y placer quand la
porte est fermée. Il existe de plus, au-dessus de la bande
de bois, un espace suffisant pour qu'elle puisse être sou-
levée par la clef, assez haut pour que les dents soient

poussées en dehors de leur trou ; cette opération étant faite, le morceau de bois délivré de l'attache des dents rentre dans la gâche et la porte est ouverte. La clef est simplement aussi une bande de bois, en tout semblable à celle armée de dents à l'intérieur ; elle s'introduit horizontalement dans la serrure, et celui qui veut ouvrir la porte lui imprime un mouvement de rotation, jusqu'à ce qu'il s'aperçoive que chaque dent de cette clef touche la dent intérieure correspondante et la repousse. Ouf! cher compatriote, je n'en puis plus, je ne me sens pas la force de continuer sur le même pied, d'autant que je ne vois plus rien à ajouter ; cependant je vous avoue que, si je n'avais pas vu la serrure, je m'en ferais, je crois, une idée bien imparfaite en lisant le galimatias qui précède, mais qui n'aura pas de suite; il suffit pour vous prouver que les inventions des peuples aux habitudes encore patriarcales n'ont pas toutes la simplicité de leurs mœurs.

Depuis plusieurs années, les Arabes du Sud commencent à renoncer à leurs serrures en bois, qu'ils remplacent par des serrures en fer très-volumineuses, dont la pesante clef, longue de vingt-cinq centimètres, est suspendue à leur cou par une lanière de cuir rouge. Une méfiance à toute épreuve peut seule porter des créatures à se juguler de la sorte. Le soir, quand l'Arabe rentre chez lui, il tient la clef à la main comme une arme défensive ; car, pendant le règne des sultans de Tougourt, chacun était forcé de faire la police soi-même : on rencontrait, le soir, dans les rues, plus de coquins que d'honnêtes gens, et, s'il n'était pas rare que de paisibles citoyens fussent dévalisés, il n'arrivait jamais qu'on découvrît les auteurs de ces gentillesses. Ceci explique l'abondance des chiens chez les Arabes ; sans ces hurleurs qui rôdent toute la nuit à l'intérieur des tentes et jusque sur leur faîte, dans les maisons et sur leur toit, nul habitant tenant à sa bourse, nul mari tenant à sa femme, ne pourrait dormir tranquille, tant les voleurs et les amants ont d'adresse et d'entente de la chose.

LETTRE VII.

TENUE DE LA MAISON. — SCORPIONS. — MOSQUÉE. — CASBAH.

Les Arabes ne s'occupent de la propreté de leur maison qu'à la dernière extrémité. Les ordures n'en sont enlevées que quand elles deviennent encombrantes et gênent la circulation. Les animaux sont attachés dans la cour où le fumier reste épars au moins quinze jours et d'où on ne l'enlève que quand il est déjà bien fait et commence à infecter.

On comprend que dans un ménage arabe la vermine se trouve à l'aise; elle y vit en famille et les puces s'y livrent à une danse perpétuelle. Dans les douars, sous la tente, elles paraissent se plaire autant que dans les maisons; aussi, quand nos malheureux soldats en expédition étaient forcés de camper sur un emplacement récemment quitté par les tribus, leur nuit se passait dans les tourments de la démangeaison, avant-goût brûlant du purgatoire, et ils en emportaient une provision d'insectes qui ne les quittaient plus ; les vivres pouvaient manquer, les puces jamais.

Les vêtements de laine des indigènes servent de résidence dans leurs plis à d'autres animaux moins gymnastiques, moins féroces, dont la piste chatouille doucement l'épiderme, et qui a l'avantage de fournir à l'homme inoccupé le plaisir de la chasse en tout temps ; l'autorité ne la prohibe jamais, aussi l'Arabe s'y livre en sa présence, sans jamais se gêner.

L'Arabie peut être le pays des parfums ; l'Arabe d'Afrique en a rapporté des odeurs à nulle autre pareilles ; je n'ai encore vu rien qu'on puisse comparer à l'odeur de Bédouin, qui s'obtient au moyen de trois éléments, la laine, la sueur et la poussière, après un séjour prolongé des vêtements sur un corps d'une propreté douteuse. Ce parfum *sui generis* n'a rien d'analogue dans l'Europe civilisée et je regrette bien vivement, cher compatriote, de ne pouvoir vous en expédier un échantillon dans cette lettre.

Les maisons des ksours du sud sont fréquentées par un hôte venimeux dont les piqûres sont à redouter, c'est le scorpion ; on en trouve partout, dans les ordures, sous les vieilles pierres, le long des murs du logis. Pendant la saison chaude, l'Arabe de ces contrées passe la nuit dehors ou dort sur les terrasses, sur un bois de lit improvisé avec des djérids qu'on appelle *cedda* ; jamais personne ne se place sur ce cedda avant d'avoir fait sur la terrasse une ronde éclairée par des torches de branches enflammées, visité les fentes et les encognures et massacré impitoyablement les animaux qui s'y trouvent. On prétend que quand cette bête venimeuse, d'un jaune livide, parsemée de taches noires, ou quelquefois entièrement noire, se trouve dans un cercle de feu, elle tourne contre elle-même le dard empoisonné qui termine une queue qui semble formée d'anneaux. La chasse faite au scorpion n'empêche pas l'Arabe d'être fréquemment piqué par cet insecte horrible, affreux, qu'on a fourré dans le zodiaque, par une idée que j'ai peine à comprendre; que ceci ait été fait par les Chaldéens, les Egyptiens ou autres, je ne leur fais pas compliment de leur choix.

A Tougourt, comme dans tous les ksours, les rues sont silencieuses; elles n'ont jamais retenti du bruit des carosses, jamais une roue n'y a tracé son ornière, et cela ne vient pas de ce qu'elles sont pavées, elles ne le seront pas de sitôt, mais de ce qu'en Afrique la roue est inconnue, même la roue pleine des héros d'Homère et des chars Troyens; on n'a aucune notion de l'état de charron.

A Tougourt, l'Arabe marche, les pieds nus, sans bruit, comme les ombres sur les bords de l'Achéron; le peuple, le prolétaire, préfère, à la chaussure la mieux confectionnée, la semelle de la nature, parce que, jusqu'à présent, il n'a rien trouvé qui coûte moins et dure plus longtemps. Cependant les petits chikhs qui avaient affaire à l'autorité française, sachant sans doute, que chez nous le mot de va-nu-pieds est un terme de mépris, ne se présentaient jamais au commandant français sans souliers; en partant ils en plaçaient une paire dans le capuchon du burnous, les en tiraient pour les chausser quand ils arrivaient à la porte de l'officier, et quand ils en franchissaient le sol pour retourner chez eux, les souliers reprenaient leur place dans le capuchon ; ce procédé économique pourait prolonger la vie du soulier au-delà de celle de l'homme, le soulier pourrait ainsi vivre autant que la corneille.

Tougourt, comme toutes les villes résidences d'un pouvoir petit ou grand, peu importe sa dimension, possède ce qu'on appelle une casbah, sorte de bâtiment fortifié, dans lequel se trouve l'habitation du chef de la localité. Je me trouve assez embarrassé pour vous donner une description de celle de Tougourt ; vous en aurez une idée assez nette si je vous dis que cela ne ressemble à rien ; c'est un amalgame de bâtisses, sans goût, avec cour et jardin ; une construction assez mal entendue quant à la défense et située dans lieu retiré, sur le bord du fossé. Une muraille l'entoure, une porte secrète ouvre sur ce fossé, on l'appelait Bab el r'deur (porte de la trahison) ; elle offrait de grandes commodités pour le cas où le sultan avait à se défaire de quelqu'un qui le gênait, un ami à noyer, un cadavre à dissimuler à tous les yeux au moyen d'une culbute dans l'infect bourbier. Cette ouverture était très-appréciée par les dépositaires du pouvoir qui s'en servaient aussi pour faciliter l'entrée clandestine du sexe qu'ils honoraient de leur amour, des femmes qui avaient à garder un certain décorum. Toute la famille du sultan avait des appartements dans la casbah, mais chaque ménage y vivait séparément.

Tougourt possède aussi une mosquée remarquable à l'intérieur. Le dôme surtout attire l'attention. Le marbre, l'élégance des colonnes, les moulures en plâtre, une sorte de chaire qu'orne l'ivoire, fixent l'attention. On y reconnaît, comme dans les mosquées et palais des grandes villes, la main de l'ouvrier européen. A diverses époques des vagabonds ouvriers, venant de divers pays, parcoururent la régence ; ils y arrivaient par Tunis assez habituellement ; on y attirait même des étrangers quand ils étaient artistes, ils étaient chargés des travaux d'art des mosquées et des casbahs. On employait à ces mêmes travaux les ouvriers qui se trouvaient sur les prises faites par les corsaires ; ils étaient généralement bien traités et assez grassement payés.

LETTRE VIII.

TEMPÉRATURE. — TOURBILLONS.

Pendant la saison chaude, qui est fort longue dans l'oued R'ir, la température s'élève et se maintient, en moyenne, à 46 degrés; en hiver, elle est très-variable; il n'est pas rare d'avoir des nuits fraîches, des matinées où le froid atteint 2 ou 3 degrés au-dessous de zéro avant le lever du soleil, quand le même jour, à midi, on peut jouir d'une chaleur de 25 à 28 degrés; on comprend le danger de ces transitions subites et fréquentes. Enfin, dans un pays où les boissons toniques seraient si salutaires, on ne peut s'abreuver que d'une eau laxative, débilitante, si fade au goût qu'il est impossible d'en obtenir du café passable; c'est l'eau des sources jaillissantes.

De tous côtés, et surtout du côté de l'ouest, l'oasis est

limitée par une ligne de mamelons de sable, que le vent augmente et diminue selon son bon plaisir ; dans ce pays-là, il arrive qu'un chemin facile et plane, que vous avez parcouru hier sans obstacle, est aujourd'hui obstrué par une montagne improvisée. Le même phénomène peut se présenter, sur une longueur de 25 lieues, le long de la route la plus au sud de Tougourt au Souf. Il en résulte que des voyageurs, pris la nuit par une tourmente, sont très-exposés, le matin, à ne pas reconnaître leur chemin, à errer et mourir de soif dans les dunes.

Quand le vent du désert soulève en tourbillons les sables fins des mamelons, fantaisie qui lui prend un peu trop souvent, l'air en est obscurci, les yeux aveuglés ; ils pénètrent dans les narines, la gorge, et provoquent une toux fatigante. C'est vraiment un très-joli petit pays, dans lequel il semble que le Ciel se soit plu à réunir toutes les conditions de malaise et d'insalubrité ; on ne sait vraiment trop que penser des antécédents d'une race qui a mérité que Dieu, dans sa colère, l'ait traitée si durement.

LETTRE IX.

PUITS ARTÉSIENS DE L'OUED R'IR. — COMMENT LES INDIGÈNES LES CREUSENT.

Nous allons maintenant, cher compatriote, passer à ce qui fait l'importance du pays ce qui produit et entretient cette végétation vigoureuse, qui n'existerait pas sans cela : aux sources d'eau jaillissante qui, seules, font naître et vivre les forêts de palmiers.

Il règne, dans toute la longueur de l'oued R'ir, une nappe d'eau artésienne qui se rencontre, en moyenne, à 45 mètres de profondeur, et, comme les couches à percer pour y arriver sont tendres et friables, les Arabes l'ont fait jaillir en creusant, par des moyens grossiers, par des procédés lents et pénibles, des puits dont la construction porte bien le cachet de toutes les œuvres d'un peuple encore dans l'enfance de l'art. Ils nomment ces puits *aioun* (yeux ou fontaines).

Malgré tout le respect dû aux Saintes-Ecritures, il faut reconnaître que, de malencontreuses découvertes de la science font régner un certain doute sur l'époque de la création du monde; il existe aussi sur la date à laquelle remonte le creusement du premier puits artésien de l'oued R'ir, non pas du doute, mais une ignorance complète. On rencontre, en pays arabe, des vieux qui prétendent tout savoir; j'ai interrogé de nobles patriarches qu'on m'a cités comme des puits de science jaillissante, impossible d'en rien tirer là-dessus, ce qui m'a d'autant plus étonné qu'il est rare de les trouver à court de légendes.

On raconte qu'un jour un curé de village faisant un sermon à ses ouailles, était allé un peu trop loin en peignant les tortures de l'enfer et s'en aperçut aux sanglots de son auditoire, qui lui fendirent le cœur, car il était bon homme au fond; aussi, s'arrêta-t-il tout-à-coup et crut réparer, par les paroles suivantes, le mal qu'il avait fait : « Mes chers Frères, ou plutôt mes chères Sœurs, ne pleurez pas tant, ce que je vous dis là n'est peut-être pas vrai. » Celui qui répète une légende n'est pas plus sûr de ce qu'il dit que mon curé; tout le monde sait ce que vaut la légende; mais c'est si séduisant.

Je suis désolé de ne pouvoir vous en dire une sur les puits artésiens, hélas! je ne l'ai trouvée nulle part; c'est véritablement une lacune regrettable, le puits prête tant à la légende. Je me serai mal adressé, pour en trouver une.

J'ai parlé, plus haut, des grands lacs très-profonds qu'on trouve dans l'oasis; on s'est demandé ce que pouvaient être ces lacs dont l'eau est exactement la même

que celle des sources jaillissantes ; j'ai toujours pensé
que, dans le principe, c'était de profonds ravins
à sec et au fond desquels la couche imperméable[1], percée
par un déchirement dont la cause est inconnue, a donné
passage à l'eau qui les remplit. Je vais plus loin ; je crois
que c'est l'existence de ces lacs qui a fixé des populations
sur leurs bords et mis l'habitant de ces contrées sur la
trace de la nappe artésienne.

Les Arabes appellent ces grands lacs Bahar, mot qui
signifie la mer, dont ils donnent une idée. L'eau qui
remplit les fossés entourant les villages et entrecoupant
les bois de palmiers, diffère complètement de celle des
puits ; elle n'est pas potable et est fournie par une nappe
ascendante qu'on rencontre à trois ou quatre mètres de la
surface du sol en le creusant. Cette eau est appelée, par
les Arabes *el ma fassed*, l'eau gâtée.

Je ne pense pas qu'il soit possible de vous parler de
l'oued R'ir sans vous expliquer de quelle manière ses
habitants s'y prennent pour creuser le puits artésien. Je
vous ai exprimé mon peu de goût pour les descriptions
techniques, persuadé que je suis de l'impuissance, en pareil
cas, de la langue et de celui surtout qui la parle ; il existe
cependant des cas dans lesquels on se voit forcé de risquer la description verbale, de chercher à faire comprendre, par des paroles, le mécanisme d'une opération
quelconque.

---

(1) La couche imperméable est la dernière qu'on rencontre en
creusant les puits artésiens ; l'eau qui jaillit se trouve immédiatement au-dessous de cette couche.

Le creusement des puits est, dans l'oued R'ir, la principale, on pourrait dire la seule industrie ; elle fait vivre la population, elle prolonge son martyre sur cette terre. Le procédé est si grossier, si primitif, l'opération si longue et si ardue, que la curiosité doit se trouver piquée précisément par ce côté-là ; car nous demeurons stupéfaits de voir l'Arabe rechercher, par un travail long et pénible, la solution du problème que nous donne si facilement et si promptement l'emploi de la sonde artésienne. Enfonçons-nous donc dans la description, comme on se glisse sous des lianes et des ronces touffues, sans savoir comment on pourra s'en dépêtrer.

La dépense occasionnée par la création d'un puits est supportée par les propriétaires des terrains qu'il doit arroser, à frais communs. On emploie, pour commencer le creusement, d'abord une corvée de domestiques, disons de serviteurs, mot qui passe pour être beaucoup plus patriarcal, je ne sais trop pourquoi, puisque le mot domestique vient de *domus*, maison, et le mot serviteur de *servire*. Le premier sent la famille, le second l'esclavage. Mais c'est ainsi que la civilisation embrouille les choses. Ces serviteurs, qu'on nomme en arabe *khammès*, enlèvent les terres jusqu'à la couche de mauvaise eau ; ils sont payés de ce travail par de bonnes paroles ; ils ont droit, pour les soutenir dans leur tâche, à des encouragements et à des remerciements ; et, sachant qu'il y aurait mauvaise grâce à réclamer autre chose, ils poussait le désintéressement jusqu'à ne pas même exiger ce qui leur est dû. Quand ils ont fini, ils s'en vont et ne reviennent plus ; on n'en a jamais vu demander à continuer aux mêmes conditions.

Ces serviteurs sont remplacés par des ouvriers de trois professions différentes :

1° Les puisatiers, qui prennent le travail du creusement à l'eau parasite et le conduisent jusqu'à la couche imperméable ;

2° Les charpentiers, qui construisent et posent le coffrage du puits dans toute sa profondeur ;

3° Enfin les plongeurs (en arabe *r'thas*), qui prennent le travail où les autres ouvriers le quittent, percent la dernière couche, font jaillir l'eau et dégagent le puits des sables qu'elle pousse devant elle.

J'ai omis de vous dire que le trou que creusent les serviteurs pour arriver à l'eau corrompue, a un orifice extrêmement large afin que plusieurs hommes puissent y travailler, et la terre est enlevée au moyen de paniers d'halfa ou de feuilles de palmiers auxquels on attache une corde d'écorce du même arbre, quand la profondeur à laquelle on est arrivé exige qu'ils soient hissés par des hommes restés en haut. Ce détail n'est pas sans importance, car le trou que va creuser le puisatier a un diamètre bien moins grand.

Le coffrage qui va soutenir les parois intérieures du puits est de bois de palmier ; il forme un tube carré de 70 à 75 centimètres de côté. Les puisatiers sont payés à raison de 1 franc 50 à 2 francs 50 le mètre, plus ou moins, selon la profondeur à laquelle on travaille et la dureté des couches qu'on a à percer ; et, comme dans l'oued R'ir, les couches sont, à peu d'exception près, de même nature et superposées dans le même ordre partout, on a, pour établir des prix, des bases anciennes et qui n'offrent plus matière à discussion.

Les charpentiers reçoivent 11 francs par mètre vertical de coffrage.

Quant aux plongeurs, ils touchent, en moyenne, cinquante centimes par panier qu'ils remplissent de terre ; le panier est petit, il est vrai, mais la gêne qu'ils éprouvent à travailler dans un endroit peu éclairé, étroit, souvent submergé, ne leur permet pas d'en remplir assez pour faire de gros bénéfices, et on ne connaît aucun de ces plongeurs qui achètent des châteaux sur leurs économies. Cependant, comme ils vivent de rien, il en est qui arrivent à acquérir, avec leur travail, quelques palmiers et une maisonnette, et ce sont généralement les enfants qui en profitent, car le métier de plongeur use très-vite un homme : l'exercice fatigant, exténuant auquel il se livre pour arriver à retenir sa respiration sous l'eau, souvent pendant deux minutes et demie, ne peut pas contribuer à leur fortifier la poitrine et leur assurer de longs jours.

J'ai dit que les puisatiers se présentaient quand les domestiques s'en allaient. Ils commencent par épuiser l'eau corrompue qui arrive, afin de travailler à sec ; ils se mettent alors à creuser et placer leurs terres dans les paniers qu'on leur descend vides au moyen d'une corde et qu'on remonte pleins, et la besogne continue ainsi jusqu'à ce qu'ils arrivent à la couche imperméable qu'ils reconnaissent infailliblement à un mince filet d'eau jaillissante qui filtre au travers. Pendant que les puisatiers travaillent, les charpentiers ont confectionné et mis en place le coffrage, suivant de près les puisatiers pour les protéger contre les éboulements par le placement successif des caisses du coffrage.

Vient alors le tour du plongeur : c'est l'homme indispensable, la cheville ouvrière de l'édifice, l'artiste dont le travail peut seul utiliser celui des autres. Le voilà : son aspect n'a rien qui séduise, rien qui flatte ; il est musclé, maigre, toujours laid, souvent maussade, pour avoir l'air digne. On voit que c'est l'homme qui connaît toute sa valeur personnelle, qui sait que son travail n'est pas payé, mais qui reconnaît que la fortune des gens qui en profitent ne suffirait pas pour le rétribuer, et qui ne veut pas abuser de sa supériorité. L'homme qui ne craint pas d'exposer sa vie quatre ou cinq fois par jour, à 50 centimes le panier, n'a pas pour mobile l'intérêt ; ses vues sont plus grandes ; il se dévoue au bonheur de ses semblables et espère en Dieu ; il vit de galettes d'orge sur terre, pour avoir quelque chose de mieux dans le ciel. Je m'avance beaucoup, peut-être, en le supposant animé de tels sentiments.

Il arrive, il n'arrive pas seul, il y a cinq hommes, comme qui dirait quatre hommes et un caporal, s'il n'avait pas été admis en principe qu'un caporal n'est pas un homme ; ils se présentent à la foule qui les attend. Après les salamalec, ils se débarrassent de leurs vêtements : les voilà nus comme les gladiateurs de l'ancien temps, les boulangers d'aujourd'hui, les vers de toutes les époques. Un grand feu est allumé ; ils se chauffent toutes les parties du corps, se bouchent les oreilles et les narines avec de la graisse, se frottent les membres, ja poitrine, le dos ; on les prendrait pour des athlètes qui vont combattre.

Enfin, un d'eux s'approche du puits et, lançant sur la foule un regard dédaigneux qui a l'air de dire « faites-en

autant, » il s'affale dans le puits au moyen d'une corde
dont il s'est passé un bout autour des reins et dont
l'autre est solidement fixé sur le bord du puits. Le
panier qu'il doit remplir de terre est fait avec une petite
peau de bique ; on le glisse dans le puits au moyen d'une
autre corde.

Arrivé sur le lieu de son travail, le plongeur se
penche, prête l'oreille pour reconnaître, au bruissement
de l'eau, la présence de la nappe ; il est inutile de dire
que pour cette opération, il prend son temps et manœuvre sans emphase, n'étant plus sous les yeux de la
multitude. Quand il est bien sûr de son fait et qu'il a la
preuve que le creuseur a mené le travail au point dési-
rable, il remonte, avertit les spectateurs et redescend
dans les entrailles de la terre avec le sourire rayonnant
des anges qui montent au Ciel. Alors commence le per-
cement de la couche, ce qui est exécuté avec une lenteur
et une attention qui n'a rien de joué et qui annonce
que réellement l'opération n'est pas sans danger ; d'une
main il s'affermit sur la corde, de l'autre il entame la
terre avec la petite pioche ; il s'arrête, prête l'oreille,
frappe encore, écoute de nouveau ; en un mot, il n'est
pas de précaution scrupuleuse qu'il ne prenne pour ne
pas être surpris. Aussitôt qu'il a ouvert passage à l'eau,
il commence, au moyen de la corde, son ascension, qui
n'a pas toujours lieu de la même manière ; le plus souvent l'eau monte en poussant devant elle une masse plsu
ou moins compacte de sables qui ralentissent et neutra-
lisent son essor ; dans ce cas-là, le plongeur peut,
sans danger, prendre son temps et se hisse ou se fait
hisser sans trop de hâte. Si, au contraire, l'eau fait

irruption dans le puits et s'élève rapidement, les hommes restés en haut pour hâler la corde en sont avertis d'abord par le bruit, puis par un mouvement très-brusque, vigoureusement imprimé à la corde par le plongeur, signal certain qu'il est en danger et qu'on ne saurait le hisser trop vite. Ils tirent alors la corde à eux, de manière à faire sortir, le plus tôt possible, l'homme du fonds du puits, où il paraît qu'il ne se sent pas tout-à-fait à l'aise.

Il est, m'a-t-on dit, quelquefois arrivé que la nappe, dégageant peu de sable, s'est élevée avec tant de vitesse et de violence que le plongeur, étourdi, n'a pu faire le signal et n'a pas eu la force de secouer la corde; quand ce cas menace, un de ses camarades, aux aguets sur le bord du puits, l'œil fixé vers le fond, le col tendu, effrayé par le bruit, calculant le temps, soupçonne un malheur et s'élance dans le puits au secours de son camarade. Quelquefois le sauvetage a réussi, mais il n'en a pas toujours été ainsi, et il est arrivé qu'on ait eu à retirer un cadavre, même deux cadavres. Ces hommes, on le voit, font là un vilain métier. Je leur conseille de l'abandonner pour prendre la sonde artésienne que nous leur avons généreusement offerte, comme vous savez.

Je dois dire ici que je me sens porté à croire que, dans le but bien innocent de se faire valoir, les r'thas, en racontant aux étrangers toutes les péripéties de leur humide mission, exagèrent beaucoup la grandeur des dangers auxquels ils sont exposés; il est rare que la nappe ne dégage pas assez de sables pour rendre sa marche lente et graduée, dans un tube carré qui a

70 centimètres de côté, et donner ainsi au plongeur le temps de remonter. Il se glisse partout un peu de charlatanisme, et on voit que le pays de l'oued R'ir n'en est pas suffisamment à l'abri.

Vous croyez peut-être que tout est fini, cher compatriote, mais vous n'êtes pas au bout ; il y a encore quelque chose au fond du sac, et vous allez voir que c'est de plus fort en plus fort, comme chez Mme Saqui :

Souvent la masse des sables s'agglomérant toujours finit par arrêter l'eau et l'empêcher de monter jusqu'à la surface du sol ; il faut alors que le r'thas se mette en mesure d'enlever tous ces sables et de dégager la source. Ce n'est pas une petite affaire, c'est un rude travail sous l'eau ; c'est alors que le bouchon de graisse, placé dans les narines et les oreilles, fait son office, et que le malheureux plongeur se voit forcé de retenir sa respiration pendant si longtemps, que les personnes qui assistent pour la première fois à l'opération se demandent avec anxiété s'il la reprendra jamais et si, privé d'avaler de l'air, il n'a pas fini par avaler sa langue. C'est qu'il est, en effet, forcé de demeurer sous l'eau le temps nécessaire pour emplir de sable le petit panier avec une seule main, contraint qu'il est de se soutenir de l'autre après la corde ; je vous laisse à juger si c'est commode et si c'est pour faire un métier de cachalot que Dieu a mis ses créatures sur terre. Il arrive souvent que le plongeur travaille deux minutes et demie sous l'eau, sans respiration, et qu'il lui faut au moins une demi-minute pour remonter ; c'est donc trois minutes à rester sans souffle ; or, quand on l'a perdu pendant si longtemps, on doit être très-embarrassé pour le retrouver. J'ai ouï dire que c'était la limite du possible.

Il est impossible à un plongeur de répéter l'opération plus de quatre fois par jour ; ainsi, quand les cinq plongeurs ont pu enlever, en une journée, 50 centimètres de sable en hauteur, c'est que l'opération a merveilleusement marché. Ce qui résume ce qu'on peut ajouter sur les difficultés de l'opération, c'est que quand le puits est terminé heureusement, les plongeurs reçoivent toujours une indemnité de plusieurs centaines de francs, à laquelle ne participent pas les autres ouvriers et dont ils ne réclament pas leur part. Le plongeur est, pour tout le monde, un être fantastique ; le fond du puits est son domaine, comme la mer est le domaine de Neptune ; lui seul sait ce qui s'y passe ; on y voit peut-être des choses très-curieuses.

Ainsi donc, à l'oued R'ir, l'asphyxie est devenue une industrie qui fait vivre ceux qu'elle ne fait pas mourir prématurément, et on trouve des gens qui gagnent leur vie à se noyer quatre fois par jour.

Le creusement d'un puits dure six mois, si rien de fâcheux n'entrave ce travail ; il dure souvent davantage et on se trouve quelquefois dans la nécessité de l'abandonner pour en recommencer un ailleurs, ce qui a lieu quand l'abondance des sables est telle qu'il devient impossible de les enlever, quand les parois intérieures du coffrage ne peuvent résister à la pression des terres, ou quand il n'est pas assis sur une base solide. On peut estimer qu'en moyenne on ne réussit qu'un puits sur trois.

Les sources artésiennes de l'oued R'ir ont un débit de

150 à 250 litres à la minute, en moyenne; il existe cependant des puits qui en donnent jusqu'à 8000 dans le même intervalle, comme à Tamerna. Une source aussi abondante suffit, à elle seule, pour irriguer toutes les propriétés d'un gros bourg.

LETTRE X.

PRODUITS DU PAYS.

Les dattes sont, à peu de chose près, la seule production du pays ; ce qu'on récolte en sus de ce fruit a peu d'importance ; mais, avec le secours des engrais, la terre donnerait tout ce qu'on lui demanderait. Quelques cotonniers tout rabougris et presque à l'état sauvage, que l'on trouve épars dans les jardins de l'oasis, annoncent que les Rouar'as ont connu la culture de cette plante et donne l'espoir que, dans l'avenir, on pourra la faire revivre chez eux ; le henné viendrait, dans ce pays, aussi bien qu'il vient dans les Zibans, dont les habitants sont fort experts dans l'art de planter, ce qui exige des soins minutieux, un véritable savoir et beaucoup d'expérience. Le terrain de l'oued R'ir convient aussi parfaitement à la culture du tabac, et à l'est de Tou-

gourt, au Souf, sur la frontière de Tunis, on en récolte une certaine quantité. La garance trouve, sous
ces latitudes, les éléments qui conviennent à son existence. Bien d'autres cultures industrielles pourraient
réussir dans le sud de l'Algérie, mais on sait que les
Arabes ne font rien en grand et font peu de chose en petit.

La vigne, pourvu qu'on l'arrose, prend, dans le Sud,
des proportions gigantesques et donne du raisin délicieux. Là, comme dans tout le pays arabe, je voudrais
qu'on encourageât les indigènes à s'en occuper, je voudrais en voir la terre couverte, comme dans nos départements du Midi, où elle exige bien plus de travail et de
peine qu'elle n'en exigerait là-bas. Je désirerais qu'on
enseignât à l'Arabe l'art de faire le vin et qu'on lui ins-
pirât le goût d'en boire ; c'est avec cette liqueur que je
voudrais ébranler les bases de la religion ; en ne lui
épargnant ni les encouragements ni les exemples, en lui
faisant une douce violence, on aurait lieu d'espérer
le voir reconnaître que Mahomet, en proscrivant cette
liqueur délicieuse, avait ses raisons particulières pour
cela ; or, quand on commence à soupçonner un homme,
voire même un prophète, il est perdu et tend à se dé-
monétiser.

C'est le seul moyen de métamorphoser une population
de fainéants et d'apathiques en un peuple de bons vivants
et de joyeux compagnons. On verrait les mosquées se
changer en cabarets, le bouchon remplacer le croissant
et les imans se faire marchands de vin, au lieu de mar-
moter à genoux des patenôtres. L'Arabe, le verre en
main et le chechia incliné, débuterait dans la langue
française par ce refrain : Vive le vin, vive le jus divin,

etc., et il saurait bientôt le reste... Mohamed n'y trouverait pas son compte, mais nous ne sommes pas forcés de faire ses affaires, et il ne nous a pas tant témoigné de sympathies depuis que nous sommes chez lui, que nous devions nous inquiéter du contre-coup qu'il en recevra.

C'est surtout sur les Rouar'as que le jus tonique de la vigne exercerait une salutaire influence ; il fortifierait leur constitution affaiblie par la fièvre, leur estomac débilité par l'abus d'une boisson fournie par les puits, saturée de magnésie et profondément laxative. N'est-il pas de notre devoir de veiller au bien-être des gens que nous avons soumis à nos lois, de notre intérêt de soigner la santé de ceux qui nous paient l'impôt ? Il est donc à désirer que nous leur fassions planter la vigne ; le jus de la treille développe l'esprit et fortifie le corps ; il donne l'idée et la force d'exécuter. Inspirons aux Rouar'as le goût du bon vin et ils parviendront à se débarrasser de leur mauvaise eau. Que l'Etat essaie ce système chez les gens de l'oued R'ir, et il m'en donnera des nouvelles plus tard.

Les légumes viennent très-bien dans l'oued R'ir ; j'y ai vu, chaque fois que j'y suis allé, des carottes en quantité, et j'ai pu m'assurer par moi-même du goût prononcé des Rouar'as pour ce légume dont ils font peut-être usage par mesure hygiénique.

LETTRE XI.

LES NOMADES PROPRIÉTAIRES A L'OUED R'IR.

Pour bien vous faire connaître, cher compatriote, ce qui concerne le pays que nous parcourons ensemble, il est bon de vous parler d'un fait d'autant plus important que je prétends en tirer, comme vous le verrez dans des lettres qui suivront, une conclusion d'un intérêt majeur pour l'avenir de nos établissements de l'Algérie.

Vous pensez que les habitants du pays sont les propriétaires de la terre et des palmiers, il n'en est pas ainsi ; ils n'en sont, à quelques exceptions près, que les khammès ; or le khammès est simplement un domestique qui cultive un terrain ou soigne une plantation moyennant le cinquième du produit. Khammès vient du mot arabe *khams*, qui veut dire cinq.

A une certaine époque, les Arabes des tribus saha-

riennes qui campent dans les environs de Tougourt voulurent devenir propriétaires dans l'oasis, voyant là un
moyen d'y augmenter leur influence et d'accroître leur
fortune. Ils se mirent donc à acheter les biens des
Rouar'as, qui se trouvèrent alors exemptés d'impôt et
protégés contre les exactions des sultans de Tougourt,
toujours forcés, comme on le verra, de compter avec
les tribus puissantes de nomades et qui ne durent être
que médiocrement charmés de voir entrer sous leur
administration des gens peu disposés à se laisser administrer. De ce moment, ils redoutèrent le sort du bon
homme qui n'est pas maître dans sa maison; mais il
fallut faire contre fortune bon cœur, et quand on n'est
pas content, il faut être philosophe. Ils en prirent donc
leur parti et en furent quittes pour faire un peu de
politique de plus et quelques prévarications de moins;
en pays arabe, ce genre de spéculation est le plus profi-
table aux chefs et généralement usité chez eux; on peut
même dire que du temps des Turcs surtout, ces opérations, admises dans les régions gouvernementales de la
régence, étaient une de leurs grandes ressources.

Du reste, l'achat des propriétés ne se fit pas à la
même époque, ce fut une affaire de temps, et aujour-
d'hui il se fait encore bon nombre de transactions de ce
genre entre les Rouar'as et les Sahariens.

Voilà ce qui explique la pauvreté et la faiblesse numérique de cette population, relativement à la grande
quantité des palmiers et au chiffre des habitations.

Les propriétaires viennent, au moment de la récolte,
enlever leurs dattes et vont porter dans le Tell, ce
qu'ils possèdent en sus de leur consommation annuelle;

ils vendent ou échangent contre des blés ou de l'huile d'olive. On voit à la même époque arriver dans le Sud des caravanes de Tellias (gens du Tell) et même de Kabyles ou Qabiles plutôt, avec des chargements de blés et d'huile, qu'ils livrent contre des dattes.

———

LETTRE XII.

UN MOT SUR TEMACIN.

Je ne vous ai encore rien dit, cher compatriote, d'une ville située à 20 kilomètres au sud de Tougourt et qui formait une petite principauté séparée.

Malgré le peu d'étendue et d'importance de Temacin et de la contrée qui en dépend, laquelle ne contient que deux ou trois villages d'assez triste aspect, Tougourt et Temacin se ressemblent entre elles :

Leur mur d'enceinte, leur fossé, leur système de défense identique en font deux places d'égale force, et le genre de construction de leurs maisons est le même. Temacin a, comme Tougourt, sa forêt de palmiers, qui s'arrose de la même manière.

Temacin a fait longtemps partie de l'état de Tougourt et vécu sous les mêmes lois; elle a été gouvernée par

les mêmes maîtres ; mais on pouvait prévoir ce qui est
survenu et ce qui survient toujours dans les grandes
familles arabes : il est rare que leurs membres vivent
longtemps en bonne intelligence, et il arrive toujours
un moment où deux frères se séparent, se battent ou
s'assassinent ; si ce ne sont pas deux frères, ce sont deux
neveux ou deux cousins, avec cette différence que si ce
sont deux frères, l'aversion est bien plus profonde,
ses conséquences plus atroces, les champions bien plus
irréconciliables, vu que la haine est toujours d'autant
plus terrible qu'on est plus proche parent. Il s'en suit
que, s'il s'agit du père et du fils, elle n'a plus de bornes,
il ne leur reste plus qu'à se dévorer.

Si la cause de la discorde n'est pas une rivalité de
puissance ou d'intérêt, c'est la jalousie, et alors elle
prend un caractère plus grave ; l'amour, qui a perdu
Troie, a perdu bien d'autres choses depuis ce temps-là,
et la femme, qui ne devrait faire que le bonheur des
humains, a occasionné sur terre plus de maux que la
peste et tous les fléaux réunis. C'est elle qui a allumé le
plus de guerres, fait crouler le plus d'empires, et son
influence n'a pas toujours été apparente ; souvent occulte,
les badauds s'y trompent, parce que leur œil ne pénètre
pas dans les appartements secrets du souverain ; aussi
croyons-nous souvent nous battre pour une sainte cause
quand, au contraire, c'est une intrigue de cotillon qui
nous met le mousquet au poing. Dans ce temps-là et
dans ce pays-là, c'était aussi comme cela, parce que partout les hommes sont les mêmes.

A une époque que je ne peux pas préciser, la discorde
s'alluma dans la famille régnant à Tougourt : Deux cou-

sins, dont l'un était au pouvoir, se brouillèrent pour une esclave d'une incomparable beauté. Le cousin sans couronne pensa alors à Temacin, ville dans laquelle il avait des amis, et se dit que s'il parvenait à l'insurger, il trouverait tous les moyens de s'y maintenir et de s'y créer un petit Etat indépendant. En effet, il était impossible de rien trouver de mieux placé pour pouvoir à son aise taquiner son cousin occupant Tougourt et lui jouer des tours de son métier ; il semblait que le sort eût à dessein juxtaposé deux villes d'égale force pour que deux parents brouillés pussent se rendre réciproquement la vie la plus dure et l'existence la plus désagréable possible.

Mais il ne faut pas anticiper ; je vous conterai cette histoire plus tard.

LETTRE XIII.

PRÉDICTION SUR TEMACIN.

Avant de quitter Temacin pour retourner à Tougourt, comme c'était mon intention, je crois bon de couler à fond un petit détail historique ou légendaire, comme vous voudrez, qui vous donnera la clef du grand évènement qui devait changer les destinées de Temacin.

Il y avait rivalité entre Temacin et Tougourt, tout comme il y a eu de tout temps et il y aura toujours rivalité entre deux villes d'un grand empire qui se valent ou croient se valoir. L'importance des Etats ne fait rien à la chose; les intrigues, les haines de clocher se représentent sous les mêmes formes, mais sur une échelle plus ou moins grande, chez un petit peuple et dans une grande nation. Les habitants de Temacin jalousaient ceux de Tougourt, siége du pouvoir, et se deman-

daient pourquoi c'était toujours les mêmes qui jouissaient
des avantages et les mêmes qui en étaient privés ; et
trouvant que cette affaire-là était tout-à-fait mal arran-
gée et que les prérogatives devaient être partagées, les
plus hardis, les gens qui montraient le plus d'indépendance et avaient leur franc parler, osaient assurer qu'il
faudrait bien que cela changeât ou qu'on y aviserait ; on
voit que l'esprit révolutionnaire commençait à apparaître
et à se dessiner.

Les gens de Tougourt trouvaient tout naturel de continuer à profiter d'une position consacrée par le temps ;
à leurs yeux, les choses devaient rester les mêmes pour
eux dans l'avenir, par cela même qu'elles avaient toujours été telles dans le passé ; ils n'auraient pu comprendre que le sultan songeât à modifier la situation et
les entêtés disaient tout haut que, si cette velléité le prenait, ils sauraient l'empêcher d'y céder, et que quant
aux gens de Temacin, ils auraient à en découdre rudement, s'ils étaient assez osés pour faire valoir et appuyer
des prétentions inadmissibles.

Les choses en restaient là, le temps s'écoulait et les
rivalités même semblaient s'émousser ; mais c'était le feu
qui couvait sous la cendre, un souffle pouvait le ranimer
et allumer un incendie.

Ce qui le maintenait à l'état latent doit être en partie
attribué à la circonstance suivante.

S'il existe, en Algérie, des légendes sur lesquelles
est basé le passé, il existe aussi des prédictions de marabout sur lesquelles est basé l'avenir ; les prédictions sont aussi véridiques que les légendes, avec cette
différence que les premières étant excessivement peu

précises, élastiques et malléables, il est toujours facile de leur donner la signification d'un grand évènement après coup; il n'est pas rare de trouver des prédictions qui s'appliqueraient également à deux faits contraires. Cette particularité est la spécialité des populations musulmanes. Voyez le Coran, il n'y a rien d'admirable comme cela ; en fait d'affaires civiles, correctionnelles ou criminelles, les juges y trouvent tout ce qu'ils veulent. Nos lois sont infiniment ambiguës, il faut le dire, les jugements de nos tribunaux nous en donnent chaque jour des preuves désolantes; mais, sous ce rapport-là, notre législation ne va pas à la cheville du Coran et de ses Tefsaras[1] (commentaires).

Revenons aux prédictions. Les marabouts ont tous prédit, non pas les marabouts de bas étage, les pantins, mais les grands marabouts, comme par exemple Sidi-el-Hadjayssa d'El Ar'oualh, qui a écrit un livre dans lequel il prédit la prise d'Alger par les Roums. Un des héritiers de son nom, qui passa plusieurs mois à Bousadah, m'expliqua cette prédiction ; je lui ai témoigné toute l'admiration dont j'étais susceptible pour une œuvre que je n'ai pas parfaitement saisie, parce qu'elle était au-dessus de ma faible intelligence ; il s'est montré satisfait et m'a promis de me lire encore quelque chose dans ce goût-là, mais il ne s'est plus rappelé sa promesse et j'ai été sensible à ce manque de mémoire.

Il mourut autrefois à Temacin, au moment où la rivalité entre les habitants de cette ville et ceux de Tou-

---

[1] Tefsara, pluriel du mot Tefsir, explication.

gourt était à son aurore, un vieux marabout nommé Sidi Abdelqader-El-Gougui qui, se sentant à la veille de rendre l'âme, fit appeler ses enfants, marabouts comme lui, et leur lut la petite prédiction anodine qui suit :

« Il se présentera dans vos murs, un jour qui est encore loin, une femme venant du pays où le soleil va se coucher tous les soirs : c'est une fille des Roums, elle en a les traits (ici se trouve l'état signalétique avec les marques particulières) ; cette fille des Roums sera devenue une enfant de l'Islam, car elle aura renié les erreurs de ses frères et partagé la couche d'un vrai croyant. Or Mahomet fait plus de cas d'un mécréant qui a renié sa foi que de dix fidèles de naissance, il s'est entendu pour cela avec Jésus-Christ. Cette fille sera donc sa fille chérie, sa chérifa de prédilection ; son arrivée dans vos murs sera le signal de votre délivrance. A dater de ce jour, vous cesserez de vivre dans une dépendance humiliante : aux armes alors, secouez le joug des sultans de Tougourt, Allah secondera vos efforts et vous indiquera le guide qui devra vous conduire à la liberté. »

Le marabout remit le papier à son fils aîné ; celui-ci, après lui avoir fermé les yeux et ployé la feuille précieuse, la plaça religieusement dans un saint manuscrit du Coran, qui resta déposé dans la mosquée principale, à la garde de son iman.

Or, le temps s'écoulait, la désirée chérifa n'arrivait pas, voilà pourquoi Temacin ne s'insurgeait jamais.

LETTRE XIV.

UN SULTAN DE TOUGOURT RECONNAIT LE BEY COMME SON SUZERAIN.

La principauté de Tougourt était depuis longtemps sous le joug d'une famille étrangère au pays, dans laquelle on se transmettait le pouvoir de père en fils. Il a pu arriver quelquefois pourtant que ce ne fut pas toujours les ayant-droit qui l'aient exercé, car, en pays musulman, la force et l'intrigue se mettent de la partie tout comme dans l'Europe civilisée, qui ne peut pas réclamer le monopole des coups d'Etat. Si Tougourt a été le théâtre de quelque chose de ce goût-là, il paraîtrait que cela s'est fait en famille.

Le dépositaire de la puissance était vulgairement appelé chikh et quelquefois sultan ; nous lui conserverons cette dénomination, qui convient mieux que l'autre à un chef indépendant ou peu s'en fallait ; d'ailleurs ne croyez pas, cher compatriote, que le mot sultan signifie, comme les roumis se le figurent, empereur ou roi ; il n'en est rien, vous l'allez voir. En pays musulman, on ne reconnaît, il est vrai, qu'un grand sultan, c'est celui de Constantinople, qu'on nomme aussi le grand seigneur ; mais des moyens sultans et des petits sultans, il y en a à remuer à la pelle.

On appelle donc sultan tout chef qui se trouve arrivé à un certain rang, tout gros fonctionnaire.

Le pacha d'Alger était un sultan, les beys étaient des sultans, on employait même cette qualification avec les khalifats, et bachar'as quand on leur adressait la parole seulement. On employait le mot plus humble de sidi avec les qaïds et les ar'as, ce qui les vexait beaucoup. Quant au chikh, l'homme utile par excellence, l'homme appelé à rendre des services, la cheville ouvrière de la tribu, l'agent sur qui tout repose, qui doit tout savoir et tout faire, parce que les supérieurs ne savent et ne font rien ; — comme c'est le seul qui travaille beaucoup et est peu payé, il va sans dire qu'on ne l'appelle ni sultan ni sidi, qu'on le traite très-cavalièrement et qu'il est regardé comme un domestique, parce que les choses se passent ainsi dans le monde. Depuis que nous sommes établis en Afrique, on donne le titre de sultan à tout ce qui exerce un commandement grand ou petit, aux officiers de bureaux arabes et souvent même à tout ce qui porte une épaulette et surtout deux. Ainsi un civil, dévoré de l'envie d'être appelé sultan une fois dans sa vie, ce qui flatte bien des gens, n'a qu'à s'habiller en capitaine de milice ou de pompiers, sa vanité sera satisfaite.

J'ai dit que le sultan de Tougourt était indépendant ou peu s'en fallait ; car, pour être tout-à-fait tranquille, plutôt que mû par l'espoir de la protection du bey de Constantine, que la distance rendait illusoire, il avait consenti à lui payer un léger impôt. Le petit Etat de Tougourt était donc, à l'égard du bey, dans une position analogue à celle des principautés danubiennes à l'égard du grand seigneur, et celui des sultans qui arrangea les choses ainsi, fut un homme sage. Reconnaître le bey pour suzerain, c'était sacrifier à un intérêt puissant d'avenir une question mesquine d'amour-propre ; quant à l'impôt annuel qu'il devait lui porter à Constantine, il ne l'embarrassait guère : tout prélèvement d'impôt est, pour un chef arabe, une occasion de s'enrichir, il lui en reste toujours entre les doigts par le contact. D'ailleurs, l'impôt était très-modéré ; quand l'éloignement, les difficultés du pays ou l'esprit des populations devaient offrir aux beys de grands obstacles, pour le paiement, ils se montraient très-peu exigeants. Le sultan de Tougourt avait donc prévu le cas où un bey plus remuant que les autres aurait eu la velléité d'entraîner ses sujets dans les hasards d'une expédition lointaine, qui ne pouvait être, il est vrai, que ruineuse, considération qui n'arrête pas toujours un grand homme.

Le sultan chercha donc à enlever aux beys tout prétexte de l'inquiéter, en le reconnaissant comme suzerain et en acquittant une redevance annuelle, payable à domicile. Le bey accepta, et l'histoire ne dit pas si, en échange de tout cela, il donna au sultan sa bénédiction, ce qui n'engage à rien.

LETTRE XV.

POUVOIR ABSOLU DANS L'OUED R'IR.

Dans ce petit pays, la législation n'était pas compliquée, il n'y en avait pas. Le chef de l'État avait trouvé plus simple de ne pas faire de lois, et j'estime qu'il est beaucoup plus sage d'agir ainsi que de passer son temps à en formuler et de ne pas les exécuter, comme cela se pratique de nos jours dans les États qui se piquent de jouir de toutes les libertés et qui sont dotés d'une constitution appelée très-judicieusement perfectible, pour indiquer qu'elle n'est pas parfaite.

On vivait donc, à Tougourt, sous le régime le plus absolu ; le règne des sultans était celui du bon plaisir.

Enfoncé dans le Sahara, situé à plus de 500 kilomètres de la côte, sous un ciel inhospitalier, brûlé par un soleil ardent, ce petit royaume semblait à l'abri des entreprises d'un ennemi, quel qu'il fût. Le désert qui l'entourait était parcouru par des bandes de brigands, Chambas, Tunisiens et autres ; mais elles se bornaient à des coups de main isolés et étaient redoutables tout au plus pour des douars faibles, des caravanes ou des voyageurs ; mais elles n'entreprenaient rien contre ce faisceau de bourgs, villages et bois de palmiers, contre un peuple de plusieurs milliers d'habitants réunis, armés, formant un petit Etat.

Les Rouar'as vivaient donc tranquilles de ce côté, et si, à l'intérieur, leurs affaires avaient aussi bien marché, s'ils eussent été gens intelligents, chrétiens au lieu d'être musulmans, énergiques et mûrs pour la liberté, ils étaient dans des conditions favorables à son développement ; mais la liberté n'est pas faite pour les crétins.

Comment les beys auraient-ils songé à les vexer ? Il ne faut pas se figurer que leur autorité fût solidement établie dans le pays et acceptée sans conteste, même par les tribus les plus rapprochées du centre du pouvoir. Depuis que nous occupons l'Algérie, nous passons d'une insurrection à une autre, mais nous ne sommes pas, sous ce rapport, à la hauteur des Turcs. Dans la régence, l'insurrection était en permanence, les chérifs y pullulaient. Il est des gens qui se figurent que le chérif est une des inventions modernes, de source algérienne : qu'ils fouillent donc dans l'histoire des pachas, ils pourront s'assurer qu'il était connu avant nous. Au lieu de prendre la religion pour prétexte, les chérifs combattaient soi-disant pour l'indépendance, mais en réalité pour tâcher de se faire des rentes ou une position convenable dans leurs vieux jours, exactement comme aujourd'hui.

Les beys n'étaient pas obéis à la baguette ; ils procédaient par l'intimidation et possédaient des chaouchs dont le yatagan avait de la besogne ; les têtes tombaient sous leurs coups comme les cheveux sous les ciseaux d'un perruquier ; ils étaient tenus d'en abattre une du premier coup, du deuxième ou du troisième, suivant les dispositions du bey à l'égard de celui qui en était détenteur.

Les impôts ne rentraient pas toujours sur la simple invitation sans frais ; il fallait souvent, pour les avoir, menacer, punir, employer l'*ultima ratio*, la razzia, et si le bey n'était pas le plus fort, il en était pour sa peine ; dans ce cas, ce n'était pas un impôt, c'était lui-même qui rentrait avec sa colonne, penaud, confus, l'oreille basse. Pour le moment on en restait là et on attendait, pour prendre une revanche, que le hasard fournît une bonne occasion, qu'il se donnait souvent le malin plaisir de faire longtemps attendre.

Le sultan de Tougourt n'ignorait pas ces détails, aussi il acquittait sa petite redevance et dormait sur les deux oreilles. Cependant on verra qu'un bey, le bey Salah, ne craignit pas de se lancer dans une expédition dirigée contre Tougourt.

LETTRE XVI.

ADMINISTRATION. — JUSTICE. — IMPÔTS. — FERAH.

Avant d'entamer l'histoire des sultans de Tougourt, je
vais vous dire quelques mots de leur administration ; ces
détails trouveront ici leur place et nous n'y reviendrons
plus. Vous allez voir comme c'était simple et peu compliqué, vous en serez surpris, vous qui vivez dans une
grande nation.

A Tougourt, le personnel du gouvernement n'était pas
nombreux et ne se composait réellement que de deux
fonctionnaires : le mezouar ou grand vizir, premier ministre, unique ministre, qui réunissait tous les porte-
feuilles dans sa main, où ils tenaient fort peu de place,
vous pouvez le croire ; c'était naturellement l'homme le
plus considérable du pays. Le second fonctionnaire était
le khazenadji, le caissier, celui qui tenait les cordons de

la bourse, la clef du coffre, qui recevait et qui payait. Enfin apparaissait un troisième personnage qui pouvait, à la rigueur, passer pour un fonctionnaire, mais dont le rôle était moins officiel, plus intime, et par cela même plus important que celui des autres : c'était l'écrivain ou khodja ; il ne quittait jamais son maître, c'était son ombre, son conseiller, son affidé, son complice ; il était dépositaire du cachet, des secrets, des pensées, des projets, il connaissait toutes les turpitudes, toutes les faiblesses de l'homme dont il écrivait tous les ordres, faisait toute la correspondance, et, comme il ne manquait pas d'adresse, il en profitait, en usait, il ne se gênait même que fort peu pour en abuser.

Dans l'ordre judiciaire, nous trouvons un grand qadhi, un grand justicier, qui était, pour la localité, simple juge siégeant et réglant les différends sur le marché et qui, en outre de ces attributions, formait, avec ses assesseurs, la cour d'appel, pouvait casser et réformer les jugements des autres qadhis des villages et des bourgs.

Voilà en quoi consistait le gouvernement, il n'y avait pas autre chose, et on trouvait que c'était suffisant.

Pour porter ses ordres dans toutes les directions et pour les faire exécuter, le sultan avait un goum de 20 chevaux mal nourris, mal soignés, dont les côtes en relief pouvaient se compter à l'œil nu. Ils étaient commandés par un chef qu'on appelait ar'a des Khielas, qui ne commandait rien du tout, car si les ordres pouvaient être mieux donnés, ils ne pouvaient pas être exécutés plus mal.

Tous les petits chefs Arabes ou Turcs, beys ou chefs indépendants comme notre sultan, avaient singulièrement ·simplifié l'administration ; d'abord ils n'avaient posé aucune ligne de démarcation entre le trésor public et particulier, ils n'avaient pas de liste civile, c'était plus franc ; l'artifice de la cassette particulière leur était inconnu. Ils ignoraient le système des comptabilités distinctes, ils avaient même jugé toute comptabilité superflue, ils savaient se passer de livres, de registres, de contrôles. On ne pouvait pas entretenir des femmes avec des frais de bureau, il n'y avait pas de bureau, ou plutôt le bureau était partout, dans un appartement, un corridor, un escalier, la cour, le jardin, la cuisine.

S'il venait au sultan l'idée de donner un ordre en fumant son kif sous un palmier, il faisait signe au khodja d'approcher. Celui-ci tirait de sa djebira, espèce de sac en cuir rouge à compartiments, de la forme d'une sabretache, une écritoire en cuivre, munie d'un appendice ou étui assez long pour contenir les plumes, et que les Arabes appellent doueia; et puis, comme l'écrivain a ordinairement la vue fatiguée ou, s'il ne l'a pas, il doit l'avoir, ce qui lui donne de la considération, il se servait d'un pince-nez, comme ceux des vieillards d'autrefois et des jeunes gens d'aujourd'hui, puis, avec la plume de roseau appelée qssob, il écrivait sous la dictée du sultan, sur un carré de papier coupé exprès pour ses lettres. Quand il avait fini, il plaçait le papier sur la paume de la main, en mouillait le haut avec sa langue et y collait le cachet démesurément grand du sultan; il ployait ensuite la lettre, la cachetait avec un peu de pâte ou de poix et la remettait à un cavalier.

Le sultan n'avait pas de cabinet, son ministre non plus ; il n'avait pas non plus d'heure pour travailler avec son ministre ; ils ne travaillaient jamais ensemble, ni même séparément. Quand ils se rencontraient, on parlait quelquefois des choses de l'État, encore fallait-il qu'ils n'eussent pas autre chose à se dire ; alors l'entretien était court.

Le ministre était très-accessible, très-affable avec le monde ; intermédiaire du sultan avec son peuple, il accueillait bien tous ceux qui avaient des réclamations à lui faire, il les trouvait presque toujours justes, sans même les avoir bien comprises, promettait de régler la chose, mais il ne la réglait jamais.

Le khaznadji (caissier) n'avait qu'à ouvrir et à fermer son gros coffre en bois qui se trouvait à la qasbah. Il recevait les impôts des chikhs et donnait de l'argent au ministre et au sultan ; les chikhs lui faisaient les versements, il ne leur donnait pas de reçu et ils n'en demandaient pas ; seulement le khodja inscrivait sur des feuilles volantes le nom de ceux qui avaient encore des reliquats de compte à régler et le montant de ce qu'ils devaient, et le caissier accrochait ces feuilles à des petits clous plantés dans l'intérieur du coffre ; trouvez quelque chose de plus simple que cela, je vous en défie.

Le caissier qui ne savait pas écrire et les chikhs qui n'avaient jamais songé à apprendre à lire, faisaient leur compte avec les grains du chapelet qu'ils décrochaient de leur cou pour cette opération. Les chikhs prétendaient souvent que le caissier faisait erreur de compte à leur détriment ; aussi arrivait-il qu'on le voyait parfois rosser quelques-uns de ces fonctionnaires et les mettre à la porte en les bousculant ; rentrer ensuite en disant : « Ces coquins-là, je crois, Dieu me damne, qu'ils me prennent pour un voleur. »

Les opérations de paiement au sultan et au mezouar se faisaient avec plus de formes, mais sans plus de pape-rasses ni d'écritures.

Je suis porté à croire qu'à Constantine, à Alger même, la comptabilité générale n'offrait pas beaucoup plus de complication, et aujourd'hui encore, à Tunis, si on a déserté ces principes vieux et respectables, je suis per-suadé qu'on suit toujours le système des écritures simplifiées, qu'on n'y abuse pas de la comptabilité et qu'on y traite ces choses-là en grand. Aussi, quand j'ai entendu parler d'emprunt tunisien, j'ai été at-teint d'un de ces rires immodérés et désopilants qui doivent assurer à perpétuité contre les obstructions de la rate : emprunt tunisien ! c'était trop drôle, trop comique, trop incroyable pour qu'on ne donnât pas là-dedans....

Le caissier s'entendait avec le mezouar pour gruger le sultan. Le khodja, qui vivait dans son intimité, au lieu de prendre ses intérêts, se liguait avec les autres pour trafiquer des exemptions d'impôt, pour bénéficier sur les locations de biens, détourner les amendes, recevoir des pots de vin. Avec sa mine pateline, son air de ne pas y toucher, c'était le pire des trois. Dépositaire du cachet, il devenait la cheville ouvrière d'un système de flouerie organisé sur une grande échelle et qui fonctionnait à ravir.

Ce casuel, basé sur le vol, l'escroquerie, les cadeaux illicites et la spéculation malhonnète, était le plus gros de leurs bénéfices et leur faisait compter pour rien la part légale et fixe qui leur était assignée sur l'impôt et les amendes à titre de traitement.

Ces coquins-là étaient, en apparence, les meilleurs amis du monde ; au fond ils se détestaient. En public, il y avait entr'eux un échange de politesses du meilleur goût, on s'embrassait sur les épaules, on se portait la main sur le cœur, on s'étourdissait de compliments, on s'inondait de marques d'affection et de considération qui, entre musulmans, entretiennent la bonne harmonie, comme, entre nazaréens, les petits cadeaux entretiennent l'amitié. Par-derrière, c'était à qui écorcherait ses amis ; ils s'entre-déchiraient à belles dents, ils se traitaient indignement, se dénonçaient, se calomniaient. Le pauvre sultan ne savait où donner de la tête, sa qasbah était une caverne de voleurs, il se trouvait au milieu d'une bande de brigands, de fourbes, de délateurs. Il s'agitait d'abord, devenait un beau jour furieux, cassait les vitres, démâtait son personnel, lui faisait rendre gorge, le renouvelait en entier. Eh bien, vous ne croiriez pas, cher compatriote, que ces éclats n'ont jamais eu de résultat ; les personnes changeaient, les choses ne se modifiaient pas ; enfin, un jour, un sultan qui recrutait ses agents parmi les honnêtes gens et ne trouvait que de la canaille, eut l'idée de les choisir dans la canaille, espérant y trouver des honnêtes gens.

Les sorties furieuses, la colère, troublaient la bile du maître, qui finissait par y renoncer, devenait philosophe et se disait que les choses étant ainsi et ne pouvant être autrement, il fallait prendre le temps comme il venait et les hommes comme ils étaient.

D'ailleurs, comme les revenus du petit État étaient

assez ronds et les frais de gouvernement relativement peu considérables, le trésorier, malgré les déprédations et les vols, était rarement à fond de cale; le niveau des fonds se maintenait assez haut, on n'était jamais obligé de recourir à l'emprunt ; l'emprunt forcé était le seul connu sous les Turks et il n'obérait pas le trésor, car il était sans intérêt et on ne le remboursait pas. Quand des dépenses extraordinaires faisaient un peu trop vite baisser le niveau, le sultan était averti ; alors il faisait le méchant, allait faire une tournée, trouvait tout mal et frappait des amendes, ou bien il emmenait sa smala, les femmes, et les promenait de village en village, ce qui lui rapportait gros. Je vais vous expliquer comment.

D'après un vieil usage arabe, usage que nous avons trouvé en vigueur dans toute l'Algérie, un grand chef arabe qui voyageait avec ses femmes recevait pour elles, partout où il passait, ce qu'on appelle une ferah (réjouissance). Cette réjouissance, qui consiste ordinairement en une somme d'argent, était quelquefois remplacée par un mulet, des moutons, etc.

Avant que nous n'occupions le sud du Hodna, le khalifa Mograni avait un goût prononcé pour la ferah ; c'était un de ces usages sacrés à ses yeux, qu'il fallait maintenir. S'il est tombé, il ne faut pas l'en accuser, il n'a jamais rien fait pour cela ; loin de là, sa chute pourrait bien être entrée pour quelque chose dans la mort de ce pauvre homme. Il ne manquait jamais, à époque fixe, lors de la chasse au faucon par exemple, de faire avec ses femmes un voyage dans cette immense plaine du Hodna ; il les trimbalait de fraction en fraction, comme les gens qui trimbalent de foire en foire des curiosités ou des figures de cire, avec cette différence que, pour les curiosités, on ne payait qu'en sortant, après avoir vu ; quant aux femmes en promenade, on les payait avant de les avoir vues, et, quand on avait payé, on ne les voyait pas davantage.

LETTRE XVII.

BACH CHAOUCH ET CHAOUCH.

Le personnel du makhzen se composait des chaouchs, de l'ara des Khielas et de ses cavaliers, dont j'ai déjà parlé.

Les fonctions du bach chaouch étaient multiples; il était d'abord exécuteur des hautes œuvres, ce qui en faisait, aux premiers temps de la principauté, un personnage entouré de respect et d'égards. Les premiers sultans lui donnaient beaucoup d'occupation, puis peu à peu sa besogne avait diminué et sa considération s'en ressentait.

Chez les anciens, le bourreau était aussi très-honoré : c'était un des grands officiers du gouvernement, chez les Perses; il était prêtre chez les Germains et même chez les Gaulois.

En Orient, l'exécuteur des hautes œuvres était jadis très en faveur et très-bien vu par tout le monde ; la situation s'est modifiée.

A Tougourt, le bach chaouch avait eu ses jours de gloire. Dans le principe, il avait fallu briser des résistances, renverser des obstacles. Le yatagan était toujours en mouvement, il jouait le grand rôle, allait du billot à la meule, s'ébréchait, s'émoussait, se repassait et tombait vite hors de service. C'était le temps heureux, le bach chaouch ne s'en plaignait pas ; chaque exécution rapportait gros quand le supplicié était riche, et il l'était toujours ; la décapitation n'était pas pour les pauvres diables. Peu à peu les choses avaient changé, l'exécution avait eu la vogue ; sans être abolie, elle passa de mode et ne fut plus pour les sultans qu'une poire pour la soif. Il ne resta aux chaouchs que la geôle et le bâton.

La bastonnade ne fut jamais discutée, elle rapportait bien quelque chose. Le bâtonné payait 5 francs aux chaouchs, après l'opération, s'il y survivait : c'était le *haq el assa* ; s'il y passait, les héritiers payaient. La prison rendait aussi ; chaque homme, en en sortant, donnait de même 5 francs aux chaouchs : c'était le *haq el habs*. Somme toute, il y avait là de quoi les empêcher de mourir de faim ; mais les chaouchs n'eussent pas été fort gras s'ils n'avaient eu que cela pour vivre.

Le chaouch était le satellite du pouvoir. Si le maître sortait, le chaouch le suivait à distance ; il se tenait à la porte d'honneur quand il était dans ses appartements ou ses jardins ; pour être introduit près d'un grand dignitaire, il fallait d'abord parler à son chaouch.

Le chaouch passait donc pour avoir l'oreille du kébir,

ce qui faisait que le vulgaire lui accordait une certaine influence dans les hautes régions. Dans cette idée, qui avait un côté vrai, le chaouch trouvait une source de profit, et il l'exploitait démesurément.

Or donc, pour être introduit un peu promptement, il fallait payer ; si quelqu'un voulait faire couler à l'oreille du chef un mot en sa faveur, il devait payer ; pour noircir un ami, s'il s'agissait d'une faveur, un compétiteur, s'il était question d'une place, la partie adverse, si l'on avait une affaire à régler, il fallait payer ; pour éloigner cet ami, ce compétiteur, cette partie adverse, il fallait payer, toujours payer, cela n'en finissait pas. Les chaouchs trouvaient là leur profit.

Le chaouch d'aujourd'hui est la doublure du chaouch d'autrefois, le chaouch des Français est le type du chaouch des Turks, mais avec variantes, modifications dans les détails. Je ne parle que du chaouch supérieur, car le chaouch s'est multiplié, il pullule : il y a chaouch militaire, chaouch civil, tout le monde fait chaouch par le temps qui court ; le commis le plus infime a son chaouch, le chaouch court les rues, il y en a plus que de becs de gaz.

Le chaouch, le vrai chaouch, est le même homme que l'ancien ; mais son génie spéculatif s'est développé au contact de la Chekkaia, la sublime et gracieuse Chekkaia moderne, qui a pris des proportions effrayantes.

Au début du bureau arabe, le chaouch crut un instant voir revenir le bon temps, les beaux jours du cimeterre, l'époque glorieuse de son histoire ; le bâton reprenait son rang, son prestige de jadis. Le chaouch fut heureux, il tressaillit de joie ; l'espoir et le bonheur firent palpiter

son cœur, il renouvelait ses yatagans, alignait, essayait
ses cannes : vaine espérance. Sa joie ne fut pas de longue
durée, il en fut pour ses frais de lames et de triques. Il
se rabattit sur le commerce, il songea à vendre son influence, sa parole ; les vagues de cette mer de Chekkaia
qui s'engouffrait sous la porte du bureau arabe, furent
pour lui les flots du Pactole. — Précipité des sommets
brillants, — il se jeta dans les bas-fonds de la spéculation
déshonnête, il remplaça la gloire par l'argent et il trouva
qu'il ne perdait pas au change. Malheureusement, disons
heureusement plutôt, il n'a pas toujours réussi. Entré
dans cette voie, le chaouch s'est vu entraîné, il a éprouvé
des désagréments et des malheurs. Une fois lancé, il n'a
pas toujours pu s'arrêter sur la pente, il a roulé dans
le précipice. On le voit figurer dans de tristes affaires :
investi de la confiance d'un maître imprudent, irréflé-
chi, insouciant, il a travaillé en son nom et a fini par
le compromettre, cela devait arriver. Aussi joue-t-il
un rôle dans quelques drames ténébreux, aussi figure-
t-il entre deux gendarmes dans quelques procès scandaleux. Son exemple a été pernicieux ; tous ces mirmidons
de chaouchs des mairies, des administrations, ces extraits
de chaouchs, ces rogatons de chaouchs, porteurs de lettres,
de contraintes, de papiers à signer, faiseurs de commis-
sions, saute-ruisseaux, tout cela a voulu trancher du grand
spéculateur, et on en cite qui ont fait fortune, comme on
en cite qui ont gagné Cayenne et qui n'en reviendront
pas, parce que c'est un séjour qui ne rend guère ceux
qu'on y envoie.

LETTRE XVIII.

KHIELAS.

Le goum des Khielas était composé de garçons (*Zban-tót*) ; c'était la clique la plus indisciplinée de paresseux, de coureurs, de mendiants, mal vêtus, mal armés et mal montés.

Comment se montrer difficile dans le recrutement de cette troupe? on ne la payait pas. Les cavaliers vivaient un peu sur le commun ; les priviléges dont ils jouis-saient, l'exemption d'impôt, le logement, la jouissance du produit d'un certain nombre de palmiers dans les jardins, une bacette par course, donnée par la fraction chez laquelle on les envoyait, tout cela ne leur permet-tait pas de mener grand train et d'être vêtus comme un pacha à trois queues. Ils vivotaient et portaient des bur-nous percés ; mais le sultan n'en demandait pas davantage ; il ne les forçait pas à bien vivre ni à s'habiller avec luxe ; la mauvaise tenue était tolérée, sinon de rigueur.

Il ne pouvait pas non plus exiger de leurs chevaux l'embonpoint et la force, car leur nourriture était peu substantielle : de mauvaises dattes, du drin (espèce de chiendent des dunes), de petits joncs verts, durs comme du bois, des carottes à certaines époques, tel était le régime de la bête ; quant à ce qui est de l'orge, comme elle est chère dans le pays, le cheval en goûtait très-rarement, mais il n'en voyait pas souvent manger aux autres.

Quand l'ar'a des Khielas voulait faire marcher un cavalier, il fallait d'abord qu'il marchât lui-même pour le trouver ; il en découvrait enfin un qui dormait sous les palmiers, le réveillait avec quatre bourrades et lui ordonnait de seller. Le cavalier jurait : jamais ce n'était son tour de marcher, son cheval boitait depuis sa dernière course, et sur cela, il allait quérir une rosse sautant sur trois pattes, la quatrième raide comme un pieu ; il l'avait blessée dans une fantazzia à la noce de son frère.

L'ar'a passait à un autre qui prétendait avoir marché le dernier et garotté son cheval en portant un ordre pressé au chikh de Mgarrin. Le coquin avait fait ; la nuit dernière, au galop aller et retour, la route de Temacin pour y voir sa maîtresse.

Force à l'ar'a d'en chercher un troisième qu'il trouvait étendu dans la tente d'une ribaude des Ouled Naïl. Pour celui-là, il marchera ou le diable l'emportera, il marchera à pied ou sur la tête, si son cheval ne peut le porter. En effet, il a beau clabauder, crier : « C'est intolérable, injuste, on me prend toujours parce que je suis toujours prêt et que mon cheval n'est jamais blessé. »

Bon gré mal gré, il va chercher sa monture qui paissait à une demi-lieue de là, dans le marais, à l'est du che- mora, dans les joncs. Comme il se pressait peu, une heure s'écoulait encore et la lettre partait ; enfin le pauvre ar'a rentrait. Le lendemain il recommençait le même manége quand il ne partait pas lui-même, ce qui arrivait quand il n'avait pu déterrer personne.

Souvent un Khiela, passant dans un village qui se trouvait sur sa route, descendait chez un Arabe qu'il savait posséder un beau mulet, le prenait, laissait son cheval à sa place et le ramenait fourbu et éreinté à son maître, qui jurait ses grands dieux qu'il irait se plaindre. Il partait, en effet, emmenant sa bête à demi-morte ou munie seulement de ses oreilles, si elle l'était tout-à-fait ; mais le Khiela avait paré la botte : à peine avait-il mis pied à terre qu'il était allé se plaindre à l'ar'a et lui avait dit que son cheval, par suite d'une chûte, n'ayant pu continuer sa route, il avait demandé à l'Arabe de lui prêter son mulet pour le service du beylik et qu'il en avait reçu un refus et des injures. Or, l'Arabe qui arrivait après le cavalier pour se plaindre que ce dernier lui avait pris de force son mulet sans nécessité et l'avait mis sur la paille, rece- vait souvent, par ordre du mezouar, la bastonnade pour avoir injurié et laissé le Makhzen dans l'embarras.

Vous voyez que l'habitant du pays n'était pas à l'abri des vexations des Khielas. Avec ce mot : « service du Beylik, » un estafier pouvait tout se permettre, comme autrefois en France avec ces paroles : « Service du Roi. » Chez nous, cet abus avait totalement disparu ; mais avec le césarisme, il reprenait..... nous l'avons échappé belle.

Le brave ar'a supportait bien des tribulations, car si son goum servait le sultan, il servait son goum, il en était moins le chef que le domestique ; mais pourvu qu'il commandât, peu lui importait de ne pas être obéi. Chez lui, la vanité satisfaite compensait l'affront digéré.

LETTRE XIX.

QADHI.

Je ne vous dirai, cher compatriote, que quelques mots
sur l'organisation de la justice dans la principauté de
Tougourt ; elle marchait là comme elle marche ailleurs,
c'est-à-dire assez mal. Or, comme je traiterai la question
de la justice indigène en général dans les lettres que je
veux vous écrire sur le pays arabe, au sein duquel se
trouve notre colonisation, je ne m'étendrai pas sur ce
sujet aujourd'hui.

L'oued Rir' était partagée en groupes de trois, quatre
ou cinq villages, plus ou moins, qui avaient chacun leur
qadhi. Le qadhi de Tougourt, comme je l'ai dit, était en
outre grand qadhi ; il jugeait en appel, cassait, brisait,
réformait les jugements des autres qadhis,— qu'on venait
le prier de réviser. Cependant, quand il se présentait

une affaire qui en valait la peine, on ne pouvait refuser
à la partie qui le demandait la réunion d'un midjeles,
tribunal composé de plusieurs qadhis ; mais, il faut le
dire, comme chacun était pénétré de la valeur des
qadhis, qui étaient tous des coquins et reconnus pour
tels, les plaideurs sollicitaient rarement la réunion d'un
midjeles, par suite de ce raisonnement : « plus il y a de
coquins, plus on doit être plumé. »

D'ailleurs, il était reconnu que celui qui gagnait son
procès était celui qui avait donné le plus d'argent à son
juge ; aussi la justice, qui était à peu près gratuite, revenait à un prix fou, et cette procédure à bon marché était
ruineuse.

Le grand qadhi était très-bien avec le sultan de Tougourt, qui avait besoin de son ministère dans certaines
circonstances. On me dira que, dans un pays gouverné
par l'arbitraire et le bon plaisir, le maître est au-dessus
des lois, ceci est vrai ; le sultan n'avait qu'à dire :
je veux, tout eût fini là ; mais tout sultan qu'on est,
on n'est pas fâché de se populariser à l'occasion,
surtout lorsque cela coûte si peu. Or, le souverain de
Tougourt avait le grand qadhi à sa discrétion, et, quand
il avait quelque chose d'un intérêt particulier à démêler
avec un de ses sujets, au lieu de trancher la question
lui-même, l'affaire était remise au qadhi qui donnait au
manant de bonnes paroles : c'était tout ce qu'il accordait
à un pauvre diable qui aurait préféré autre chose ; mais,
aux yeux du public, le procédé paraissait magnanime,
l'effet était produit. Voilà de la haute et coquine politique.

L'intervention du qadhi était invoquée par le sultan,
surtout en affaires de femmes et de chevaux : il fallait

bien quelque chose pour distinguer l'honnête femme de la concubine du harem.

En fait de chevaux, les usages des Arabes sont bizarres ; ils reconnaissent des cas rédhibitoires qui sont encore valables après six moix ; il faut bien un qadhi et des experts pour régler les affaires de ce genre ; le sultan, s'il était en cause, leur faisait appel, c'était agir décemment.

Voilà à peu près en quoi consistaient les rouages du gouvernement ; vous trouvez que, s'ils n'étaient pas nombreux, ils n'étaient pas meilleurs pour cela. C'est vrai, mais la simplicité en faisait le mérite ; les habitants y étaient rompus et ne se plaignaient pas trop.

LETTRE XX.

MON VIEUX CONTEUR DE L'OUED RIR'.

Pendant mon premier séjour dans l'oued Rir', je causai souvent avec un homme très-vieux, infirme, ne pouvant remuer ni bras ni jambes, mais ayant conservé le mouvement de la langue, dont il faisait un fréquent usage, quoique l'absence des dents nuisît beaucoup à la transmission de la parole ; aussi, n'était-il pas toujours facile d'en saisir le sens au premier jet. Il en était quitte pour répéter et ne demandait pas mieux, aimant beaucoup à causer et surtout à raconter les faits passés.

On m'en avait fait le plus grand éloge ; j'allai chez lui d'abord pour passer le temps, puis parce qu'il m'intéressait. On me l'avait donné comme un homme fort instruit, ne sachant, il est vrai, ni lire ni écrire, mais connaissant l'histoire des temps anciens ; il n'ignorait rien de ce qui s'était passé autrefois dans son pays, et de mauvais plaisants assuraient qu'il connaissait même des choses qui n'avaient jamais existé ; il avait une mémoire d'ange et se rappelait parfaitement tout ce qu'il avait vu et même ce que ni lui ni d'autres n'avaient vu.

C'était un vieillard d'une physionomie douce et intelligente, d'une figure agréable. A travers sa barbe blanche comme des fils de la Vierge, filtrait un sourire gracieux et fin ; son burnous léger, comme on les porte dans ce pays-là, était d'une entière blancheur ; son haïk djeridi, à raies de soie blanche, était d'une grande finesse ; au lieu de la grosse corde en laine brune ou noire qui fixe ordinairement ce haïk autour du crâne, il avait la petite corde mince de même laine dont se servent les gens du Sud, parce qu'elle entretient moins que l'autre la chaleur à la tête.

Sa parole était parole du Coran, il avait réponse à tout ce qu'on lui demandait, sa tête était un dépôt d'archives. Cependant il fut interloqué comme les autres et évidemment troublé par ma question sur l'introducteur du puits artésien dans ces parages, et resta, comme on dit, à quia, quand je l'interrogeai là-dessus. Aussi j'éprouvai du remords de l'avoir fait, car il pouvait croire sa réputation compromise, mais je réfléchis que cela n'est pas à craindre chez ces gens-là. Je retournai le voir pour lui fournir l'occasion de prendre une glorieuse revanche et je le replaçai sur son terrain en lui demandant l'origine de la famille des Ben Djelleb, la dernière qui ait régné dans l'oued Rir' et que nous venions d'en extirper pour prendre sa place, par suite de notre système d'occupation complète et pour justifier le *mektoub*. Mektoub veut dire ce qui est écrit; ce mot explique le dogme de la fatalité, régime sous lequel on vit dans le pays : la fatalité explication très-claire de tout ce qui ne peut s'expliquer autrement. Il me parut charmé de se voir attiré dans le domaine de l'histoire et je vais vous redire, cher compatriote, ce qu'il me raconta sur l'origine des Ben Djelleb. Mon récit est la reproduction du sien, à l'exception de quelques développements.

J'ai donc donné à quelques circonstances particulières sur lesquelles mon conteur passait trop rapidement, la tournure qu'elles ont dû prendre dans l'enchaînement des évènements ; c'est tout ce que je me suis permis.

On le portait chaque jour dans son bois de palmiers ; c'est là, assis sur l'herbe, sur le bord d'un ruisseau alimenté par la source artésienne, qu'il me conta ce qui suit :

LETTRE XXI.

Dans le neuvième siècle de l'hégire, la famille qui régnait sur l'oued Rir' s'éteignit. Le dernier sultan, voyant sa race menacée de disparition, s'en inquiéta : les souverains ont l'habitude de se préoccuper de ces choses-là ; on assure cependant qu'il en est qui s'en moquent et disent : « après moi, le déluge. » Notre sultan avait une pensée plus élevée, moins égoïste, et aurait fait des sacrifices pour se voir revivre dans la personne d'un fils, il se serait même peut-être contenté d'un neveu.

Il ne négligea donc rien pour avoir de la postérité ; il passa sa vie à divorcer, à se remarier, et toujours la stérilité, l'implacable stérilité! Il s'adressa à la médecine, appela près de lui et fit venir de l'étranger des praticiens, des docteurs, qui avaient consacré leurs nuits à l'étude de la reproduction : résultat négatif. Il donna dans les empiriques, les charlatans ; tous les fontanaroses de la contrée lui vendirent des remèdes infaillibles. En sa qualité de sultan, il fut rançonné, ils lui prirent ses écus et ne lui donnèrent pas d'enfants. Sa bourse diminua, sa famille n'augmenta pas ; quelqu'un, payé par une des sultanes, lui conseilla de se réduire à une seule femme. Il conserva donc celle qu'on lui indiqua et mit toutes les autres à la porte ; l'héritier n'arriva pas, la mort survint et le trône resta vide.

Il est clair que c'était plutôt son sang que son nom que le sultan tenait à perpétuer, autrement on eût pu l'accuser de manquer de clairvoyance, car de fidèles serviteurs pouvaient lui acheter un héritier à la mamelle : on trouve des moutards à vendre dans tous les pays du monde. Il aurait aussi trouvé, dans le personnel de sa maison, quelqu'un capable de lui fabriquer un héritier ; on a vu des domestiques qui rendaient ce service à leur maître sans qu'il les en priât ; le sultan pouvait donc, par ce moyen, se procurer un prince royal bien confectionné, livré dans un délai fixé et à un prix modéré ; c'était aussi éviter les chances d'une révolution que de se faire improviser un héritier. Ce détail, paraît-il, le préoccupait peu, et il ne se tracassait pas de la manière dont ses sujets se débrouilleraient après sa mort, du moment qu'il ne pouvait laisser le pouvoir à un fils, mais un fils bien à lui ; chacun a sa marotte.

Comment ne s'est-il pas élevé, du sein de l'entourage, un prétendant audacieux, un prestidigitateur, un saltimbanque adroit, capable d'escamoter la nation, de la mettre dans le sac et de lui persuader qu'il l'a sauvée, par la volonté de tous, d'un danger qui n'apparaissait à personne : voilà encore des choses qui réussissent à toutes les époques. Eh bien, non, il ne se présenta aucun sauveur improvisé, et vous allez voir comment on s'y prit pour en trouver un *extrà muros,* ce qui revint au même.

Le sultan mourut, ses obsèques furent splendides, et, en raison du bien qu'il avait fait, le mezouar (c'était ainsi qu'à Tougourt on appelait le grand visir et il n'y en avait qu'un) décréta que les frais des funérailles seraient au compte de l'Etat. Au fait, il était bon prince, ce fut un deuil général ; il y avait au sérail tant de dévoués serviteurs qui l'avaient grugé, qu'il y eut un concert de lamentations ; personne n'était sûr de gruger autant le successeur, qui pouvait arriver avec une bande de dévorants toute formée.

Le cortége intime des mangeurs se modifie quand la couronne se déplace, il n'y reste que quelques caméléons, quelques reptiles d'antichambre faisant peau neuve à volonté.

La casbah fut inondée de larmes. Toutes les femmes de la ville furent conviées à mêler leur sang aux larmes des familiers et invitées à se déchirer les joues avec leurs ongles, comme cela se pratiquait dans les enterrements des états barbaresques et musulmans. Toute femme conviée qui ce jour-là, ne se mettrait pas la figure en lambeaux, serait honnie et vilipendée ; il y a obligation de se détériorer le visage le jour de la mort d'un parent : je vous laisse à penser ce qui resterait de peau à la malheureuse qui en perdrait cinq dans la même semaine. Les pleureuses rentrent chez elles méconnaissables, elles enduisent les plaies de goudron ou de henné, ce qui fait qu'avant dix jours il n'est pas possible de reprendre sa figure naturelle.

LETTRE XXII.

Quand tout fut fini pour le sultan, le mezouar jugea
qu'il fallait songer aux affaires et n'eut rien de plus
pressé que de convoquer les chikhs, chefs des villages,
pour s'entendre avec eux sur le parti qu'il y avait à
prendre dans la circonstance et sur le choix du successeur à donner au sultan. Un audacieux eut songé pour lui
au suffrage universel, une telle proposition faite à cette
époque à la population l'eût singulièrement étonnée,
elle n'y eut vu que du feu, comme on dit ; mais le
mezouar n'était pas assez osé pour se permettre une telle
facétie, pour avoir une idée aussi malicieuse. Dans
l'oued Rir', comme dans tout pays arabe, on trouvait
déjà le principe du pouvoir municipal ; chaque village

avait sa djema, assemblée composée des *kbars*, grands
notables de l'endroit. Le notable n'était nommé ni par le
pouvoir, ni par les habitants, il n'avait qu'à se présenter
comme notable, il était reçu ; les notables étaient donc
les premiers venus, à l'exception des hommes trop jeunes,
de ceux reconnus comme des sacripans ; il pouvait même
arriver qu'un sacripan de toupet se fît admettre comme
notable. L'assemblée avait naturellement à sa tête le
chikh, comme chargé de l'administration de la tribu ;
mais, par le fait, elle ne reconnaissait pas de président,
il n'y avait pas de tour pour prendre la parole ; quand
on l'avait, on pouvait la garder jusqu'à ce qu'un autre
vous la coupât ; aussi on se disputait, on se querellait, et
puis tout finissait par s'arranger tant bien que mal. Il se
trouve toujours dans ces assemblées des gens qui parlent
beaucoup, longtemps, et même très-adroitement ; l'habitude d'avoir affaire avec les Arabes nous prouve qu'il en
est qui possèdent un vrai talent d'avocat et de Normand.

Le mezouar convoqua donc les Etats généraux, c'est-à-
dire les chikhs. La réunion fut nombreuse, personne n'y
manqua ; la salle, quoique grande, se trouvait trop
petite, et, comme les chikhs n'avaient pas tous lavé leurs
burnous, il fallait être du pays pour ne pas se sentir suf-
foqué en entrant par ce que l'on est convenu d'appeler
l'odeur de Bédouin.

Chacun s'accroupit sur le grand tapis recouvrant la
dalle, les jambes croisées et repliées, usage ancien sans
doute, qui a dû exister chez tous les peuples, et dont
les tailleurs, en France, et les magots, en Chine, ont
conservé la tradition pure. Le mezouar dominait l'assemblée, posé sur une petite estrade, mais à la manière

des autres. Il fit réciter le fetah par un thaleb placé
près de lui : le *fetah* est une prière tirée du Coran, qu'on
ne manque jamais de prononcer en ouvrant une séance
quelconque. Il annonça ensuite qu'il allait parler, et
commença en ces termes :

« Ia Siadi, ô Messieurs, il est donc vrai, il n'est donc
que trop vrai, le sultan est mort. Ce n'est pas sa faute, car
il aimait la vie ; il ne faut pas lui en vouloir, car il chéris-
sait quelque chose plus que la vie : cette chose, c'était
son peuple, il l'adorait. » A ces mots, l'attendrissement
gagna l'assemblée, et le mezouar, qui en avait une dose,
proposa une prière pour l'aider à passer, ce que le thaleb
marmota décemment. Chacun en répéta le dernier mot :
Amen ; car il est bon de savoir que les musulmans sont de
la même force sur ce mot-là que les chrétiens ; ils l'em-
ploient aussi souvent, avec la même grâce et dans les
mêmes circonstances.

Le mezouar continua : « Le sultan est mort, bien mort,
on ne peut pas plus mort, mort de sa belle mort, comme
vous aviez le droit de vous en assurer, ce que vous n'avez
pas fait, parce que vous n'êtes pas hommes de détail et
que vous n'y regardez pas de si près ; il vous suffit qu'il
soit mort, vous n'en demandez pas davantage. Pleurons
sur sa dépouille (et on fit une deuxième prière). Vous
aviez peut-être bien quelque peccadille à lui reprocher,
je ne le nierai pas, moi son ami ; il a pu, par mégarde,
faire passer dans sa poche quelques douros qui n'étaient
pas de trop dans la vôtre et que vous désiriez y garder ;
mais il faut bien que tout le monde vive, et il faut qu'un
sultan tienne son rang : Comptez-vous donc pour rien
la splendeur du trône ? Ses décisions vous ont semblé

7

parfois blessantes, mais dans un procès il y a toujours quelqu'un de lésé, et qui est-ce qui ne se trompe pas? Ses jugements furent parfois un peu sommaires, c'était pour ne faire languir personne.

» Il a fait bâtonner quelques honnêtes gens, mais ils n'en sont pas morts, ce qui annonce au moins de l'endurcissement chez eux ou de la douceur chez lui. On cite des têtes qu'il eût mieux fait de laisser sur les épaules de leurs maîtres. Que voulez-vous? on n'est pas parfait.

» A part cela, il ne gouvernait pas mal ; mieux vaut l'être ainsi que de ne pas l'être du tout. Recommandons son âme à Dieu et au prophète, cela ne peut que lui faire du bien, et, dans le cas où il s'élèverait quelque difficulté pour lui à la porte du paradis (djenna), nos vœux l'aideront à passer, et il verra que nous n'avons pas de rancune (On fit une troisième prière).

» Voilà pour le passé, songeons à l'avenir. Le sultan n'a pas laissé d'héritier, il a tout fait pour en avoir, il a trop fait même, et si je vous redisais ses labeurs, ses travaux d'hercule, vous n'y croiriez pas... C'est à fendre l'âme... Oh! ne l'accusez pas, s'il laisse le vaisseau de l'Etat voguer sans pilote, soyez sûr qu'il n'y est pour rien, c'est le Ciel qui n'a pas voulu couronner ses efforts. Nous sommes sans roi, que faire? Il est des peuples qui n'ont besoin de personne pour se tirer d'affaire, mais ils sont plus forts que vous n'en avez l'air (marques d'assentiment), et, quand bien même, par impossible, il se trouverait parmi nous un homme capable, on ne lui obéirait pas : nul n'est prophète en son pays, sa voix serait celle qui prêche dans le désert, il en serait pour ses frais d'éloquence.

» Que faire donc ? Vous n'en savez rien, ni moi non plus ; mais ne nous décourageons pas, nous sommes des musulmans premier choix, des fidèles de la bonne souche, nous adorons Allah et nous voudrions voir tous les mécréans pendus aux plus hauts de nos palmiers. Dieu et son prophète nous protègent, prions (et le thaleb fut forcé de débiter encore une prière de circonstance, ce qui n'embarrasse jamais les thalebs). Il me vient une idée : il faut demander notre sultan au hasard, comme qui dirait le tirer à la plus belle lettre ou à la courte paille (de toutes parts on crie : très-bien!). Chikhs, levez-vous, suivez-moi, dirigeons-nous en corps vers le marché, et le premier étranger de bonne mine qui se présentera à nous sera proclamé sultan. Fiez-vous à la Providence, elle vous parle par ma bouche ; voilà notre affaire, c'est écrit. »

Comme il était impossible d'avoir une idée plus baroque, tout le monde la trouva merveilleuse ; on s'écria que le mezouar était inspiré, qu'il parlait comme un ange et qu'il fallait le suivre. Aussitôt dit, aussitôt fait ; le cortége des chikhs se mit en marche et entra processionnellement dans le marché, précédé du mezouar qui, de ce jour-là, fut classé parmi les saints marabouts. C'est aussi honorable chez les musulmans que d'être canonisé chez les chrétiens, et la qualité passe à la postérité.

LETTRE XXIII.

LE MARCHAND DE MOUTONS DU MOR'EB.

Il se trouvait ce jour-là au centre de la place, sur un petit tertre, un personnage que personne ne connaissait ; il était très en évidence : l'élégance de ses manières, la hauteur de sa taille, la beauté de son visage et, par-dessus tout, la blancheur et la propreté de son burnous, en faisaient le point de mire des Arabes venus ce jour-là au marché. On lui aurait donné trente-cinq ans au plus, ses yeux noirs brillaient d'un vif éclat, ses dents étaient blanches et bien rangées, tout dans sa physionomie annonçait la fierté, l'intelligence et même un peu d'audace ; une disposition particulière dans la coiffure, dans l'arrangement du costume, nuances légères qui ne trompent jamais l'œil des indigènes, donnaient à cet homme un air étranger et auraient signalé un Arabe du Mogheb (pays de l'Ouest, Maroc) à ceux qui l'approchaient, si sa prononciation avait pu leur laisser l'ombre d'un doute là-dessus. Il vendait de très-beaux moutons et en débattait le prix contre les acheteurs avec une vivacité annonçant qu'il ne lâcherait sa marchandise qu'à bonne enseigne.

A peine le mezouar l'eut-il aperçu qu'il n'hésita pas à croire à une véritable inspiration de Dieu, ce qu'il avait trouvé bon de laisser dire, sans cependant en être bien persuadé lui-même. Il se retourna donc vers les chikhs, et lançant sur leur groupe un regard de vanité satisfaite : Eh bien, leur dit-il, vous avais-je trompé? Voilà notre homme. On répondit *amen*. Alors le mezouar se dirigeant vers lui en bousculant tout ce qui se trouvait sur son passage, mit un genou en terre à ses pieds en lui disant : Je te salue, ô sultan de Tougourt. Quelqu'un de plus fin et de moins préoccupé que ne l'étaient les chikhs, eût évidemment démêlé sur la physionomie de l'étranger un air de surprise indiquant qu'il n'était pas le moins du monde au fait de la situation, et un certain froncement de sourcils et une contraction de muscles annonçant qu'il n'entendait que médiocrement la plaisanterie et que, dans le cas où cela en serait une, il préparait au pauvre mezouar un traitement par friction, sans analogie avec le baume tranquille.

L'Arabe sait retenir un mouvement de vivacité ; celui-là était un homme fort, il voulut voir jusqu'où iraient les choses et fit signe au mezouar de continuer, ce que fit le brave homme en racontant avec un air de candeur qui était dans son caractère, tout ce qui s'était passé dans l'assemblée des chikhs, provoquée par la mort du sultan et la décision qui y avait été prise. Tout cela était empreint d'un cachet de vérité auquel ne se méprennent pas des gens aussi habiles que notre moghebin. Il ne douta plus de la sincérité du bon mezouar, et, reprenant son calme, il lui tendit la main, l'invita d'un air de douceur à se remettre sur ses jambes, puis, avec cette présence d'esprit des gens supérieurs ou des roués, il répondit dans les termes qu'on va lire :

LETTRE XXIV.

DISCOURS ET VISION DU MARCHAND DE MOUTONS, DEVENU SULTAN.

Ma dernière lettre vous a laissé, cher compatriote, au moment où le moghebin, certain de n'être pas le jouet des Rouar'as, prit la parole pour répondre aux chikhs. Il le fit en ces termes :

« Messieurs, votre offre m'honore et me flatte ; je l'accepte, parce que Dieu l'ordonne, car vous avez deviné juste ; c'est sa volonté, la chose est claire et visible; il n'y a pas à s'y tromper, c'est lui qui m'envoie vers vous. Je sens son bras qui me pousse : jugez-en, écoutez :

» Je ne suis pas ce que vous croyez, un croquant, un humble vendeur de moutons, ce qui ne me déshonorerait pas ; Mahomet ayant gardé des chameaux, je puis bien vendre des bêtes à laine. Mais je suis mieux que cela et je sors d'une famille qui a donné des sultans au Mogheb ; je n'en sais pas le nombre, mais cela ne fait rien à la chose. Elle a eu des malheurs, a été persécutée, chassée par des peuples ingrats dont elle faisait le bonheur. Vous n'êtes pas sans savoir que les peuples sont souvent ingrats et qu'il y a peu d'agrément à faire leur bonheur ; mais les hommes de cœur se dévouent. Je vous disais donc que je suis un exilé sur la terre étrangère ; or, il faut que tout le monde vive, et ma noble extraction ne m'empêche pas de chercher à ne pas mourir de faim. Il ne manque pas, de par le monde, de princes déchus qui font tous les métiers ; il en est qui élèvent des petits enfants, d'autres qui vendent de la mort-aux-rats, de vieux chiffons, des briquets et de l'amadou ; quelques uns, n'aimant que ce qui leur rappelle leur position ancienne, détroussent les voyageurs et les assassinent après les avoir dévalisés ; — moi j'ai demandé au commerce des moyens d'existence, j'élève des troupeaux et je vends des moutons, ma famille a conservé des mœurs patriarcales.

» Souvent j'ai rêvé que j'étais roi ; mais qui n'a pas, une fois dans la vie, rêvé qu'il était quelque chose ? Cependant, ce n'est pas le hasard qui, ce matin, m'a conduit au marché de votre ville, c'est un songe que Dieu ou son prophète m'a envoyé la nuit dernière. Voici le fait :

» J'avais devant les yeux une qasbah comme celle de Tougourt ; oui, c'est bien cela, il n'y a pas à s'y méprendre. Par la porte d'honneur sortait un cadavre recouvert d'un linceul frangé d'or et de soie ; près du cadavre étaient debout deux fonctionnaires pleurant leur sultan décédé, un cuisinier inconsolable, un caissier fondant en larmes. Sous le portail, le premier visir portait les oripeaux rouges et dorés, insignes du pouvoir qu'il déposa sur le linceul. Il se fit tout-à-coup un grand silence, les larmes cessèrent un instant de couler et l'ange Raphaël, s'abattant du Ciel sur le cortége, plana quelques instants au-dessus du cadavre, et me faisant, de son doigt, signe d'approcher : Mon fils, me dit-il, le sultan de Tougourt est mort sans postérité, sois sultan de Tougourt. La vision disparut, le sultan descendit sous terre, Raphaël remonta au Ciel, et je me réveillai à la place où je m'étais couché la veille ; et, après m'être frotté les yeux, je me levai, me dirigeai vers vous, et me voilà.

» Vous le voyez donc, Messieurs, je suis votre sultan, non-seulement par la volonté du peuple, exprimée par votre auguste assemblée ; mais aussi par la grâce de Dieu.

» Il est, dans l'histoire des peuples, des circonstances solennelles et souvent critiques qui menaceraient leur avenir, si Dieu qui prévoit tout, n'avait là, sous la main, certains êtres prédestinés qu'il leur indique comme leurs sauveurs. Heureuse la nation qui comprend cet avis du Ciel et qui, les yeux fermés, confiant en lui, sait en un seul jour, sans restriction, faire entre ses mains le sacrifice de ce que les hurleurs appellent la liberté et qui n'est qu'un leurre, un piége tendu par Satan. Ainsi, je suis votre sultan, laissez-moi faire et dormez sur les deux oreilles, je ne vous demande rien de plus. Voici un troupeau de moutons assez nombreux, je le donne aux honorables membres de l'assemblée qui m'a choisi. Il est à vous. »

LETTRE XXV.

Le dernier mot faillit devenir le signal d'une lutte sanglante, allumer la guerre civile. Aussitôt qu'il fut parvenu aux oreilles des chikhs et qu'ils virent le troupeau de moutons qui leur était livré, leur œil de connaisseurs remarqua de suite les bêtes de choix ; ils se débandèrent et se jetèrent avec frénésie sur les plus belles, que chacun voulut s'approprier. On se les arracha l'un à l'autre, il s'en suivit une mêlée, des burnous déchirés. Les coups de poing ne se firent pas attendre, les pierres commencèrent à pleuvoir, le sang allait couler, lorsque le souverain découvrant, en retroussant les pans de son burnous, des bras nerveux dont les muscles bien dessinés annonçaient une vigueur peu commune, s'avança tranquillement au milieu des combattants, un gourdin dans la main droite, et, sans rien perdre de son calme et de son sang-froid, débuta par un brillant moulinet de son bâton et finit par le faire tomber en cadence sur les épaules des combattants. Chaque coup en étendait un sur le sol ; les horions, éparpillés dans toutes les directions, arrivaient si rapidement à leur adresse, qu'en un clin d'œil les chikhs, abandonnant leur proie, évacuèrent la place. Aussitôt le sultan appela deux de ses parents venus avec lui au marché et leur donna l'ordre de rassembler les moutons dispersés par le combat et de les reconduire à son douar placé dans la plaine.

Cet acte de vigueur, dont le peuple avait été le spectateur émerveillé, cet énergique tour de bâton exécuté avec autant de force que d'adresse sur les épaules des sujets, assurait à jamais sur celles du maître le burnous de la souveraineté.

LETTRE XXVI.

Le peuple donna à son sultan le nom de Ben Djelleb, pour perpétuer la mémoire des circonstances qui avaient accompagné son avènement.

Le mot Djelleb signifie, en arabe, mouton qu'on vend. Je dois vous dire ici que la langue arabe brille surtout par l'abondance des synonymes ; chaque objet, chaque chose, chaque animal en a trois ou quatre, dont chacun exprime une nuance, une position particulière. Il y a un mot pour dire le cheval de bataille, un autre pour le cheval de labour, un autre pour l'étalon ; il en est de particuliers pour le mouton de tel ou tel âge, le mouton qui paît, le mouton en général, n'occupant aucune position dans le monde, le mouton chez lui. Le mot

Djelleb, je le répète, signifie mouton qu'on vend. Le sultan, pour se populariser, dédaignant les airs de grandeur, accepta, avec l'apparence d'une bonhomie adroite et d'une simplicité parfaitement jouée, le surnom dont il apprit qu'on l'avait gratifié.

A notre époque essentiellement bourgeoise, c'est à qui affectera des allures de noblesse. Chacun veut être sorti de la cuisse de Jupiter ; on excelle dans l'art de défigurer un nom roturier et de lui donner un tour quelque peu aristocratique, par la transposition, l'élimination ou l'introduction d'une lettre, un accent sur un E muet, une séparation, que sais-je ? on assaillit les tribunaux de demandes en autorisation de changement de nom, on paie au poids de l'or un *de*, un *du*, un *le*, et souvent on s'expose, en les prenant, aux rigueurs de la loi.

J'ai de vieilles connaissances, des amis de pension autrefois, porteurs de noms d'un fumet qu'on ne pouvait méconnaître et que j'ai revus plus tard, de par le monde, ne répondant plus à ce nom parce qu'ils s'étaient enrichis, élevés, parce qu'ils avaient conquis de brillantes positions. C'était bien leur figure, peu embellie par les rides, mais c'était elle, impossible de s'y tromper. — Mais tu es bien un tel ? — Oui mon cher, je le fus ; mais pour le moment je ne le suis plus. Tu ne reconnais plus mon nom, ni moi non plus ; je vais te dire..... une misère, une vétille, une lettre enlevée qui s'y était glissée par une erreur que le temps avait consacrée et que la lecture de vieux papiers de famille a fait découvrir, pas autre chose.

Voilà qui suffit pour dépister complètement les badauds, pour nobiliser un nom. J'en ai connu qui se donnaient des particules étrangères, qui se faisaient nobles russes ou prussiens pour ne pas rester roturiers français. Faut-il les blâmer de cette faiblesse, quand nous voyons tant de sots qui en sont les premiers la cause, qui nobilisent malgré lui l'homme aux goûts les plus simples, s'il est parvenu aux sphères élevées ; tant d'imbéciles qui se refusent à croire qu'on puisse, sans l'insulter, continuer à appeler Thomas le maréchal qui s'appelait ainsi, quand, le bras encore orné des modestes sardines de sergent, il embrassait jadis et faisait sautiller sur la pelouse les paysannes de son village.

Voilà où nous en sommes dans le pays où j'ai reçu le jour. Le sultan de Tougourt agit tout autrement, et ses descendants, portant le même nom que lui, s'appellent encore aujourd'hui les Ben Djellcb.

Il faut avouer que cette simplicité de bon goût ne les a pas mis à l'abri de la non-activité qui en a atteint tant d'autres moins modestes, ni empêché d'être mis, tout sultans qu'ils étaient, à pied comme les cochers de fiacre qui se grisent.

Peu importe, ce sentiment les honore.

LETTRE XXVII.

APRÈS LA LÉGENDE L'HISTOIRE.

Nous ne suivrons pas mon vieillard dans toutes les
phases de sa narration, elle est vague et sans intérêt
véritable, surtout dans ce qui suit immédiatement l'origine des Ben Djelleb, — jusqu'au jour où il survint à
Tougourt un événement qui exerça une grande influence
sur ses destinées ; je veux parler des faits à la suite desquels la mésintelligence s'étant glissée dans la famille
princière, un de ses membres fut contraint de fuir et de
se réfugier à Temacin, qui s'insurgea, forma depuis cette
époque un petit Etat séparé et indépendant de la principauté de Tougourt avec laquelle elle vécut, à dater de ce
jour, en état de guerre perpétuelle.

Je ne me suis pas imposé la tâche d'historien fidèle,
j'ai entrepris celle beaucoup plus simple et plus commode

de vous parler de quelques faits saillants qui jalonnent une causerie sous les palmiers. D'ailleurs, l'histoire d'une peuplade du Sahara dont personne ne s'occupe, ne peut offrir, dans toute son étendue, de quoi tenir en éveil la curiosité et l'intérêt ; en admettant qu'elle fût bien connue, et elle ne l'est pas, il suffirait d'esquisser à grands traits, de traverser à vol d'oiseau son passé pour arriver aux événements récents qui ont amené l'occupation française ; voilà l'important.

Ne valait-il pas mieux remplacer des faits douteux, bornés, communs, sans intérêt pour personne, par la légende pure et trouvée sur les lieux, légende parlant à l'imagination, mais toujours empreinte de la couleur du ciel sous lequel elle est née, la légende, miroir toujours fidèle des mœurs d'un pays et de l'esprit des hommes qui l'habitent ? La légende qui plaît et captive.

Je connaissais à Constantine quelqu'un de fort instruit, s'occupant beaucoup de recherches sur la contrée et sur l'histoire du peuple arabe ; je savais très-bien que rien ne pouvait lui être plus agréable que le récit de ce que j'avais appris dans mon voyage, aussi je n'eus rien de plus pressé que de mettre en ordre mes notes et de les lui faire parvenir. Voilà ce qu'il me répondit au sujet de l'origine des Ben Djelleb :

« Mon cher ami, votre histoire m'a beaucoup intéressé, j'ai les idées très-pastorales, j'aime les moutons au moins autant que madame Deshoulières ; les vôtres m'ont charmé et je voudrais connaître le vieux à cheveux blancs qui vous a fait la merveilleuse histoire de ces bons animaux ; leur royal berger m'inspire un intérêt véritable, tout cela est nouveau pour moi. J'ai passé du temps à en rechercher la trace dans les documents épars que je possède sur le sud de la province. Pas plus de moutons, pas plus de berger que dans ma main ; mais s'ils n'y sont pas, ils pourraient y être, ce qui revient exactement au même, et votre légende, racontée sous les arbres, a bien plus de prix pour moi que l'histoire recueillie dans de vieilles chroniques tronquées. Continuez donc à faire jaser vos vieux, et quand vous aurez quelque chose du même tonneau, faites-en part à vos amis et connaissances. En attendant, voici ce que je sais des Ben Djelleb.

Les Ben Djelleb ou Djellaba formaient une fraction des Beni-Mérin, grande tribu devenue illustre depuis qu'elle a donné des souverains au Maroc et combattu l'Espagne vers la fin du neuvième siècle de l'hégire, les Djellaba émigrèrent de l'ouest vers l'est. Avant eux déjà, quelques familles venant des mêmes lieux avaient pris la même direction, et cet exemple fut plus tard suivi par d'autres ; ces familles devinrent la souche d'un grand nombre de tribus de l'Algérie. En effet, les récits populaires, la conformité de noms de ces tribus avec ceux des tribus du Maroc et d'Espagne indiquent que la plupart d'entre elles sont issues de familles venues de l'Ouest par suite de refoulements opérés à diverses époques et causés par l'expulsion des Maures de la péninsule hispanique.

La prise de Grenade en 1492, qui a détruit le dernier rempart de l'islamisme en Espagne, a augmenté le courant des émigrations vers l'Est ; et c'est vers cette époque que les Djellaba, séparés de la grande famille des Beni-Mérin, s'avancèrent de ce côté, et y trouvant l'oued Rir' à leur convenance, parvinrent à s'installer à Tougourt

et à prendre en main le gouvernement du pays à l'aide
de leur influence aristocratique et des moyens matériels
que conservent parfois dans leurs revers les grandes
familles exilées et dépossédées. Nous ne voyons guère
mourir de faim les Altesses mises en réforme sans traitement, pour inconduite ; elles ont toutes assez de pré-
voyance pour faire leur petite pelote pendant qu'elles en
ont les moyens. On n'en connaît pas qui soient forcées de
demander l'aumône dans un vieux casque, comme Béli-
saire, qui n'a rien demandé du tout et qu'un conteur du
XIIe siècle[1] a seul transformé en mendiant. Les princes
au pouvoir regardent dans l'avenir et se réservent,
comme on dit, une petite poire pour la soif. Dans ce
temps-là, c'était déjà comme ça.

---

[1] Tzelzès.

LETTRE XXVIII.

VENTE DES NÈGRES SUR LES MARCHÉS. — LA BELLE ESCLAVE.

Le marché de Tougourt était parfaitement placé pour le commerce des nègres, dont on faisait une certaine consommation dans les Etats barbaresques. Là, les familles dépositaires du pouvoir à tous les degrés, ainsi que tous les gens à qui leurs moyens le permettaient, employaient exclusivement comme serviteurs des esclaves ; c'étaient des noirs apportés du Sud par les caravanes, par les Touaregs, les gens du Touat, qui les repassaient aux Tripolitains, aux Tunisiens, aux Beni-Mzab, aux Chambas. Ils arrivaient ainsi sur les marchés du Sud, d'où les revendeurs les répandaient sur ceux de l'intérieur. Il y avait des revendeurs de chair humaine, comme des revendeurs de fruits, de légumes et de poisson, avec cette différence que les premiers étaient beaucoup plus considérés que les seconds, parce qu'ils faisaient de plus gros bénéfices.

On pouvait aussi se procurer, sur le marché d'Alger, des esclaves européens ; — mais ils étaient rares et coûtaient fort cher, parce qu'ayant pour la plupart des connaissances nautiques et l'habitude de la mer, on les réservait pour la chiourme ou pour la douane. Vous savez que les pachas vivaient presque exclusivement de l'écume des mers, c'était le plus net de leurs revenus ; c'est avec cela qu'ils se donnaient leurs aises, rétribuaient leurs domestiques et leurs employés et se payaient des odalisques, quand ils ne trouvaient pas des minois à leur convenance sur les prises faites par leur marine. C'est que cette écume, contrairement à toutes les autres, voire même celle du pot-au-feu et de la société, se composait de tout ce qui voguait de plus riche et de plus précieux sur la cime des flots. Ceci dit, voici un second récit de mon vieux conteur. Je vous livre cette histoire comme il me l'a donnée, vous en prendrez ce que vous voudrez, elle est complétement inédite, les chroniqueurs du temps n'en parlent pas plus que de la première, ils ont laissé ce soin aux vieux de l'oued Rir'.

Un des anciens sultans de Tougourt, dont on ne m'a pas dit le nom, avait un cousin du même âge que lui ; c'était un viveur, un coureur de filles et de femmes, une espèce de libertin, haut de six pieds, et que cette taille peu ordinaire avait fait surnommer Bouthouil (père le Long). Le grand cousin n'était pas bien, comme on dit, dans les papiers du sultan, aussi amateur que lui du beau sexe. Ils n'étaient pas précisément des frères ennemis, ils se voyaient, vivaient sous le même toit; il ne pouvait venir à l'un l'idée de se défaire de l'autre, mais ils ne professaient l'un pour l'autre qu'une affection extrêmement limitée. Bouthouil eût appris, sans en faire une maladie, le décès du sultan, et on aurait pu annoncer au sultan la mort subite de Bouthouil, sans redouter pour ses jours l'influence fâcheuse d'une douleur excessive. Tous deux s'adonnaient aux plaisirs; le lien conjugal avait depuis bien longtemps cessé d'être un obstacle à leur goût pour le changement. Si on se rend compte des facilités que donne, pour le satisfaire, un rang princier, et des moyens qu'on a de payer les objets plus cher qu'ils ne valent, je laisse à penser si les deux cousins se donnaient de l'agrément; aussi menaient-ils, littéralement et vulgairement parlant, une vie de polichinelle. Il s'étaient souvent rencontrés sur le même terrain, et il en était résulté une rivalité qui les tenait toujours en défiance l'un de l'autre. On comprend, après cela, que ce soit une affaire de femme qui amena, comme on va le voir, une rupture définitive entre eux, et on ne s'étonnera pas des évènements tragiques qui en furent la suite.

Oui, la cause de cette rupture fut l'arrivée dans l'Oued Rir' d'un marchand du Mzab amenant une esclave d'une grande beauté. Elle n'appartenait pas à la race nègre, dont on ne retrouvait chez elle aucun singe caractéristique; elle avait le teint blanc, quoique hâlé, comme celui des Arabes, par les rayons ardents du soleil; elle possédait le type régulier des filles du Caucase; sa chevelure était brune et soyeuse, sa taille haute et svelte; enfin, ce qu'il y a de positif, c'est qu'elle faisait l'admiration de ceux qui la voyaient, quand elle ne les enflammait pas d'une passion subite. Il est heureux que de telles créatures soient rares et que toutes les têtes ne soient pas inflammables au même degré, nous avons déjà trop, dans ce pauvre monde, du feu du Ciel et des allumettes chimiques.

Avant de vous raconter son histoire, je veux vous dire un mot des Touaregs, car c'est un Targui[1] qui la vendit au marchand du Mzab.

---

[1] Singulier du mot pluriel Touareg.

LETTRE XXIX.

TOUAREGS ET MEHARAS.

Vous avez entendu parler des Touaregs, moi j'en ai vu ; j'en ai amené huit des Zibans à Constantine ; amené, entendons-nous : ils m'y ont suivi, profitant de l'occasion, car je n'ai jamais eu de goût pour l'emploi de cornac.

Des Touaregs, venus à Biskra au moment où s'y trouvait le général Gastu, furent invités par lui à assister aux courses de Constantine, et comme je m'y rendais avec mon général, les Touaregs nous y suivaient, voilà simplement la chose. Nos Touaregs n'étaient pas beaux, aussi avaient-ils souvent la figure couverte d'un voile. Ils portaient des tuniques de lin de couleur sombre, des pantalons flottant sur la jambe, et étaient coiffés de chechias sous un turban peu volumineux.

Ils portaient des lances et trois ou quatre fusils.

Vous savez que le chameau a été donné à l'homme pour l'aider à traverser le désert ; le Touareg est l'écumeur du Sahara, le dromadaire est son vaisseau. Perché sur son dos, le derrière sur une selle ronde revêtue de peau rouge, maintenue par une large sangle et ornée de longues bandelettes de cuir de diverses couleurs, qui flottent sur ses flancs, les jambes croisées sur le col de l'animal, il le conduit par une lanière passée dans un anneau fixé à la narine. Ces coursiers, appelés *méharas* (pluriel de méhari), n'ont rien qui les distingue du dromadaire ordinaire, à l'exception de leur taille plus élevée, de leur corps plus volumineux, de leurs membres beaucoup plus forts que ceux du dromadaire commun. Il existe entr'eux la différence qui existe entre un cheval des Landes ou de la Camargue et un carrossier du Mecklembourg. Les méharas n'ont pas tous la même vitesse ; il en est qui font, en un jour, deux journées de marche de caravane, c'est-à-dire 24 lieues ; d'autres en font trois, d'autres quatre. Ces longues marches s'exécutent sans qu'il en résulte pour l'animal ni gêne ni fatigue ; il n'en est pas de même du cavalier qui, si rompu qu'il soit à cet exercice, n'est pas fâché de se reposer quelquefois, et se plaît, pendant ce repos, à se faire frictionner les reins. Les Touaregs savent distinguer la classe à laquelle les méharas appartiennent ; leur prix est fixé selon la classe. Les plus rapides sont payés fort cher.

Il y a deux peuplades de Touaregs, les noirs et les blancs. J'ai vu quelque part qu'ils avaient la prétention de descendre des Turks ; ceux à qui j'en ai parlé ne savaient pas trop ce que je voulais dire. Il en est sans doute de cette étymologie comme de bien des choses qu'on affirme. Un savant aura remarqué, dans les deux noms, deux consonnes identiques, T et R, une troisième, le K, qui se change parfois en G, enfin la diphthongue *ou*, qui n'est pas autre chose que l'*u* prononcé comme dans les mots latins *loupis ouloulantibous ourbes*. Après de telles remarques, qu'on aille donc dire que les Touaregs ne sont pas des Turks.

D'autres prétendent que c'est une peuplade d'anciens chrétiens, parce que la croix se retrouve dans leur tatouage. Sans appuyer sur ce que cette parenté avec les plus insignes coquins de l'Afrique centrale a de flatteur pour la religion de mes pères, je ferai remarquer que la croix se retrouve aussi dans le tatouage des Arabes. J'ai vu de très-gracieuses mains de femmes de cette nation, dont le dessus en portait l'empreinte parmi d'autres signes.

Les Touaregs du Touat et du Djebel Hoggar se font les guides des caravanes et des voyageurs à travers le Sahara, ce qui explique surabondamment pourquoi, sur le nombre des caravanes qui partent, il s'en trouve qui ne reviennent pas, pourquoi tant de voyageurs se mettent en route et ne reparaissent plus.

Les Touaregs sont grands guerriers : le coup de main est leur élément, la guerre est leur état permanent, c'est une industrie comme une autre ; si l'on n'en meurt, on peut en vivre. Les Touaregs ne sont jamais en paix ; quand ils n'ont plus sous la main d'étrangers à attaquer, ils se rabattent sur leurs voisins et même sur leurs amis les plus chers.

LETTRE XXX.

LA CARAVANE MAROCAINE.

Voici ce qu'on raconte des antécédents de la belle esclave : Une caravane considérable de Marocains se rendait au Bornou en passant par la route du Touat, qui est la route directe, et était parvenue sans encombre au sud du Djebel Hoggar.

Le chef de cette caravane était un très-riche marchand d'Aguadir, ville du Maroc qui était alors le centre d'un très-gros commerce transporté plus tard à Mogador, Aguadir fut cédée à l'Espagne par le traité du 26 avril 1860. La caravane appartenait, sinon en totalité, au moins en grande partie à son chef; il l'avait organisée à sa guise, l'avait approvisionnée de tous les objets nécessaires à l'existence pendant le long voyage qu'il voulait entreprendre, et n'avait surtout rien négligé pour sa défense. Comme il disposait d'un personnel nombreux, il avait emmené ses serviteurs les plus dévoués et les plus braves, les avait armés d'excellents fusils, de munitions bien conditionnées et de bonne qualité, et il avait exigé les mêmes soins pour l'approvisionnement, les mêmes précautions pour leur sûreté, de tous les marchands qui voulurent se joindre à la caravane et participer à une spéculation qui devait rapporter d'énormes bénéfices, si l'expédition pouvait accomplir le voyage sans malheur. Et, il faut le dire, il en avait calculé toutes les chances ; car notre marchand, homme à l'imagination ardente, qui avait rêvé depuis sa jeunesse un voyage dans l'Afrique centrale, était cependant un homme sage ; chez lui la prudence tempérait l'esprit aventureux. Il préparait cette course depuis longues années et il avait recueilli, sur la route qu'il avait à suivre, la contrée qu'il voulait explorer, les ressources du pays, les dangers et les avantages commerciaux qu'il présentait, renseignements sur renseignements. Ce n'est donc qu'alors qu'il crut avoir acquis sur tout cela les connaissances les plus étendues, qu'il se décida à entreprendre cette longue excursion.

Il donna à tout le personnel de sa caravane une organisation militaire, fit un règlement, assigna à chacun des fonctions pendant les combats, s'il était forcé d'en livrer, et sa réputation d'homme sage et énergique lui conserva toujours sur ses compagnons l'ascendant qu'un chef militaire exerce sur une troupe dont il possède toute la confiance. Il n'emmenait avec lui, de toute sa nombreuse famille, que son fils, beau jeune homme de 25 ans, et une esclave très-belle, issue, disait-on, de parents portugais, ce qui n'a rien de surprenant, car on sait qu'Aguadir fut longtemps au pouvoir des Portugais à qui les Maures l'enlevèrent en 1536.

Le gros marchand avait la faiblesse d'aimer son esclave et de l'aimer beaucoup plus que sa femme, excellente personne, mais passée de mode, et qui ne s'en plaignait pas, parce qu'en Afrique les femmes ne se plaignent pas, et les choses s'y passent beaucoup mieux que chez nous dans des cas semblables. Et puis les Arabes jouissent d'un prophète qui, dans son Coran, donne aux hommes, en affaires de sentiment, une élasticité d'action assez commode. Ainsi, chez les Musulmans, les maîtres ont les mêmes droits sur leurs esclaves du sexe que sur leurs femmes, avec cette différence qu'ils ne sont pas forcés de les exercer et qu'ils n'encourent aucun désagrément s'ils n'en usent pas ; aussi quand l'esclave est laide ou ne leur plaît pas, elle n'est astreinte qu'au service de la cuisine et du ménage.

Notre marchand, ne pouvant se faire à l'idée de vivre un an peut-être séparé de son esclave, qui se nommait Mériem, s'était décidé à l'emmener avec lui ; d'ailleurs, il aimait la bonne chère, il était aussi gourmet qu'amoureux ; chez lui, la voix de l'estomac, sans étouffer celle du cœur, était au même diapason, et personne n'excellait, comme Mériem, dans l'art de préparer un ravissant kouskoussou et tous ces petits mets succulents, ces pâtisseries multipliées dont les excellentes cuisinières des Maures des villes ont seules le secret. Voilà plus de raisons qu'il n'en fallait pour que Mériem fût du voyage. La jeune fille ne réclama pas contre cet ordre ; née dans l'esclavage, fille d'esclave, elle n'avait plus de volonté ;

d'ailleurs, cette course devait faire diversion à l'existence la plus monotone, et elle se réjouissait de suivre son maître.

Voilà donc cette caravane partie et qui traverse, sans le plus petit évènement, le Touat et le Djebel Hoggar : ma première lettre vous dira ce qui lui arriva au sud de ce pâté de montagnes.

LETTRE XXXI.

Le chef de la caravane avait, en l'organisant, fait preuve d'un véritable talent militaire.

Il l'avait divisée en six groupes dont chacun avait son chef particulier auquel tous les hommes placés sous ses ordres avaient juré sur le Coran d'obéir en tout point.

Or, c'était des gens sérieux, religieux et dévoués à celui aux mains duquel ils avaient remis leur sort, ils avaient pour lui de l'affection et du respect; aussi leur serment ne ressemblait-il en rien au serment que nous font prêter tous les despotes, à celui que nos députés prêtent pour entrer à la Chambre.

Le personnel de la caravane présentait un chiffre de trois cents hommes environ, tous armés, je vous l'ai dit : cent étaient répartis dans les groupes et exclusivement attachés à la conduite des bêtes de somme; deux cents formaient l'escorte et n'avaient pas d'autre mission que la défense du convoi; ils étaient particulièrement commandés par le chef de la caravane, dont le fils avait la direction des groupes.

Il était prescrit aux groupes de ne jamais se mélanger, et quand, par suite d'un cas de force majeure, l'ordre était troublé, on s'arrêtait pour le rétablir.

Il n'y avait ni oisif, ni flâneur, chacun avait sa fonction, chacun faisait sa partie comme dans un orchestre.

L'escorte se composait des hommes les plus forts, les plus adroits et les plus braves.

En cas d'alerte, les groupes devaient se réunir et se masser, la garde les couvrir et former le cercle autour du convoi réuni, dans le cas où le chef ne prescrirait pas une autre manœuvre commandée par les circonstances.

Tout cela ressemblait plutôt à une colonne expéditionnaire qu'à une caravane de commerce.

Tous se faisaient un devoir d'obéir au chef; ils savaient que les mesures qu'il prescrivait étaient le résultat de longues et sérieuses études et que d'elles dépendait le succès d'un voyage qui devait les enrichir.

La caravane avait déjà traversé sans accidents un immense pays; elle se trouvait chez les Touaregs, dans la plaine d'Haoud, sur la route d'Aguedez.

Elle avait bien aperçu de temps à autre, à l'horizon, des ombres, des hommes, des chameaux marchant par groupes, précédés de gens isolés, armés bien ou mal [1] ,

---

[1] A cette époque, les Touareg étaient beaucoup plus mal armés u'aujourd'hui. Ils ne se servaient pas encore des armes à feu.

s'avançant doucement, timidement. Le gros de la troupe avait une allure indécise, s'étendait, se resserrait, selon les allures et les mouvements de ceux lancés en avant; elle paraissait tenir conseil et tout finissait par s'éclipser.

Il n'y avait pas à s'y tromper, c'était des vagabonds, des écumeurs du Sahara ; les hommes détachés en avant étaient des chouaf (éclaireurs), il était facile de le reconnaître à leurs mouvements, à leurs montures, meharias de choix. Jusqu'à présent, leurs manœuvres avaient abouti à un mouvement de retraite ; ils avaient éventé, flairé la caravane et lui avaient trouvé une odeur malsaine ; c'était pour eux un boule-dogue qu'il ne fallait pas tourmenter de peur d'en être mordu, il avait les dents trop aiguisées, c'était un buisson dont il ne fallait pas approcher de peur d'y laisser des lambeaux de leurs habits ou de leur peau, un vrai porc-épic qui se fermait et se pelotonnait à la moindre atteinte.

Ils avaient cru s'apercevoir que ces bons marchands réunis maniaient un mousquet aussi bien qu'ils eussent auné une étoffe, mesuré des graines ou pesé des épices.

Ils avaient compris à quelques-unes de leurs démonstrations qu'ils étaient d'une méfiance ridicule, d'une susceptibilité outrée et n'avaient pas jugé prudent de leur lâcher le mot pour rire en passant, de peur qu'ils n'entendissent pas très-bien la plaisanterie.

Cependant, au sud du Djebel Hoggard, la caravane fut attaquée par une bande moins craintive ; c'était en plein jour et en marche.

Parmi les agresseurs, il se trouvait des gens qui l'avaient déjà vue, avaient jugé de sa force et étaient allés chercher du renfort. Ils s'étaient déployés et disposés de manière à l'entourer et à fondre sur elle de tous côtés ; mais ils furent reçus par un feu si vif et si nourri, qu'ils furent forcés de se retirer en laissant des morts sur le terrain, et ils ne revinrent plus à la charge.

Ils eussent mieux fait de chercher à y pratiquer une trouée avec toutes leurs forces réunies, ou de la fatiguer, de la harceler en tête, au centre, en queue, par des escarmouches vives et fréquentes ; avec cette tactique, ils fussent parvenus à faire du butin, s'ils n'avaient réussi à enlever le convoi.

Bref, leur déroute fut complète, la garde de la caravane ne fut pas entamée, elle n'éprouva aucune perte ; mais quand le chef fit l'inventaire du personnel et des animaux, on s'aperçut qu'il manquait un méhari, et c'était celui qui portait le palanquin dans lequel la belle esclave voyageait comme pour son agrément, car le marchand qui l'aimait n'avait rien épargné pour lui donner ses aises : tapis, coussins, soieries, elle avait, sur le dos de son chameau, le droit de se rouler là-dedans, comme elle l'eût fait dans une chambre bien meublée, une tente bien ornée.

Effrayé par les premiers coups de feu, l'animal qui la portait avait eu le vertige, il avait rompu sa laisse, dont le bout était resté aux mains de son conducteur, et pu traverser la ligne des défenseurs, dont la fumée d'un feu nourri obscurcissait sa vue.

Du reste, il n'eût pas fallu songer à le rattraper ; on sait ce que c'est qu'un chameau, et à plus forte raison un méhari qui se met à battre la campagne ; j'en ai vu s'échapper, j'ai vu les cavaliers les mieux montés les poursuivre ; les chevaux les plus vites et les plus robustes n'y résistaient pas, ils les mettaient sur la paille sans se gêner.

Notre méhari était dans son pays natal, qui sait s'il ne l'a pas reconnu, s'il n'a pas espéré revoir ses anciens maîtres, un ami, un frère ; il n'en fallait pas davantage pour lui faire oublier le prix, sinon le poids du fardeau précieux qu'il portait ; on ne peut pas l'accuser d'avoir voulu jouer un tour à son maître actuel ; je crois le chameau aussi bon qu'il a l'air bête, et aussi doux qu'il a l'air maussade ; il avait perdu la tête, et le conducteur avait fait comme le chameau, il n'avait pas, dans la bagarre, songé à avertir le chef et n'eût peut-être pas osé le faire.

Le marchand faillit devenir fou en apprenant son malheur, il parlait de se lancer à la recherche de Mériem ; mais quand ses yeux mouillés de larmes eurent parcouru l'horizon, cette idée n'eut pas de suite.

Tout avait disparu, rien, plus rien, ni Touareg, ni animal, pas plus de femme que de chameau : la belle esclave était perdue à jamais pour lui. Il se mordit les doigts de l'avoir amenée, sa douleur fut affreuse, et s'il n'en fit pas une maladie, c'est que le moment eût été mal choisi pour cela. Du reste, son chagrin ne pouvait être de longue durée, c'était écrit (*mektoub*) ; or, le mektoub c'est la volonté de Dieu. Il sécha ses larmes et soupa.

En bon musulman, il se résignait ; il ne comprenait pas que la tristesse empêchât de manger.

LETTRE XXXII.

L'ESCLAVE EST VENDUE ET REVENDUE.

Mériem tomba au pouvoir d'un huppé de la fraction des Touaregs qui avait organisé le coup de main. Il la fit déposer dans sa tente et l'examina, comme on dit, sur toutes les coutures. De tous les attraits répandus à profusion sur sa personne, ce qui le séduisit le plus, ce fut les colliers, pendants, anneaux, et toute la batterie de métal qu'elle avait sur la poitrine, parce que ce métal était de l'or au bon coin. Et, comme tous ces attraits étaient mobiles et pouvaient s'enlever, il commença par la débarrasser de tout cet attirail qu'il jugea à propos de ne remplacer par rien, afin qu'elle fût plus à l'aise sous ces latitudes étouffantes. Puis, comme elle était svelte, grande, élancée, avait des yeux noirs et la plus jolie bouche du monde, il eut l'idée d'aller la vendre au

Touat, d'où on la ferait filer vers le pays du Nord, où l'on disait que ces sortes de beautés étaient très-estimées. Quant à lui, il était de son pays, et on sait que les Touaregs ne recherchent, chez les femmes, que l'embonpoint. Chez eux, une femme est toujours belle si elle est grosse ; la grâce, pour eux, c'est la graisse ; la beauté des yeux, c'est la boursoufflure des chairs qui les entourent ; la beauté de la bouche, c'est l'épaisseur des lèvres ; la beauté du sein, c'est le volume. Chez les Touaregs, les femmes se prennent au poids ; en parlant de l'une d'elles, on ne se demande pas : est-elle jolie ? mais : combien pèse-t-elle ? Elle est toujours laide, si elle n'est pas énorme comme une tour, une citadelle ; le Touareg veut sentir entre les bras quelque chose qui ait de la consistance ; ils ne comprennent pas qu'on aime à presser une taille fine et svelte, qu'on se plaise à caresser une mauviette, qu'on puisse se sentir attirer vers un objet qu'on pourrait soulever sans un sublime effort ; nos idées sur le vrai lui feraient hausser les épaules.

On comprend que l'aspect de Mériem ne dut faire, sur les sens de notre Targui, aucune impression ; il n'eut pas la pensée de la conserver pour lui, de la réserver pour sa couche, elle ne pesait pas assez pour son cœur ; le mollet de la plus légère de ses femmes était plus lourd que sa frêle personne. Il la conduisit à Ainsalah, où il trouva à s'en défaire avantageusement.

Le marchand Touati, à qui il la vendit, était beaucoup plus connaisseur que lui ; il avait voyagé, était allé au Maroc, dans le Mzab ; l'admirable beauté de l'esclave le frappa, il résolut de l'exploiter. Il connaissait à Guerrara un marchand de bric-à-brac, un vieux fripier raccorni,

endurci, qui vendait des étoffes, des cotonnades, des
coffres, des épices, des savates, des bijoux de femme,
des parfums, de ce qu'on appelle des *atrias*, et de la chair
humaine ; il aurait vendu du vin, s'il eût vécu chez des
ivrognes, et des vieux tableaux, en dépit de la religion,
s'il eût trouvé des amateurs. C'était un bon homme, faisant
toute espèce de commerce, excepté le commerce honnête.
Il parcourait les marchés de la régence. Il était riche,
possédait trois maisons divisées en compartiments divers,
dont chacun contenait une marchandise spéciale ; chez
lui, rien n'était mélangé, il avait de l'ordre et savait
assez écrire pour inscrire ses dépenses. Quoique finaud, il
passait pour un homme payant assez bien les choses,
quand il leur savait une valeur réelle. C'était le seul
marchand chez qui notre Touati pensait pouvoir trouver
un placement avantageux de la belle esclave.

Le Touati profita, pour conduire Mériem au Mzab, du
départ d'une caravane qui s'y rendait ; il la plaça donc
sur un chameau, dans un djahfa. Le djahfa, bassor ou
ataït, se compose d'une carcasse en bois courbé au feu, à
laquelle on donne la forme d'une énorme capote de
cabriolet ; il est fixé sur le dos de l'animal par des cordes
en poil ou en laine qu'on lui passe sous le ventre ; on
asseoit la femme sous cette membrure, sur des tapis
reployés, et des haïks ou haoulis sont jetés sur la carcasse du bassor pour l'abriter et la cacher.

Je ne vous dirai pas quelles réflexions faisait Mériem
voguant vers le Mzab, elles auraient peu d'importance
pour le moment ; je suppose pourtant que tout cela devait lui paraître peu divertissant e qu'elle regrettait son
Maroc et son Marocain.

LETTRE XXXIII.

LE MARCHAND DU MZAB.

Le marchand du Touat se présenta chez le Mzabi, il le
trouva dans sa boutique (hanout). C'était l'heure où les
Mzabites prennent leur nourriture. Le Touati s'en aperçut
au fumet d'un appétissant kouskoussou qui s'avançait,
porté par une négresse moins appétissante que le mets,
car c'était un *mahor* de première qualité, que le Mzabi
avait apporté de Constantine, ville de la régence réputée
pour la préparation de cette nourriture. On voit que
notre marchand ne faisait pas comme ces avares qui
vivent de haricots et couchent sur une paillasse qui,
éventrée après leur mort, vomit des pièces d'or ; au contraire, il vivait bien, couchait sur de moëlleux tapis et
se donnait le luxe de posséder trois femmes couvertes de
bijoux, ce à quoi elles étaient sans doute plus sensibles

qu'aux caresses d'un homme vert encore, mais qui avait dépassé de cinquante ans au moins l'âge qu'on est convenu d'appeler l'âge de raison, parce que c'est celui où l'on raisonne le moins.

En résumé, c'était, au dire de tout le monde, un bon enfant, tout rond au physique et au moral et pas du tout désagréable en société, mais adroit, fûté en affaires et s'entendant à réaliser d'assez beaux bénéfices.

A l'aspect du Touati, qu'il ne voyait qu'à de rares époques, il se douta qu'il s'agissait d'un coup de commerce, mais il ne laissa rien deviner de sa pensée, alla vers lui et parut charmé de le revoir. Les deux amis s'embrassèrent sur les épaules, puis le Mzabi s'écria : « Parbleu, sidi, vous êtes rare comme la pluie, quel bon vent vous amène? soyez le bienvenu sous mon toit ; et d'abord asseyez-vous là et voyons si ma négresse Mbarka n'a pas laissé se dessécher le kouskoussou fumant qu'elle apporte ; ce serait malheureux et ce n'est pas son habitude. »

Le Touati ne se le fit pas dire deux fois ; il mangea comme un ogre et, quand il eut fini, avala une *setla* (petit vase en métal) d'eau fraîche et se trouva satisfait et beaucoup plus disposé à la conversation, qui roula sur le temps, la fatigue de la route, la longueur de la course, et finit par tomber sur le motif du voyage. Le Touati annonça à son ami qu'il avait à vendre une très-belle esclave blanche, dont il avait trouvé vingt occasions de se défaire avantageusement, mais qu'il avait amenée au Mzab parce qu'il y venait pour d'autres motifs, et puis parce qu'il pensait lui être agréable en réservant pour lui un objet rare et d'une qualité supérieure, que peut seul apprécier l'œil d'un connaisseur.

Bon, je te vois venir, dit en lui-même le Mzabi,
« Connu ; » puis s'adressant au marchand du Touat :
« Parbleu, sidi, je suis charmé de faire affaire avec vous ;
les gens de chez vous c'est l'honneur, la droiture, la
franchise en chair et en os, on peut travailler avec eux
les yeux fermés ; mais je ne vous dissimulerai pas que le
moment n'est pas favorable pour les affaires commerciales. Voyons toujours où est votre esclave ? Allons la
trouver, elle doit d'ailleurs avoir besoin de repos et de
nourriture. Où l'avez-vous déposée ? » — « Avec mes
serviteurs et mes chameaux, sur le *rabah*. » (Emplacement d'un marché ou d'un lieu de réunion.)

On alla voir la pauvre Mériem qui était accroupie,
entortillée dans un méchant haouli, auprès des gens du
Touati qui préparaient leurs aliments. Quand le Mzabi
l'aperçut, il eut peine à déguiser son admiration ; puis il
la fixa, la palpa, l'ausculta, examina ses yeux, ses
dents, ses narines, et bien autre chose. C'est un morceau
de sultan, se dit-il ; d'où diable a-t-il tiré une fille comme
celle-là ? C'est un trésor que le Ciel m'envoie. « Allons,
dit-il au Targui, l'enfant n'est pas mal ; malheureusement, à l'heure qu'il est, le commerce ne va pas. L'an
dernier, les sauterelles ont ravagé le pays arabe, elles y
ont fait leurs œufs, et il sera encore mangé par elles cette
année ; la misère est grande, on voit des mères vendre
leurs filles, donner leur enfant pour des galettes d'orge ;
l'argent est rare, ceux qui possèdent des esclaves les
vendent, ceux qui en voudraient ne peuvent en acheter ;
les voyages sont dangereux, les routes infestées de voleurs ; on ne parle que d'attaques à main armée, impossible de s'aventurer maintenant dans le pays. Si j'achète

votre esclave, il faudra que je la garde un an avant d'aller chercher à la vendre en pays arabe ; cependant, je désire vous être agréable, combien en voulez-vous ? »

— « 1600 bacettes, c'est à prendre ou à laisser, dit l'homme du Touat qui n'était pas dupe du manége du Mzabi. La moitié de la caravane ira sans doute à Elarouath ; nous sommes d'un pays de voleurs, nous ne les craignons pas, nous sommes armés jusqu'aux dents ; ainsi, j'attendrai si vous n'en voulez pas. »

Après quelques pourparlers de ce genre, l'affaire fut conclue pour 1500 bacettes. Quatre jours après, l'homme du Touat s'en retournait chez lui.

LETTRE XXXIV.

L'ESCLAVE REMISE A NEUF DES PIEDS A LA TÊTE.

Vous vous rappelez que le brigand des Touaregs qui avait ravi Mériem à sa caravane n'avait eu rien de plus pressé que de lui enlever tous les bijoux précieux dont l'avait parée l'amour du Marocain ; il était dans son rôle en la dépouillant. Le Touati, qui l'avait achetée à sec d'ornements, l'avait revendue telle qu'elle : elle se trouvait donc fort peu gênée dans ses mouvements quand elle passa aux mains du Mzabi.

Celui-ci, homme intelligent et qui savait son monde, parce qu'il avait beaucoup voyagé et beaucoup observé, résolut de ne rien épargner pour que la beauté de l'esclave ressortît dans tout son éclat, persuadé que si l'habit ne fait pas le moine, il le modifie sensiblement à l'œil ; or, en fait de sentiment, tout passe par l'œil, et il avait son plan. Il n'avait pas l'intention de vendre Mériem à quelqu'un qui en aurait fait sa cuisinière ou la gardienne de ses moutards ; il rêvait pour elle de plus hautes destinées : il la réservait pour la couche d'un pacha à plus ou moins de queues. Il résolut donc de la parer comme il convenait ; on ne fait pas autrement dans tous ces établissements où se pratique le vrai talent de séduire les amateurs.

Avec une fille comme Mériem, la tâche du marchand était facile ; il n'avait que faire de ces nombreux cosmétiques qui transforment les boudoirs en boutiques de parfumeur ; il n'avait à sa disposition ni les savons odoriférants, ni la pâte d'amandes douces, ni le baume de la Mecque, ni l'eau égyptienne renouvelée des Pyramides avec quoi se conservent les momies de ce pays et les femmes mûres du nôtre ; mais il avait les petits flacons d'essence de rose de Tunis, dont un vingtième de goutte suffit pour empester un appartement pendant quinze jours, dont l'odeur vous pique le cerveau comme une aiguille et y laisse le mal de tête le mieux conditionné, ce qui en fait le charme.

Le repos devait rendre aux traits fatigués de l'esclave leur animation ordinaire ; quelques bains feraient disparaître de son beau corps les souillures de la poussière dont elle avait souffert pendant sa longue course à travers le Sahara ; la main d'une négresse de confiance allait réparer le désordre d'une chevelure soyeuse et ondulée. L'habillement renouvelé, des bracelets, un collier, des pendants d'oreilles et ces indispensables khelakhel, anneaux de jambes si appréciés des musulmans parce qu'ils gênent affreusement la femme dans sa marche, en voilà plus qu'il n'en fallait pour embellir une créature que le Ciel s'était plu à faire déjà si belle.

Mériem reçut tous ces soins machinalement ; le bien-être qu'elle en éprouvait ne parvenait pas à ramener sur ses traits leur sérénité perdue ; elle était triste et mélancolique, elle semblait absorbée par de lugubres pensées, elle se rappelait son existence passée, rendue si douce par l'affection du Marocain !... Qu'était-il devenu ? et elle qu'allait-elle devenir ? Au Maroc, on cherchait à lui faire oublier qu'elle n'était qu'une esclave, une marchandise, un objet sur lequel on trafique ; ici tout le lui rappelle, elle est traînée de marché en marché, on se la passe de main en main, où cela s'arrêtera-t-il ? Aucune des attentions qu'on avait pour elle ne parvenait à la rassurer ; au contraire, elle semblait inquiète des projets qu'on avait sur elle, on eût dit une victime qu'on parait pour le sacrifice.

Le marchand ne prenait pas garde à tout cela ; non qu'il fût méchant, mais il était marchand et marchand d'esclaves, habitué à trafiquer sur la chair humaine ; il s'occupait donc de conserver aux sujets qu'il achetait toute leur valeur, de la rehausser encore ; il en prenait soin plutôt au point de vue du lucre, du prix qu'il devait en tirer, qu'au point de vue de l'humanité. Cependant, il était d'un caractère doux ; non-seulement il ne maltraitait pas les nègres ses serviteurs, mais il ne les laissait manquer de rien, les nourrissait bien, les habillait convenablement et ne leur imposait pas de travail au-dessus de leur force. Tout s'arrêtait là, sa nature n'était pas assez fine pour aller plus loin ; il ne s'occupait guère de la tristesse ou de la joie que pouvait ressentir une esclave.

Il n'était pas homme à lire dans les traits de Mériem ce qui se passait dans son cœur; on l'eût assez surpris en lui disant qu'il s'y passait quelque chose, en lui apprenant peut-être même qu'elle en avait un.

Les Beni-Mzab sont des agioteurs et des traficants, depuis le premier jusqu'au dernier, depuis le qaïd jusqu'au khammès (domestique). Vendre, acheter, revendre, voilà leur affaire. Pour eux, le commerce consiste à tirer le plus d'argent possible de l'objet qui en vaut le moins ; pour s'enrichir ils tondraient un œuf, ils chercheraient à faire concurrence à leurs amis les plus chers. Il est, au Mzab comme partout, des gens qui paient cher une jolie femme et dépensent pour elle. Là-bas comme ailleurs, l'amour et la vanité ont des droits sur les cœurs, mais il est des limites qu'ils ne dépasseraient pas. Notre marchand savait qu'il ne trouverait pas au Mzab un seul homme qui donnerait de Mériem la moitié du prix qu'il prétendait en tirer. Lui-même, qui comptait parmi les plus riches et qui, bien portant, vert et solide, était encore, à certaines époques, très-porté pour le sexe, très-amoureux à l'occasion, ne se serait jamais pardonné de garder pour lui un objet qu'il pouvait vendre si cher à d'autres. Quand Mériem fut reposée et parée, le marchand alla la contempler : elle était ravissante. « Cette femme, dit-il, est un morceau de roi ; le pacha d'Alger n'a peut-être dans son harem rien qui la vaille ; toutes ses femmes n'iraient peut-être pas à la cheville de celle-ci. Si j'étais sûr d'arriver jusqu'à lui, si le voyage n'était pas plein de périls pour le moment et fort coûteux, je n'hésiterais pas à aller le trouver et il me paierait l'esclave au poids de l'or; mais il y a bien des chances à

courir en allant à Alger avec un objet comme celui-là, et
en en revenant avec de l'or ou des objets précieux ; je
ne connais, pour le moment, aucune caravane qui soit
prête à se mettre en route, il faut attendre. »

———————

LETTRE XXXV.

SÉCURITÉ DES CHEMINS PAR LE TEMPS QUI COURT. — DANGERS
DES VOYAGES SOUS LES TURKS.

Il faut vous expliquer ici, cher compatriote, qu'on n'a jamais voyagé aussi sûrement dans la régence que l'on voyage aujourd'hui dans toutes nos possessions algériennes, et j'en profiterai pour détruire une erreur généralement accréditée en France et que vous partagez sans doute à l'endroit de l'Afrique.

On se figure que là-bas nos colons sont aussi exposés que sur une terre de cannibales, qu'il leur est impossible de sortir de chez eux pour aller dans la campagne, sans courir le risque de ne plus y rentrer. Eh bien, je puis vous assurer que, dans ces vastes plaines et ces montagnes escarpées, ces terrains si ravinés, si fourrés, qui semblent créés tout exprès pour la commodité des cou-

peurs de bourses, dans un pays où la population est clair-
semée, où il y a absence d'habitations, de grandes routes,
et où la surveillance est, sur les huit dixièmes de la
surface, impossible et partout difficile, où les ouvriers
cherchant de l'ouvrage vont d'un point à un autre, à
travers le pays arabe et isolément, parce qu'ils n'ont pas
le moyen de se faire accompagner; chez un peuple qui
a des idées très-avancées en morale et qui ne cherche pas
à se faire remarquer par la rigidité des principes; chez
le sectateur du Coran qui respire par tous les pores la
haine de l'infidèle; dans ce monde-là, dis-je, il se commet relativement moins de crimes qu'en France, où
nous sommes tous frères, où, comme tels, nous devons
tous nous tenir par la main sans trop nous la serrer.

En France, la terre classique de la maréchaussée, où
le tricorne du gendarme, emblème de l'ordre public, est
le premier objet du village qui frappe la vue du voyageur
et rassure les gens honnêtes, sans trop effrayer les voleurs
et les braconniers, Troppmann opère aux portes de la
capitale.

En France, malgré les commissaires de police, les
procureurs impériaux et les limiers de la justice, il est
des crimes qui restent impunis. Les journaux les racontent, on en parle quelques jours et on les oublie;
l'opinion publique ne s'en préoccupe pas comme elle se
préoccupe de ceux qu'on commet sur nos colons d'Afrique.
Le meurtre commis en Algérie se reflète dans notre
presse avec de sinistres couleurs; il suffit qu'un colon ait
été assassiné pour que la colonie entière soit menacée.
S'il est Français, son département est en émoi, sa commune tremble; s'il eût été tué chez lui, dans la forêt de

son canton, on eût été peu impressionné de sa mort. Etre tué par un coquin de sa nationalité, c'est presque une mort naturelle, mais l'être par un Arabe, c'est affreux. L'horreur augmente en raison de la distance ; aussi chacun des habitants de son village se disent : « Qu'allait-il faire dans cette maudite galère ? restons chez nous ; aller là-bas c'est s'exposer à avoir le col coupé. » Et comme personne n'est né avec un goût prononcé pour cette opération, les gens dont les idées tournaient à l'émigration se ravisent et ne quittent pas la chaumière.

Sous les Turks, l'état du pays n'était pas ce qu'il est aujourd'hui ; on ne voyageait pas seul sans s'exposer terriblement à être dévalisé ; ceux qui avaient une grande étendue de pays à traverser voyageaient en caravane et armés jusqu'aux dents.

En effet, on se figure peut-être que le gouvernement arbitraire des Turks enlevait aux populations toutes leur libertés, c'est une erreur. Il leur laissait les libertés les plus chères, le plus en rapport avec leurs goûts, celle du vol et de l'assassinat, je ne dirai pas sur la grande route, car il n'en existait ni de grandes, ni de petites, mais partout où la chose était possible. Les Arabes n'étaient pas vexés par les recherches de la justice, parce qu'il n'y avait pas beaucoup de justice ; le peu qu'on en pouvait trouver chez les qadhis se vendait assez cher, comme tout ce qui est rare, et n'était pas à la portée de tout le monde. Quand donc les tribus payaient leur redevance annuelle, leurs amendes et ce que le bey leur demandait quelquefois d'impôts extraordinaires, elles étaient peu gênées dans leurs mouvements.

Il y avait un autre inconvénient pour les voyageurs,

c'était les guerres entre tribus. Souvent un marchand paisible, qui n'avait aucune intention de se battre avec n'importe qui et n'en voulait à qui que ce fût, se trouvait au milieu de gens occupés à s'entre tuer et était souvent forcé d'assister et même de prendre part à la lutte, quoiqu'il déclarât ne haïr personne et désirer rester en bonne intelligence avec tout le monde.

Dans ces temps de désordre, l'Arabe ne labourait que le fusil en bandoulière et chargé de quatre ou cinq petites balles ; la semence qu'il confiait à son champ était bien aventurée, parce qu'il y avait des gens trouvant beaucoup plus commode de ne pas cultiver la terre, dans l'espoir de récolter sans prendre cette peine-là.

On comprend, que sous un régime comme celui-là, les voyages étaient dangereux et qu'il était prudent de ne les entreprendre qu'en nombreuse société et armé de manière à effrayer les maraudeurs qu'on était certain de rencontrer en chemin ; il fallait aussi acheter la protection des tribus qu'on avait à traverser. Ainsi, par exemple, les tribus des Douadis du Hodna faisaient escorter, sur un certain parcours, les Kabyles qui se rendaient dans le Sud, les Mzabites allant dans la régence ou en revenant ; mais ils ne venaient pas ainsi en aide à leurs frères en religion pour le plaisir de faire le bien, l'amour de Dieu et l'espoir d'être récompensés dans l'autre monde. D'abord il eût fallu attendre leur salaire trop longtemps, et puis ils n'étaient peut-être pas bien sûrs qu'on leur en tînt compte ; ils aimaient faire payer au passage, sur l'heure, comme le péage des ponts. Or, chaque caravane, pour être escortée dans les défilés du Qssob, d'El

Gouman[1], dans les montagnes au sud de la Medjana et celle du Mssaad, au sud de Bousaadah, était forcée de laisser quelques-unes de leurs marchandises accrochées aux buissons du pays des Ouled Madhys par exemple ; c'était une peau de bouc d'huile, une mesure de grains, quelques paires de savates, de la cotonnade, des haïks. On voit que le chargement diminuait sensiblement en route ; le mulet ne s'en plaignait pas, mais le maître faisait la grimace au déballage. Pour ne pas être dépouillé par les coquins, il fallait se laisser écorcher par les honnêtes gens.

Quelques voyageurs s'arrangeaient d'une autre manière avec les tribus ; ils louaient leur protection comme on loue une loge au théâtre, c'était un abonnement à l'année, moyennant un droit fixe payable à époque fixe.

Tout bien considéré, le marchand du Mzab, ne prévoyant pas le moment où il se formerait une grosse caravane à destination de la régence, ne put songer à mettre pour le moment à exécution son projet d'aller orner de sa houri le harem du pacha ou d'un de ses beys et résolut de réfléchir et d'attendre.

---

[1] Défilés longtemps dangereux qui se trouvent dans la chaîne de montagnes qui sépare le Hodna de la Medjana.

LETTRE XXXVI.

LE MARCHAND DU MZAB ÉCRIT AU SULTAN DE TOUGOURT.

L'automne tirait à sa fin, aucune caravane n'était en partance pour le Nord et il n'était question d'aucun préparatif pour un prochain voyage commercial. Il ne fallait guère, selon toute probabilité, espérer qu'une occasion de ce genre se présentât avant six mois ; aussi, notre Mzabi, bien décidé à ne se défaire de son objet qu'à un prix bien au-dessus des bourses ordinaires et à ne faire des démarches dans ce but qu'auprès d'un personnage vivant dans la sphère la plus élevée, se serait-il décidé à attendre s'il ne lui était venu une idée qui devait lui donner le moyen de réaliser promptement le bénéfice qu'il comptait faire.

Il connaissait très-bien Tougourt, il ne se passait pas d'année sans qu'il ne s'y rendît une fois au moins, c'était si près! trois journées de chameau à peine, et sur sa route les villages d'El Alia, Hadjira, et ceux qui se trouvent au sud de Temacin. Des voyageurs isolés ou en très-petit nombre auraient eu, il est vrai, à redouter sur cette route quelques maraudeurs des Chambas; mais ils ne faisaient pas alors le métier en grandes bandes dans ces parages; jamais ils n'attaquaient une caravane armée de dix fusils, et notre Mzabi n'en avait jamais rencontré, quoiqu'il eût souvent parcouru la distance entre Guerrara et Tougourt avec des marchandises, des esclaves et même des douros; d'ailleurs, il avait son plan pour le faire cette fois en sûreté.

Il avait souvent eu des relations avec les Ben Djelleb pour des étoffes, des bijoux, des nègres et des négresses; il était avec eux en très-bons termes et possédait leur confiance; il connaissait le fort et le faible de la famille et en profitait honnêtement. Il savait que le sultan était souvent absorbé par le plaisir et, qu'en fait de dé-règlements, sa conduite était réellement princière; il ne se refusait rien quand cela était possible; rien n'était trop bon pour lui et pour son cousin Bou-thouil, et s'ils faisaient l'amour en pachas, ils savaient le payer en pachas, car, dans tous les pays, pas d'argent, pas d'agréments. Il faut même, dans certains cas, savoir payer des charmes plus qu'ils ne valent réellement. Les Ben Djelleb, qui ne passaient pas pour très-généreux quand il s'agissait de rétribuer des services rendus, pensant qu'on doit se regarder déjà comme très-honoré et très-heureux de servir son maître, les Ben Djelleb étaient très-magnifiques quand il s'agissait de rétribuer des vo-luptés offertes. Leurs instincts, leurs défauts, étaient

connus à la ronde, du Mzabi plus que de tout autre ;
quant à leurs qualités (s'ils en avaient, c'étaient des
qualités rares), notre homme ne s'en occupait pas souvent, il n'y était pas intéressé. On gagne bien plus à
exploiter autre chose.

Il était certain que si Mériem plaisait au sultan de
Tougourt, il la paierait sa valeur. Le Mzabi fit donc parvenir au sultan, par un piéton payé, une lettre dont
voici le résumé : « Vous m'avez souvent exprimé votre
désir d'acheter les négresses remarquables que le hasard
amènerait du Sud, car la couleur de la peau n'efface aux
yeux des connaisseurs ni la grâce des traits, ni la beauté
des formes ; Allah (Dieu) m'a mis aujourd'hui entre les
mains un objet bien au-dessus de tout ce qui a paru dans
ces contrées, et je crois pouvoir affirmer sans exagération
que votre harem ne renferme rien d'aussi beau. Il s'agit
d'une esclave blanche digne de figurer, je ne crains pas
de le dire, plutôt dans l'appartement des femmes légi-
times d'un pacha que dans le harem de ses maîtresses. Si
vous la refusez, je la conduirai à celui d'Alger. »

LETTRE XXXVII.

CHAGRINS D'UN SULTAN.

La lettre produisit un effet magique sur l'esprit du sultan et fit une salutaire diversion au cours de ses idées fort tristes en ce moment, pour les motifs que je vais vous détailler. Le prince en avait de grands pour ne pas rire, il se trouvait véritablement dans une mauvaise passe, la conduite de son cousin Bouthouil le chagrinait et l'inquiétait même singulièrement depuis qu'un certain rêve le lui avait montré conspirant contre lui. Trop de gens distingués croient aux rêves, trop de femmes respectables et intelligentes feuillettent la *Clef des Songes* pour que je me permette de plaisanter sur les présages de certaines visions.

Quoi qu'il en soit du songe du sultan, il est sûr que, dans les circonstances actuelles, Bouthouil ne conspirait pas. Il possédait une maison à Temacin dont le chikh était un homme jeune, intelligent, fort à son aise, aimant le plaisir. Que la parité des goûts eût rapproché et uni d'amitié deux hommes, cela n'avait rien d'effrayant, surtout quand on savait pertinemment que le désir de se divertir en société était un motif qui les attirait l'un vers l'autre.

Aussi, la maison de Bouthouil à Temacin était, sinon un lieu de débauche, un endroit où l'on menait joyeuse vie ; les deux amis s'y donnaient rendez-vous et y amenaient les plus gais et les plus riches compagnons de la contrée. Ils avaient fait recruter, chez les O-naïl, des femmes se livrant à la danse, et il ne se passait pas une semaine sans que Bouthouil et le chikh Mahmoud ne donnassent une *fechta* dans la maison en question ; on y faisait un repas copieux, puis les odalisques étaient ensuite introduites par un chaouch chargé de leur direction ; la musique arabe entrait, puis, dans un vaste jardin, sur de moëlleux tapis, les danses commençaient et se prolongeaient très-avant dans la nuit.

On comprend fort bien que Bouthouil, — honoré de l'aversion du sultan de Tougourt, fût d'avis qu'on peut être mieux ailleurs — qu'au sein de sa famille, et qu'il se plût dans la société des étrangers, loin des sbires d'un parent soupçonneux.

Depuis quelque temps, il s'apercevait que l'éloignement du sultan pour lui augmentait, et il avait songé à s'en séparer pour habiter Temacin, où il comptait de nombreux amis et partisans. Il y possédait des palmiers, et sa maison était aussi le dépôt de son trésor et de ses objets les plus précieux. Quoique son unique femme légitime, qui lui était passablement indifférente, fût toujours à Tougourt, il s'en absentait souvent, mais ne méditait pas de projets coupables contre son cousin ou contre son autorité.

Le sultan venait d'éprouver deux malheurs d'intérieur, qui avaient ajouté à sa tristesse : la plus jolie, la plus aimée de ses femmes avait été enlevée par la petite vérole et il venait de perdre une délicieuse levrette qui s'était cassé la patte; enfin il concevait des craintes sur la santé d'un singe qui faisait ses délices et qu'une fluxion de poitrine avait rendu étique.

On comprend que, dans de telles dispositions d'esprit, il devait saisir aux cheveux tout ce qui semblait pouvoir faire diversion à sa tristesse ; la lettre du Mzabi arrivant dans ces circonstances était pour lui la manne qui tombe du ciel, le calme et le soleil pour l'esquif battu par la tempête.

LETTRE XXXVIII.

LES CAVALIERS DU SULTAN DE TOUGOURT VONT AU MZAB
CHERCHER LA BELLE ESCLAVE.

Vous savez, cher compatriote, que les marchands ont l'habitude de réserver ce qu'ils ont de meilleur pour les gens riches et d'un rang élevé, avec lesquels ils font des affaires ; les fonds de magasin, la pacotille, la camelotte, sont le partage des petites gens, dont les écus sont aussi bons et beaux que ceux des autres, Mais c'est comme cela dans le meilleur des mondes possibles, par le temps qui court tout comme par le temps passé; on se ferait huer si on observait que les choses pourraient aller mieux ; le croquant serait un impudent s'il ne trouvait pas équitable d'être mal servi en payant mieux, c'est assez bon pour lui.

Le sultan avait toujours été satisfait de ce que lui

avait livré le Mzabi, aussi avait-il grande confiance en
lui ; il eut tout pris de sa main les yeux fermés. Il le
savait de plus adroit, intelligent, connaisseur ; il ne
douta pas un seul instant que l'esclave ne méritât tout
l'éloge qu'il en faisait, et il fut transporté au cinquième
ciel à la seule idée d'avoir à sa disposition une fille aussi
belle. Cela se rencontrait à merveille, son harem était
désert, la mort de sa favorite n'y avait rien laissé, ou si peu
de chose que ce qui y restait n'était plus guère bon qu'à
faire un acte de charité à la valetaille. Il avait résolu de
balayer l'établissement et l'eût déjà fait si les temps
n'eussent pas été aussi durs, le recrutement si difficile.

A peine eut-il lu la missive du Mzabi qu'il fit venir
le chef de ses Zbantots (corps de janissaires, de cavaliers,
tous garçons attachés à son service), qu'il faisait courir
beaucoup et payait peu ; or, comme il ne les racolait
pas dans la classe qui possédait, qu'avant tout il fallait
exister, le Zbantot vivait sur le commun, rançonnait le
bourgeois, lui mangeait son kouskoussou, caressait sa
femme, et, s'il n'était pas content, il lui cassait les reins
ou se les faisait casser par lui, ce qui n'était pas sans
exemple. De tout cela le sultan ne faisait que rire, ces
gentillesses le distrayaient fort.

« Ahmed, dit-il au chef des Zbantots, tu vas faire
monter à cheval douze de mes meilleurs cavaliers, tu
verras s'ils ont de la poudre et des balles, tu en prendras le
commandement et tu te rendras avec eux au Mzab, à
Guerrara, avec cette lettre que tu remettras au marchand
à qui elle est adressée ; il confiera à ta garde une femme
que tu m'amèneras. Je te recommande sur ta tête de
veiller à sa sûreté pendant la route, que rien de ce qui

peut lui être nécessaire ne lui manque, que rien de ce qu'elle demandera ne lui soit refusé. Dût-elle désirer ce qui n'existe pas et n'a jamais existé, il faut t'arranger pour le lui trouver. Enfin, sache que je tiens à cette femme plus qu'à la prunelle de tes yeux. Le Mzabi viendra avec vous et j'entends qu'il soit traité comme je le serais moi-même. »

La lettre était ainsi conçue :

« Viens vite et sans retard, amène l'esclave ; achète pour elle le meilleur mehari, les tapis les plus moëlleux, les haoulis les plus soyeux ; environne-la de soins pendant la route, et surtout ne perds pas de temps. »

La nuit vint et apporta au sultan le songe le plus doux qu'il eût jamais fait : il était dans le paradis de Mahomet et le prophète jetait entre ses bras la plus belle des houris, ce qui fait qu'il se leva deux heures plus tard que les autres jours ; ses serviteurs commençaient à s'inquiéter, quand ils le virent sortir en frottant ses yeux battus et comprimant un bâillement à lui démonter les mâchoires.

LETTRE XXXIX.

BOUTHOUIL SE PROMET DE VOIR LA BELLE ESCLAVE. —
COMMENT IL S'Y PREND POUR CELA.

A peine le sultan avait-il donné au chef des cavaliers l'ordre de se rendre au Mzab, que Bouthouil apprenait ce dont il s'agissait, et il l'apprenait de celui même à qui la mission était confiée. Toujours en délicatesse avec son cousin qui, par conséquent, se plaisait à se passer de son aide et de son avis dans les affaires, Bouthouil, qui n'était pas fâché de savoir comment la boutique marchait, s'était fait des amis parmi les familiers du Makhzen dont il avait obtenu déjà quelques importantes révélations en leur graissant la patte à l'occasion, attention à laquelle on est toujours sensible.

Dans la circonstance présente, le sultan n'avait pas jugé nécessaire de faire à son entourage mystère de ce qu'il mitonnait avec le Mzabi, et il est probable que c'eût été là une précaution inutile.

La discrétion ne se trouve pas dans le catalogue des qualités dont l'Arabe s'honore, qualités d'autant plus précieuses qu'elles sont assez clair-semées ; il vit d'imagination et de caquets. Tout ce qui lui passe par le cerveau s'épanouit sur la langue, et il l'a longue. Il est pourtant des circonstances où le diable ne le ferait pas parler d'une chose, c'est quand il ne la sait pas ou quand la crainte ou l'intérêt lui interdisent d'en faire part à ses amis et connaissances, auquel cas l'extirpation de la confidence qu'on lui a faite présente de rudes obstacles à l'opérateur.

Tout bien considéré, la meilleure chose à faire avec un indigène, quand on désire qu'un secret soit bien gardé, c'est de ne pas le lui confier.

Bouthouil fut fort intrigué de ce qu'il venait d'apprendre. Quelle était cette femme ? une esclave, selon toute apparence, puisqu'elle était livrée par un homme trafiquant de ces sortes de choses ; mais ce n'était certainement pas une esclave vulgaire. On ne prend pas tant de précaution, on ne met pas un goum à cheval pour une négresse comme celles qui viennent journellement du Soudan. Sans nul doute, c'était un objet rare, précieux, merveilleux : il se promit bien de s'en assurer avant son entrée en ville, certain qu'il était de ne pas pouvoir le faire après.

Il était bien au fait des allures du marchand mzabi. Il lui connaissait à Temacin un compatriote et ami chez lequel il couchait toujours en allant et en venant, dans ses voyages annuels de Guerrara à Tougourt. Cet homme,

qui se nommait Ali, établi depuis longtemps à Temacin
pour son commerce, n'aurait pas pardonné au marchand
de passer si près de sa maison sans y faire une halte ; le
marchand y recevait toujours une hospitalité qu'il n'eût
pas reçue chez les montagnards écossais. Il était clair que
cette fois-ci, muni d'une femme et flanqué de goums, il
n'accepterait pas le coucher à Temacin ; mais il serait
charmé d'y trouver surtout pour l'esclave quelques
heures d'un repos réparateur ; il en profiterait pour
rafistoler la toilette de sa compagne et ses forces à lui ;
les cavaliers, qui sont toujours heureux de dévorer un
kouskoussou de plus, ne devaient pas s'y opposer, comme
s'il se fût agi d'en manger un de moins.

C'est donc chez Ali que Bouthouil était sûr de trouver
l'esclave et de pouvoir jouir à son aise de la vue de ses
charmes. Cette idée le travaillait, mais il n'en fit part à
personne et combina toutes ses mesures pour ne pas
manquer le passage des cavaliers chargés de veiller sur
Mériem et de la conduire aux portes d'une casbah, qui
devaient se refermer sur elle pour toujours..... Toujours !
voilà une idée qui arracha à Bouthouil un soupir bruyant
comme ceux que le bras nerveux d'un forgeron fait
pousser à son soufflet.

LETTRE XL.

COMMENT BOUTHOUIL TOMBE AMOUREUX DE LA BELLE ESCLAVE.

Ce qu'avait prévu Bouthouil arriva, et quatre jours après le départ du goum, un grand méhari, porteur d'un bassor recouvert de haoulis rouges rayés de blanc et escorté par douze cavaliers, entrait dans Temacin et s'arrêtait devant l'hanout d'Ali, qui vendait des épices, des étoffes, du tabac, du soufre, etc. Deux cavaliers descendirent de cheval et, rabattant les rênes par-dessus la tête de leurs montures, les laissèrent à la grâce de Dieu dans la rue, puis ils firent agenouiller le méhari qui, de maussade humeur et en criant, se mit dans cette humble posture pour qu'il fût facile de faire sortir du bassor une femme enveloppée dans un haïk, que le maître de la maison introduisit chez lui et fit entrer dans une chambre où une négresse se mettait en

devoir d'allumer un feu de cuisine. Le feu prêt, la servante prenant de la farine de blé dans un sac en peau
(*mezoud*), la plaça dans un grand plat en bois (*gassa*) et
commença à la rouler en petits grains sous la paume de
la main, pour la transformer en kouskoussou. Cette opération se désigne en arabe par le mot *ftel.*

Le marchand entra dans l'hanout de son ami Ali, et on
se livra de part et d'autre, avec frénésie, à l'expression
des marques de tendresse et de respect prescrites pour
la circonstance et qui furent d'autant plus vives qu'ils
ne s'étaient pas vus depuis fort longtemps ; il fut prononcé des *ou ach halek* comme s'il en pleuvait. Quand je
vois ces sortes de choses, je me figure toujours qu'elles
n'auront pas de fin ; c'est comme des litanies prononcées
par deux amis se regardant avec amour. Nous nous en
étonnons, nous qui nous bornons à ces mots, une fois
prononcés : Comment allez-vous? — Pas mal, et vous ?
— Nous demandons quelquefois des nouvelles des parents, mais l'Arabe s'informe de la santé du bétail qui, il
est vrai, chez lui, fait partie de la famille.

Il ne fallut, pour couper court à cette inondation de
compliments, rien moins que le grognement des cavaliers
qui, debout derrière la porte, la musette à la main, demandaient de l'orge avec cette politesse exquise qui distingue le Makhzen. Ali avait l'air assez gêné, quand
arriva Hamed, le chef du goum resté en arrière, qui,
sur un signe d'Ali, emmena comme d'habitude son personnel chez le chikh de la ville. Un chef arabe n'est
pas aussi vexé qu'on le croit de donner l'alfa, car, à la
répartition des charges sur les particuliers, il reçoit un
bœuf pour un œuf.

11

Les chevaux furent entravés dans la rue avec des cordes en laine tressée dont chaque bout se fixe à un piquet mince et long enfoncé dans la terre ; cela fait, les cavaliers entrèrent dans un grand local, une salle commune où ils s'étalèrent, la tête sur la selle de leurs chevaux, et ne tardèrent pas à ronfler en attendant le kouskoussou. Leur chef retourna chez Ali, qui l'avait invité à déjeûner.

Le repas venait de finir, quand parut sur le seuil de la porte un homme dont l'apparition, dans de telles circonstances chez Ali, pouvait troubler la digestion la mieux commencée. A sa vue, un pressentiment fâcheux, une inquiétude vague s'emparèrent des esprits ; le marchand de nègres surtout en fut troublé, mais il cacha son émotion pénible sous les marques extérieures du respect qu'il ne professait nullement pour le personnage dont il connaissait les allures, mais dont le rang en imposait à tout le monde. Il se doutait de ce qu'il venait faire : il avait éventé l'esclave et voudrait la voir. Le marchand n'avait aucun moyen de s'opposer à ce désir ; d'ailleurs, ses craintes étaient vagues, il ne pouvait admettre l'idée d'une trahison à l'abri de laquelle le mettait la protection du sultan. Il s'exécuta donc en riant du bout des dents, quand Bouthouil lui avoua qu'il n'avait pu résister au désir d'admirer une esclave dont on disait merveille à la ronde.

Je n'entreprendrai pas de peindre l'impression que fit la belle esclave sur les sens si inflammables de Bouthouil. Jusqu'à présent, il avait fallu être Touareg ou marchand de chair humaine pour échapper à la puissance magnétique de ses charmes qui subjuguaient tous les cœurs.

Leur effet sur celui du Djellabi fut instantané, électrique, magique ; ils y allumèrent un incendie, boule-
versèrent tout son être, produisirent dans son organisation un trouble qu'il eut bien de la peine à dissimuler,
bien qu'imparfaitement, malgré le talent incontestable des
Arabes pour feindre l'impassibilité ; à peine s'il eut assez
de présence d'esprit pour lui demander d'où elle venait.

C'était inutile : à son accent moghebin, auquel les
Arabes de l'Est ne se trompent jamais, il se douta bien
qu'elle venait du Maroc, sa voix charmante le lui apprit ;
mais le cachet particulier de sa beauté l'intriguait fort, ce
n'était pas le sang arabe qui coulait dans ces belles veines
bleues. Il en arrivait à supposer instinctivement qu'elle
était fille d'un de ces esclaves européens que les forbans
ramenaient journellement sur leurs prises.

Il demeura longtemps dans cette contemplation qui
donne à l'homme une contenance embarrassée, pour ne
pas dire plus ; l'heure s'écoulait sans qu'il y songeât, et
le Mzabi commençait à trouver le temps long et à se
demander si cela ne finirait pas bientôt. Oh ! comme il
se repentait d'avoir cédé à l'amitié, de n'avoir pas laissé
Temacin à droite ou à gauche comme les arbres ou les
buissons du chemin ; il était bien fâché d'être venu et il
aurait bien voulu s'en aller.

Il observa avec de respectueux ménagements à Bouthouil qu'il se faisait tard et qu'il lui fallait arriver le jour
même à Tougourt, le sultan étant prévenu. Cette dernière
phrase retentit fatalement à l'oreille de Bouthouil comme
un bourdonnement ; il se leva éperdu, souhaita le bon-
jour aux marchands et emmena Hamed chez le chikh...
Une idée infernale venait de s'emparer de son esprit.

LETTRE XLI.

Bouthouil se dirigea vers la maison du chikh ; il ne parlait pas, il y avait quelque chose de fiévreux dans sa démarche, si bien que Hamed, le chef des cavaliers, qui le suivait machinalement, ne savait trop que penser de son trouble et n'augurait rien de bon de ce qui allait se passer.

Arrivé chez le chikh : « Mahmoud, lui dit-il, tu es mon ami ? — A la vie, à la mort, répondit Mahmoud. — Je l'entends bien comme cela... Tu vas me le prouver. — Si j'en suis capable. — C'est facile. — Tant mieux. — Il faut m'arrêter sur-le-champ Hamed et ses cavaliers. » — Hamed devint jaune, son nez devint long. Mahmoud interdit hésitait ; il n'avait pas l'air décidé, rassuré... Arrêter les cavaliers du sultan, et leur chef,

c'était plus que délicat ; mais comment s'en dispenser ?
— Eh bien, dit Bouthouil, tu hésites, tu hésites? voilà
bien les amis, comptez donc sur leurs promesses ! — Je
vais le faire, dit Mahmoud, qui prit résolument son parti.
Et faisant entrer Hamed abasourdi dans la chambre où
dormaient encore ses cavaliers, il en referma la porte sur
lui, la barricada, et appelant ses serviteurs, il fit détacher les chevaux du petit goum et les répartit chez les
habitants, puis il retourna trouver Bouthouil en faisant
d'amères réflexions sur le danger des liaisons avec les
grands. — C'est fini, dit-il au Kébir.

— Bon ; mais ce n'est pas tout. — Qu'y a-t-il donc
encore? — Tu vas le savoir : il s'agit d'empêcher le
marchand du Mzab de quitter la ville avec la femme
qu'il conduit à Tougourt. — Ah ! mon Dieu, se dit le
chikh atterré, en voici bien d'une autre, retenir la
femme du sultan, est-il possible? — Eh bien? cria le
géant Bouthouil d'une voix de tonnerre. — On y va, on
y va, dit machinalement le chikh en sortant... Et se dirigeant vers la maison d'Ali, il y entra, en proie à des
réflexions telles que doit les faire un homme qui se sent
rouler dans un abîme. — Oh ! ma pauvre tête, dit-il, tu
n'en as pas pour longtemps à rester où tu es, si je ne joue
pas des jambes cette nuit. Puis s'étourdissant : Voyons,
ajouta-t-il, où tout cela s'arrêtera. — Il prescrivit à Ali
de garder l'esclave chez lui et le rendit responsable de ce
dépôt qu'il devrait représenter à la première réquisition,
puis il alla placer des veilleurs aux portes de la ville
avec l'ordre d'arrêter le marchand dans le cas où il ten-
terait d'en franchir le seuil avec une femme. Cela fait, il
rejoignit Bouthouil.

— Merci, lui dit ce dernier en lui serrant la main, je
vois que je n'avais pas trop présumé de ton affection ;
avec moi, un bienfait n'est jamais perdu : maintenant,
écoute. Et le voilà qui lui raconte son entrevue avec
Mériem, la passion désordonnée qu'il éprouve pour la
Marocaine, sa ferme intention de la prendre pour femme.
— Je m'en doutais, dit Mahmoud ; alors nous n'avons
pas de temps à perdre pour charger nos chameaux et
partir. — Et où veux-tu que nous allions? — Je n'en
sais rien. — Je le sais, moi..... Je reste ici, je lève l'étendard de la révolte, je me fais proclamer sultan de Temacin, je me taille une petite principauté anodine avec cette
ville et ses dépendances, et j'accomplis la prédiction de
Sy Abd el Qader el Gougui en vous affranchissant à jamais d'un joug qui vous pèse. Il est vrai que j'ai juré
sur le Coran fidélité à mon cousin, mais un serment ne
lie jamais les gens supérieurs, c'est fait pour les imbéciles ; aussi, comme il se trouve beaucoup d'imbéciles
dans mes états, je prétends bien conserver à leur intention une institution qui a son utilité. Allons, agissons.

Le chikh, d'abord ébahi de l'énormité de la concep-
tion, finit par se dire que ce projet pourrait bien n'être
pas aussi absurde qu'il en avait l'air, que les audacieux
seuls réussissent et que sa position étant tout-à-fait compromise, il valait mieux jouer son vatout et entrer dans
un complot qui pouvait avoir du succès que de se
vouer à une vie errante dans le Sahara. Il prit donc son
parti et dit résolument à Bouthouil : Je suis votre
homme; convenons de nos faits, le temps presse : il s'agit
de réunir tous les grands des fractions de l'intérieur et de
la campagne et de les consulter ; je crois pouvoir affirmer

que, grâce à la prédiction..... — Mon cher Mahmoud,
dit le sultan en herbe, tu es un âne et je te croyais plus
fort que cela. Prendre l'avis du peuple, c'est bien mon
intention; mais plus tard, pas pour le moment; il
faut faire la chose nous-mêmes d'abord et le consulter
après. La nuit vient, l'ombre favorise les complots, appelle deux écrivains, quelques marabouts, quinze jeunes
gens de tes fidèles, armés; j'évente la prédiction, je fais
force proclamations, nous arrêtons pendant le sommeil
les quelques hommes que tu sais attachés au gouvernement de mon cousin, tu barricades les portes de la ville,
je me proclame sultan de Temacin et demain, quand il
sera impossible de revenir sur un fait accompli, nous
prions la nation de nous passer notre espièglerie, et sois
tranquille, elle trouvera cela charmant, je serai, à ses
yeux, un grand homme, l'instrument de Dieu, et tout
cela pour une idée qui m'a passé par la tête de coucher
avec une jolie femme destinée à un autre; c'est parfait.
Et il partit d'un éclat de rire.

Tout réussit à souhait : les arrestations furent faites
sans bruit, les traits de Mériem reconnus par les marabouts, d'après le signalement de la prédiction, les proclamations écrites par les khodjas, et le soleil, en se
levant le lendemain, permettait aux habitants de lire,
placardé sur les murailles, l'avis suivant, qu'on avait
expédié aux gens de la campagne :

« Habitants de Temacin et des ksours qui en dépen-
dent, il luit, le jour de la délivrance prédit par Si Abd
el Kader el Gougui, la chérifa est dans nos murs ; Allah
l'a placée sur son chemin et m'a choisi pour être l'instrument de sa mission ; elle est reconnue par les mara-

bouts, l'hymen va nous unir. A dater de ce jour, vous êtes affranchis du joug de Tougourt, vous ne serez plus humiliés par la fierté de ses habitants. A moi l'honneur de vous avoir tirés de la servitude, à moi la gloire de vous rendre heureux et libres !

» *Post-scriptum*. — Dans le cas où cela ne vous conviendrait pas, il ne faut pas vous gêner, vous n'avez qu'à le dire, je céderai la place à un autre. »

Il n'y eut pas de réclamations. De ce jour, Temacin forma un petit Etat à part de celui de Tougourt ; Mériem devint la sultane favorite, le marchand du Mzab retourna chez lui, muni d'une grosse somme ; les douze cavaliers du sultan, n'osant retourner à Tougourt, formèrent le noyau d'un petit goum de spahis dont Hamed fut nommé l'ara. Le chikh Mahmoud devint mezzouar, c'est-à-dire grand et unique vizir, et le sultan de Tougourt, furieux, appela l'oued Rir' aux armes et fit sur Temacin une tentative sans succès ; il y fut blessé et jugea prudent de ne pas la renouveler pour le moment. Son échec confirma le pouvoir du cousin.

LETTRE XLII.

LES DEUX PETITS SULTANS TOUJOURS EN GUERRE COMME LES GRANDS.

La belle Mériem, d'esclave devenue sultane, après tant de tribulations à dos de chameau, trouva-t-elle le bonheur sur des coussins de soie? C'est ce que je n'ai pu savoir ; mais il serait désolant de ne pas le supposer.

Bouthouil, l'homme prédestiné, rendit-il ses sujets heureux? J'éprouve là-dessus quelques doutes ; le succès des coups d'Etat m'inspire toujours, des craintes pour l'avenir des peuples qui en acceptent l'humiliation.

Il faut, cher compatriote, vous contenter de ce que je sais; c'est là que s'arrête ce qu'on m'a raconté sur cette affaire. Voici maintenant ce que j'ai lu quelque part, c'est plus bref, mais cela ne détruit pas le récit qu'on m'a fait.

Des discordes intestines ayant éclaté dans la famille des Ben Djelleb, une de ses branches quitta Tougourt et vint s'établir comme souveraine à Temacin.

Vous voyez toujours que les faits, sèchement historiques, n'ont rien qui viennent contredire mes légendes.

A peine séparés, les deux parents se rapprochèrent pour se battre, et, depuis ce moment jusqu'à nos jours, l'histoire des deux principautés offre une chaîne non interrompue de brouilles, d'escarmouches, de raccommodements, d'alliances, d'unions contractées en temps de paix ; car on se rebrouillait, on se rebattait comme de plus belle et on s'embrassait, et les choses se succédaient de la même manière, sans qu'aucun Etat parvînt à détruire l'autre ni même à l'entamer.

Vous vous figurez, cher compatriote, que, vivant dans un état de guerre rarement interrompu, chaque souverain avait son ministre de la guerre, son budget, ses troupes. Imbu des errements et de l'esprit routinier des nations infiniment trop civilisées, vous ne comprenez pas qu'on se batte sans l'attirail forcé des crédits monstrueux et des armées permanentes. Vous reviendrez un jour sur ces idées-là ; en attendant, voyons comment cela se pratiquait dans l'oued Rir'.

Quand l'état de guerre était déclaré, on ne décrétait pas une levée en masse, le sultan disait : « Qui m'aime me suive. » Il faisait un appel au patriotisme. Cet appel était toujours entendu, et on n'y répondait jamais ; mais là-bas comme partout, il ne manquait pas de vagabonds, de fainéants, de gens dont l'existence est des plus problématiques ; il s'y trouvait aussi des escrocs qui devaient de l'argent à des particuliers de l'Etat voisin, d'autres qui comptaient des ennemis personnels ; il y a partout des gens de sac et de corde qui n'ont rien à perdre, qui aiment à pêcher en eau trouble, que l'appât du butin attire, séduit ; tout cela prenait les armes et formait une troupe. Ceux qui venaient à pied servaient dans l'infanterie, ceux qui arrivaient sur des rosses, des chevaux étiques, des mulets et même des bourriquots, composaient la cavalerie.

Quand les circonstances étaient graves, on recourait, pour augmenter l'armée, à des mesures exceptionnelles. Chaque État faisait appel aux Arabes de son *sof* venus au marché en armes, et vous savez que, dans ces temps-là, il fallait voyager armé, cultiver armé, faire paître armé ; le marché était donc toujours hérissé de fusils et de yatagans, de casse-tête et de simples gourdins.

Je viens de me servir du mot *sof* et je ne vous en ai pas donné la signification.

Jamais les tribus d'une contrée ne vivent entr'elles en bonne intelligence. Leur division, qui fait notre force, constitue leur faiblesse, il ne faut pas nous en plaindre ; elles forment des partis qu'une cause futile précipite à la guerre l'un contre l'autre. Les tribus sont même intérieurement divisées en deux partis qui se font de petites guerres civiles à l'occasion. Les partis s'appellent sof, au pluriel sfouf ; voilà ce que c'est.

Les tribus du Sud comptent toujours dans leur sof quelques villes ou ksours des oasis. Tougourt et Temacin avaient donc pour alliées des tribus nomades ou sahariennes qui épousaient leurs querelles.

La proclamation de l'état de guerre ralliait les gens aventureux de la plaine, venus au marché pour acheter des dattes, des étoffes, des animaux, et qui espéraient se procurer tout cela à meilleur compte, les armes à la main.

Enfin, si c'était nécessaire, on ne reculait pas devant une petite presse sur les récalcitrants, on leur confisquait leurs effets, leurs marchandises, leurs bêtes de somme jusqu'à la fin de la guerre, et on leur promettait un quart de bacette[1] par jour, sauf à leur restituer, au partage du butin, ce qu'on leur avait temporairement confisqué.

La campagne n'était pas longue. Quatre ou cinq hommes demeuraient sur le terrain, il y avait quelques blessés, des jardins, des maisons pillés, puis on faisait la paix, sauf à recommencer quelques mois plus tard, et toujours comme cela.

Quant au commandement pendant les opérations, personne ne l'exerçait, ou plutôt tout le monde commandait. Il en était de même de la tactique; il n'en était pas question, chacun se battant pour son propre compte.

Dans cette guerre, on remarquait l'absence de l'art remplacé par la promptitude et la simplicité du désordre.

---

[1] La bacette vaut dans la province 2 fr. 50.

LETTRE XLIII.

SIÉGE DE TOUGOURT. — LE CANON DE SALAH BEY.

Dans le dernier quart du siècle dernier régnait à Constantine un bey comme on n'en avait pas encore vu et comme on ne devait plus en voir : c'était le bey Salah. Il n'était ni cruel ni méchant, on eût même pensé qu'il éprouvait de l'amour pour ses sujets ; c'était le Louis XII des beys. Il fallait que l'heureux naturel dont l'avait doué le Ciel fût bon teint pour n'avoir pas changé dans l'atmosphère viciée où vivaient ces messieurs.

Savez-vous le plus bel éloge que font de Salah Bey les Arabes qui en parlent? Ils vous disent que sous le bey Salah la nourriture était pour rien, que jamais on n'avait vu les céréales à si bas prix. Voilà qui est tant soit peu naïf ; dans les affaires de ce genre, il faut admettre que la nature entre pour quelque chose. Les souverains qui d'ordinaire inventent peu, parce qu'il est des gens qui doivent inventer pour eux, n'ont pas, que je sache, trouvé le moyen de conjurer la sécheresse, d'empêcher de tomber la grêle, ils sont impuissants contre les sauterelles. Peuvent-ils lutter contre un cyclone, eux qui voient souvent leur trône renversé par une bourrasque? Ont-ils des remèdes contre le choléra, eux qui ne peuvent pas toujours se défendre d'une indigestion? Il n'en est pas moins vrai que, pour le peuple, la bonne politique se résume dans la modicité de l'impôt, le bas prix du pain, la poule au pot du Béarnais, et j'ai la simplicité de croire que les efforts constants et bien dirigés d'un souverain, dans le but de donner à son peuple la vie à bon marché, pourrait avoir des résultats. S'occuper de sa gloire, c'est noble, c'est grand; négliger son estomac, c'est mal, c'est dangereux même. Je veux bien qu'on bâtisse des palais, des jardins publics, qu'on embellisse les villes, qu'on aligne leurs rues, qu'on érige des statues aux grands hommes à peine morts, que la postérité fera peut-être bien petits; mais si les princes s'occupaient un peu moins de badigeonner le pays pour s'occuper un peu plus d'engraisser la nation, il me semble que les choses n'en iraient pas plus mal pour cela. Je rêve un roi qui envierait le surnom de père nourricier; celui-là n'aura pas une cour fastueuse, il ne donnera pas cent cinquante mille francs par an à des fonctionnaires qui ne font pas pour douze mille francs de besogne, il ne fera pas d'expédition lointaine.

Pendant que Salah Bey gouvernait la province de Constantine, la principauté de Tougourt était aux mains d'un sultan qui, dit-on, avait à régler avec le beylik un reliquat de compte en souffrance. Peut-être pensait-il que le bey y renoncerait plutôt que de s'aventurer avec une colonne si loin de Constantine ; peut-être, manquant d'ordre, était-il gêné dans ses affaires et dans l'impossibilité de payer ses dettes, ce qui arrive aux princes comme aux étudiants. Toujours est-il que, comme il mettait du retard à s'acquitter, Salah Bey s'impatienta et résolut d'aller le trouver. Il est permis de faire une autre supposition : j'incline à croire que Salah Bey pouvait se dispenser de se porter si loin, mais qu'ayant un travers qu'il rachetait par d'autres qualités, qu'étant travaillé par le goût ruineux des expéditions lointaines, il fut charmé d'avoir un prétexte pour le satisfaire. Toujours est-il qu'il vint mettre le siège devant Tougourt. M. le général Daumas, dans son ouvrage sur le Sahara, dit que Salah prit la ville après un siége qui dura six mois. Un savant professeur a écrit ce qui suit :

« Le dix-huitième jour après son départ de l'oued Jdi, » Salah Bey était en vue de Tougourt. » Ici, je ferai observer que si les troupiers qui voyageaient autrefois à trois sols par lieue n'avaient pas fait plus de chemin que Salah Bey dans un jour, ils n'auraient gagné que quarante centimes par jour. C'eût été menu pour vivre en route.

Les Turcs faisaient donc en moyenne trois lieues par jour, et si cela vous étonne, vous qui n'avez pas vu le Sahara, cela ne me surprend nullement, moi qui l'ai arpenté en tous sens pendant longtemps.

A vos yeux, le Sahara c'est peut-être une grande plaine unie comme un tapis de billard, à travers laquelle une boule roulerait sans obstacle, un vrai terrain à vélocipède, ou bien c'est une mer de sable habitée par le lion du désert. Eh bien, ce n'est ni l'un ni l'autre. Quant au lion, on en trouve peut-être bien loin, là où le grand désert n'est plus désert du tout; mais dans notre désert à nous, il n'y a pas plus de lions qu'il n'y a d'éléphants, à notre époque du moins, car il y en avait autrefois, dit-on.

A part les larges bandes de sables, déterminées surtout par l'approche des oasis, quelques contrées sablonneuses spéciales, comme le Souf, le sol est pierreux, couvert de petits cailloux de silex qui coupent promptement les semelles des fantassins et détérioreraient la corne du pied des chevaux si on n'avait la précaution de les bien ferrer avant d'y entrer. L'aspect du pays est triste et uniforme ; mais les *daias*, espaces où séjournent les eaux pluviales, couverts de bonne terre, d'arbres, tels que jujubiers, *btoms* et autres, souvent même revêtus de verdure, les lits des rivières, généralement indiqués par des lignes d'arbres, font diversion à la monotonie du paysage et reposent très-agréablement les yeux.

Le Sahara est entrecoupé de ravins, de cours de torrents à sec, qui devaient offrir de grands obstacles aux colonnes turques. On est forcé d'y traverser des dunes, où la marche est difficile pour toutes les armes, mais où les équipages ne peuvent se mouvoir. Les Turcs marchaient avec de l'artillerie sur roues ; il fallait nécessairement souvent prendre la pioche, la hache, adoucir des rampes, faire des abattis, détourner des pierres, enlever des sables sur de longs parcours, souvent démonter les affûts, porter la pièce, exécuter la manœuvre de force. Quand une troupe en marche est obligée de se livrer à

ces exercices, elle s'arrête souvent, et après une longue
journée passée sac au dos, quand le soldat, qui se figure
avoir beaucoup marché, s'aperçoit qu'il n'a presque pas
fait de chemin, il se dépite, il marronne, suivant son
expression ; il crie contre l'imbécile qui lui fait prendre
les plus mauvais sentiers. Les soldats turcs, à ce qu'il
paraît, se gênaient peu pour clabauder contre leurs chefs.

Cette conformation du Sahara me fournira l'occasion,
quand je parlerai des petites colonnes mobiles, de signa-
ler une erreur ancienne, qui consistait à penser qu'il fallait, pour marcher dans le Sahara, mettre de côté les
fantassins et n'aller qu'avec de la cavalerie dans un pays où
elle ne trouve, la plupart du temps, ni herbe pour manger, ni eau pour boire, où son action se trouve souvent
paralysée, tandis que l'infanterie y trouve perpétuellement
son emploi et n'y est jamais embarrassante.

Je reviens à la note commencée plus haut :

« Le dix-huitième jour après son départ de l'oued Jdi,
» Salah Bey était devant Tougourt ; c'était vers la fin de
» l'année 1788, en hiver ; il tomba, à cette époque, beau-
» coup de neige dans le Sahara, et on appela cette année
» *am el teldj*, an de la neige. Il fit commencer le feu contre
» la ville, les pièces de canon étaient sur des terre-pleins
» faits en bois de palmier, il fit couper beaucoup de ces
» arbres pendant cette canonnade ; le siége dura plu-
» sieurs semaines, Salah avait juré de ne repartir
» qu'après avoir détruit la ville.

» Les munitions ne lui manquaient pas. Fatigués de
» la résistance, les défenseurs de la place hissèrent à la
» mosquée le drapeau blanc de la soumission. Salah fit
» alors cesser le feu et attendit les propositions de ses

» ennemis. Il fut convenu que l'oued Rir' paierait les
» frais de la guerre et verserait aux mains des Turks
» 300,000 riabs bacetas. »

Cette somme (750,000 francs) était trop forte pour une
population qui comptait treize à quatorze mille habitants
pauvres, mais les Turcs n'opéraient pas autrement, ils n'y
regardaient pas de si près, ils prononçaient un chiffre impossible qui leur venait à la tête, sans s'astreindre à en
baser le calcul sur l'état de la fortune publique. Aussi,
l'impossibilité de faire rentrer la somme devenant évi-
dente et l'argent monnayé étant fort rare, les Turks
recevaient en paiement de l'amende tout ce qu'on leur
apportait : des armes, des bijoux de femmes, des étoffes,
des vêtements, des grains, des bêtes de somme, etc., et
ils prenaient tous ces objets pour une valeur fictive bien
au-dessus de la valeur réelle. Ainsi, un fusil qui, neuf,
avait coûté 60 francs et ne valait plus que 15 francs,
était accepté pour 60 francs. Je vous disais donc que
M. le général Daumas a écrit quelque part que Tougourt
avait été pris et que l'auteur de la note n'était pas d'accord
avec lui, puisqu'il prétend que les habitants se sont rendus, quand ils auraient pu se défendre encore.

Quant aux gens de Tougourt, s'ils ne disent pas cela,
ils disent bien autre chose et ne se gênent pas pour affirmer qu'ils ont contraint Salah à lever le siége et à battre
en retraite, ce qu'il aurait fait avec toute la diligence
dont il était capable, car ils lui donnèrent une terrible
chasse, lui prirent ses canons et l'auraient pris lui-même
avec toute son armée, s'il n'avait pas été un peu trop
leste dans sa fuite.

Ici, les braves Rouar'as me semblent avoir à la gloire

des prétentions un peu élevées et difficiles à admettre.
Comme on connaît les saints on les honore : ils ont pu
soutenir un siège de plusieurs mois contre des troupes
dépourvues de matériel de siége, sans outillage nécessaire
pour prendre une ville défendue par un mur d'enceinte
et un fossé plein d'eau, la chose n'est pas incroyable et
je ne m'y oppose pas. Quant à la poursuite et à la capture
des canons, je doute peu que ce merveilleux fait d'armes
ne soit le résultat d'une illusion. Cependant j'estime
qu'ils sont de bonne foi, car il arrive souvent qu'on finit
par croire ce qu'on a inventé et répété à tout venant.

Ne voulant vexer personne, je leur ai laissé leur erreur, qui ne fait de mal à qui que ce soit. Ils m'ont cru
convaincu. Je me suis bien gardé de leur parler de ce
que disait sur leur compte l'ar'a Daumas, c'est ainsi que
l'appellent les vieux de tous les pays, qui l'ont vu ou en
ont ouï parler ; j'aurais sapé d'un seul coup sa réputation
bien établie au Sahara ; on ne lui aurait jamais pardonné
cela. Je me suis bien gardé aussi de leur demander ce
qu'ils avaient fait des canons ; ils n'en ont pas fondu des
cloches, Mahomed n'en use pas ; ils n'en ont pas battu
monnaie, les sultans de Tougourt ne se donnant pas ce
genre monarque. Toutefois, les habitants de Tougourt ne
manquent pas de faire lever le nez aux étrangers qui
viennent les voir, pour leur montrer une entaille faite
par le canon de Salah Bey dans le minaret de la grande
mosquée, trou mémorable qu'ils n'ont jamais voulu
boucher, souvenir glorieux de la brillante défense de
leur ville, qu'ils se sont bien gardé d'effacer avec la
truelle et le mortier.

C'est, disent-ils, le seul mal que leur a fait le bey.

Tout bien considéré, voilà, je crois, ce qu'on peut admettre comme fait historique. Les Rouar'as ont soutenu vaillamment un siége de plusieurs mois, au bout desquels Salah Bey, un peu interloqué, désagréablement affecté, découragé peut-être par une résistance à laquelle il ne s'attendait pas et dont il ne pouvait prévoir la fin, leur proposa un de ces compromis, de ces *thaouil* (arrangements), ressource des Turks dans les circonstances difficiles. Les Rouar'as, fatigués de la résistance, s'estimèrent heureux de pouvoir, avec quelques douros, se débarrasser d'un hôte assez incommode, payèrent sans difficulté ce qu'exigea d'eux Salah, qui partit sans demander son reste, dégoûté des expéditions lointaines et jurant, mais un peu tard, qu'on ne l'y prendrait plus.

LETTRE XLIV.

DU CHEVAL DE GADA.

J'ai, par le plus grand des hasards, retrouvé sur une feuille volante, dans un vieux calepin, une note au crayon contenant une indiscrétion d'un homme de Tougourt, indiscrétion qui confirme ce que je vous disais dans ma dernière lettre. Les Arabes en commettent journellement de ce genre, parce que, parlant sous l'influence du moment, ils s'inquiètent peu de ce qu'ils ont dit la veille, et les contradictions du lendemain ne les mettent jamais dans l'embarras.

L'homme en question me parla d'un cheval de gada, donné à Salah Bey retournant à Constantine. Le malheureux ne se doutait guère que ce mot renversait net tout l'échafaudage de triomphe bâti par ses compatriotes sur la fameuse chasse donnée au bey ; c'était un vrai croc-en-jambe détaché à la capture des canons. Je vais vous donner le mot de l'énigme.

On appelait cheval de gada ou de conduite (ce cheval était un mulet dans les contrées dépourvues de chevaux) un animal offert aux beys ou à leurs lieutenants commandant les expéditions, par une tribu qui avait demandé l'aman, et renoncé à la résistance ; c'était donc le signe de soumission que donnait l'indigène au bey, comme le burnous d'investiture était le signe de commandement que le bey donnait aux chikhs.

Nous avons jugé à propos de conserver l'un et l'autre de ces usages ; une tribu qui se soumet amène la gada, nous donnons l'investiture au chikh ; seulement, comme chez les Turks, le beylik c'était le bey, il jugeait simple et naturel de faire passer le cheval de gada dans ses écuries, quand il en valait la peine ; si c'était une *djadour*, une *djihfa* (rosse, charogne), on en faisait cadeau au makhzen ou, ce qui était plus usité, on ne le recevait pas et on préférait autre chose.

Nos généraux n'agissent pas avec le sans-façon des beys ; ils ne regardent pas le cheval de gada comme leur propriété, ce n'est pas dans leurs écuries qu'on le trouve, et quand ils ne le versent pas à la remonte, c'est qu'ils ont trouvé un plus noble usage à en faire et ont pu, par ce moyen, soulager la gêne d'un officier qui a perdu un cheval ou un mulet que l'État n'a pu lui rembourser[1].

---

[1] Je parle ici, comme dans tout le livre, du temps où j'habitais l'Algérie.

Pour pouvoir fournir une belle bête au beylik, voici le procédé qu'employaient les grands chefs :

Supposons qu'une tribu quelconque fît sa soumission par l'intermédiaire d'un khalifa ; le khalifa, renseigné sur ce qui existait de belles bêtes dans la tribu, savait qui possédait les juments de prix, les chevaux hors ligne. Il ne s'occupait pas des juments dont on sait que les indigènes ne veulent pas se défaire ; mais s'il remarquait un joli cheval chez un Arabe, il proposait à ce dernier de le lui acheter pour gada ; si le cheval valait 700 francs, l'Arabe en demandait mille. Le khalifa lui faisait payer la somme par le chikh, prenait le cheval, l'envoyait au bey et imposait plus tard la tribu à une somme de 1,800 francs qui étaient répartis par tente ; il empochait donc net 800 francs sans que cela parût.

Quand je fus investi du commandement de Bousada, il existait, entre le khalifa et les chikhs du Hodna, des reliquats de compte à régler pour des chevaux de gada envoyés à Constantine pendant les dix à douze dernières années ; je me renseignai là-dessus pour pouvoir me rendre compte de l'opération, et voici ce que je trouvai approximativement. Pour trente chevaux estimés en moyenne 750 francs l'un, soit ensemble 22,500 francs, et remboursés aux propriétaires 1,150 francs l'un, soit ensemble 34,500 francs, il avait été perçu sur les diverses tribus une somme de 58 à 60,000 francs, ce qui faisait près de 2,000 francs par cheval.

Au nombre de ces chevaux, il s'en trouvait un de gada donné à Abd el Qader, à son passage à Chellal, par les Ouled Madhi ; il était dû par la tribu au chikh qui, jusqu'à présent, n'avait pu trouver le moyen de se faire rembourser. Ce brave homme espérait naïvement que la France, dont l'équité n'avait pas de borne, le ferait rentrer dans ses fonds ; il fut stupéfait, demeura anéanti, quand la France l'envoya promener.

———————

LETTRE XLV.

A LA NOUVELLE DE LA PRISE D'ALGER, ON NE S'AFFECTE PAS
OUTRE MESURE A TOUGOURT. — COMMENT LE SULTAN
AL EL KEBIR REÇOIT L'APPEL DU BEY HAMED.
— SA CONDUITE AVEC NOUS.

Le débarquement des Français à Alger, en 1830, fut
pour le sultan de Tougourt, comme pour tous les musulmans, un évènement fatal. Voir le sol de l'islamisme
foulé par le pied du chrétien, fils de chien, — c'est l'expression la plus usitée et la moins malhonnête qu'on nous
prodigue, leur semblait une affreuse calamité — c'était évidemment une manifestation de la colère de Dieu ; pour
qu'il permît cette invasion, il fallait qu'il eût une dent
contre ses enfants d'Afrique. Ces chers enfants se demandaient ce qu'ils pouvaient lui avoir fait, à lui et à son
prophète, pour qui Allah prend toujours fait et cause,

ils ne trouvaient rien ; ils avaient donc été calomniés près de l'Être suprême ; où ne se glisse pas la calomnie? Cependant le sultan suivit sans inquiétude le départ des contingents du bey pour Alger, espérant bien qu'on ne le prierait pas de fournir le sien, et, tout bon musulman qu'il était, bien décidé à ne pas l'offrir dans la crainte qu'on ne l'acceptât.

Il espérait voir revenir bientôt toutes ces troupes victo- rieuses; sans nul doute elles feraient faire à ces imperti- nents de Roumis un plongeon dans l'eau salée, pendant que les batteries de la côte pulvériseraient leurs vais- seaux ; voilà comment on arrangeait les choses à distance ; aussi, si ces évènements affectaient douloureusement l'âme des fidèles, leur dénouement ne l'inquiétait pas le moins du monde. Mais quand on apprit la déroute des armées du pacha, la prise d'Alger, le retour des contingents de la province, en débandade comme des moutons effrayés, ra- contant des histoires de l'autre monde sur nos canons, nos balles de mousquet, les moulinets de nos cavaliers, les tours d'écureuil de nos fantassins, on commença à croire la chose plus sérieuse qu'elle n'en avait l'air ; ce n'était plus une plaisanterie, ces coquins de Roumis n'avaient pas l'air de vouloir s'en aller aussi vite qu'ils étaient venus. Décidément, Allah devait être fort en colère; mais avec des prières et des pélerinages, on finirait bien par l'apaiser.

«Après tout, dit notre sultan, il faut savoir supporter les maux que le Ciel nous envoie, surtout quand ils ne nous atteignent pas; car, en somme, je n'en souffre guère, les Roumis ne viendront jamais jusqu'ici, je puis dormir sur les deux oreilles. Ma foi, cela ne me regarde pas, laissons les Kabyles et les Tellias se débrouiller comme ils pourront avec ces ennemis de la religion, il n'est pas prudent de se mêler des affaires des autres; chacun pour soi et Dieu pour.......... » Il huma une bouffée de hachich.

Cependant nos allures, nos succès, tout cela devenait inquiétant. En 1833, nos forces, il est vrai, ne s'élevaient pas à plus de 25,000 hommes et 2,000 chevaux, nous ne possédions qu'une surface peu étendue de pays, nos troupes tenaient Alger et la banlieue seulement; mais notre domination était reconnue sur le territoire compris entre la mer, l'Arach, la Mitidja et le Mazafran.

Dans l'ouest, nous n'occupions que la ville d'Oran et le fort de Mer el Kebir; mais à Tlemecen et Mostar'anem, la population, composée de Turks et de Koulouglis, était notre alliée, nous pouvions compter sur elle.

Dans l'est, nous ne possédions rien au-delà de quatre cents mètres autour de la ville de Bone qui était en notre pouvoir; mais les tribus de l'intérieur cherchaient à nouer des relations avec nous.

Au résumé, notre occupation était très-restreinte; mais le bruit de nos armes retentissait au loin, et notre influence faisait la tache d'huile.

Cependant, dans la province de Constantine, nous avions un ennemi qui se débattait, se remuait, n'épargnait ni ses pas ni ses démarches pour ameuter les populations contre nous. C'était le bey Hamed; il nous avait voué une de ces haines marquées au bon coin; il nous abhorrait. Il en avait le droit, et nous aurions eu tort de ne pas en convenir; quiconque a vu la tête de ce monsieur-là se trouve persuadé instantanément qu'elle ne peut appartenir qu'à une bête féroce ou à un homme créé pour haïr et se faire haïr. La cruauté se refiétait sur ses traits durs et communs ; l'idée première qui naissait à sa vue était de chercher s'il ne se trouvait pas un billot près de lui. Hamed tenait considérablement à ne pas être détrôné, à conserver son aire d'aigle, son rocher de Constantine, sa sauvage retraite, où il se trouvait assez à son aise et où il n'était pas fâché de rester ; il ne pouvait digérer le tour que nous lui avions joué en nous emparant de sa ville de Bone, et nous sentait capables de lui enlever bien autre chose encore. Il cherchait à réveiller le fanatisme chez les Arabes, le patriotisme chez les Kabyles, plus attachés à leurs montagnes qu'à leur religion. Les Kabyles n'étaient ses amis que quand la chose leur convenait, quand leur intérêt était engagé. Dans cette circonstance, il avait touché leur corde sensible, et ils avaient promis de l'aider dans une marche qu'il méditait contre Bougie. Enfin le bey frappait d'amendes, pressurait, rasait même les tribus qu'il soupçonnait de vouloir s'entendre avec les Français.

Bougie était un foyer d'intrigues, ses habitants avaient égorgé l'équipage d'un navire échoué sur leur côte ; il fallait l'occuper, l'expédition de Bougie était nécessaire, urgente, d'une importance qui dominait tout le reste. Le ministre avait besoin d'argent, les ministres en ont toujours besoin, c'est dans leur rôle; les députés d'alors n'étaient pas si commodes que ceux d'aujourd'hui, le Gouvernement n'affectait pas avec eux le sans-gêne du jour ; il ne suffisait pas qu'il leur dît : voilà ce que j'ai fait, ce que j'ai dépensé, votez. La Chambre de ce temps était une Chambre de pingres, la dynastie une dynastie de pingres, le peuple un peuple de pingres, tout est pingre dans le gouvernement à bon marché ; avec les splendeurs de l'Empire, tout va grandement, c'est pour cela qu'on dit que tout est grand.

En 1833, on voyait, sur les bancs de la Chambre, de nombreux adversaires de notre occupation d'Afrique. Avec des idées contraires à l'occupation complète, on faisait étudier l'occupation restreinte. Parmi ces députés, il s'en trouvait qui parlaient assez bien, d'autres qui parlaient très-haut; le pauvre ministre de la guerre arrachait par lambeaux ses crédits pour l'Algérie.

Bref, le 24 septembre de cette année 1833, Trezel prit Bougie, et c'était pain béni ; on ne pouvait rien faire de mieux, rien de plus utile à la conquête, de plus sage en politique.

Il paraît qu'Hamed-Bey, qui frappait à toutes les portes, harcelait un peu le petit sultan de Tougourt. Il cherchait à émoustiller chez lui le sentiment religieux, à faire vibrer la fibre du fanatisme, sinon pour recruter sa troupe, du moins pour lui soutirer des subsides, lui accrocher des piastres. Le sultan, qui se nommait Ali el Kebir, était excellent musulman, pourvu que cela ne lui coûtât rien ; aussi, il répondit qu'il était heureux de faire quelque chose pour une cause sainte, et qu'il allait faire prier dans toutes les mosquées pour la défaite et l'expulsion des infidèles.

Hamed vit que ce n'était pas de cette manière qu'il fallait le prendre, il devint pressant, menaçant même. Le sultan l'envoya promener, se fâcha, et, sans se rendre bien compte de notre politique, supposant que nous serions charmés de nous faire des amis dans tous les coins, il dépêcha un parent au général Voirol pour faire sa soumission, lui proposant une alliance contre Hamed-Bey. Le général sentait qu'accepter de telles offres d'un prince du désert, c'était s'engager à le soutenir, à le protéger contre ses ennemis s'ils l'attaquaient, ce qui lui serait tout-à-fait impossible ; il ne voulut pas s'avancer, il éluda la proposition, le remercia de ses bonnes intentions pour la France, l'assurant qu'à l'occasion, le Gouvernement se rappellerait cette avance de bonne augure ; mais il n'alla pas plus loin.

L'année suivante, Ali el Kebir renouvela sa démarche auprès du général comte d'Erlon, qui n'y pouvait répondre que comme l'avait fait son prédécesseur.

LETTRE XLVI.

ALI EL KEBIR SE TRANQUILLISE. — IL MEURT. — BEN
ABDERRHAMAN LUI SUCCÈDE.

Vous vous figurez peut-être, cher compatriote, qu'Ali
el Kebir se trouva profondément humilié de ce que les
Français ne consentaient pas à une alliance avec lui
contre Hamed Bey, et vous tremblez à l'idée de voir se
tourner contre nous un homme qui pouvait être avec
nous; vous êtes singulièrement dans l'erreur ; il était
peut-être plus finaud que nous ne le supposons, et sa
démarche pouvait bien être un ballon d'essai ; on en a
lancé dans tous les pays et dans tous les temps, et si
l'Empire en abuse, il n'en a pas l'étrenne.

Ce qui est certain, c'est qu'il comprit que nous nous
souciions fort peu du Sahara, son brûlant et lointain
domaine, qu'en notre qualité d'hommes d'épée et de

charrue, nous trouverions dans la Kabylie de quoi occuper nos soldats pour quelque temps, et dans le Tell de quoi faire travailler nos laboureurs toujours. Il se dit : « Le peuple français, peuple de braves, n'a point d'analogie avec la salamandre, il aime le froid, et les pics de cette même Kabylie, les plateaux élevés du Tell peuvent lui offrir deux ou trois mois de neige tous les hivers et ce qu'il lui faut pour faire des glaces pendant l'été ; il ne pourra rien trouver de mieux que cela.

» L'armée française, qui sait jeûner à l'occasion, c'est vrai, mais qui boit et mange comme tout le monde quand c'est possible, n'ira pas dans un pays où l'on meurt de soif et où l'on souffre de la faim, pour le plaisir d'y trouver un soleil brûlant qu'elle n'aime guère, et la fièvre que tout le monde abhorre et qu'on peut, à la rigueur, trouver ailleurs.

» Quant à Hamed Bey, je crois qu'il m'est permis de me moquer de lui. Je suis rassuré, de son côté, par la présence de cette armée française, et la besogne qu'elle va lui tailler me rassure plus encore ; je n'ai plus rien à craindre de ses niches, et voilà le moment d'acquitter ce que je lui dois avec de la monnaie de singe ; je ne suis pas homme à nier ma dette, on a des principes ou on n'en a pas ; mais il serait par trop niais de payer un créancier qui a des malheurs, qu'on sait dans l'embarras et manquant de moyens pour m'y forcer. Allons, il est temps d'arrêter les frais avec messieurs les Turks ; somme toute, la situation est bonne. »

Voilà donc le sultan qui se rassure et qui assiste de loin et fort tranquillement à nos luttes avec le bey, les Arabes, les Kabyles, jugeant les coups, se frottant les mains, ne changeant rien à ses habitudes et continuant à chercher une diversion à la monotonie de l'existence, dans ses querelles, ses combats et ses raccommodements avec son parent de Temacin et ses amours.

Comme personne n'est immortel, Ali mourut et eut pour successeur ben Abderrhaman, qui ne jouit pas toujours, comme lui, d'un profond repos d'esprit.

Il faut que je vous dise en passant ce que veut dire Abderrhaman : ce mot signifie esclave du miséricordieux. Les Arabes ont beaucoup de noms de ce genre, qui veulent dire esclave de quelqu'un, esclave du fort, esclave du puissant, esclave du juste, esclave du chéri, esclave du Sauveur, etc. ; on croirait qu'ils sont esclaves de beaucoup de gens, si on ne savait que tous ces noms sont synonymes d'Abdallah, esclave d'Allah (Dieu). C'est à Allah que s'adressent ces épithètes, elles expriment ses qualités, il les a toutes et il n'en est pas plus fier pour cela.

LETTRE XLVII.

Pendant dix ans, il ne se passa, dans l'oued Rir', rien qui puisse vous intéresser, mon cher compatriote; or, comme je ne veux vous entretenir, pour le moment, que de ce qui concerne Tougourt et le Sahara qui l'entoure, il faut que nous arrivions à 1844 pour y trouver le fait le plus important pour cette partie de l'Afrique, le fait qui devait un jour amener l'occupation de la zône sud de la province de Constantine, je veux parler de notre installation à Biskra.

Les choses n'allaient pas mal dans le nord; on était enfin tout-à-fait sorti du doute si funeste au développement de la colonie; on ne disait plus, en parlant de l'Algérie, comme en 1839 encore : « on y restera, on n'y restera pas. » L'incertitude avait disparu, on avait reconnu qu'il y allait de l'honneur de la France, de sa prospérité future, et on considérait cette terre comme à jamais française. La conquête marchait, la colonie marchait, comment pouvait-il en être autrement ? Louis-Philippe avait eu l'heureuse idée de mettre tout cela aux mains de Bugeaud, qui arrivait pourtant précédé par un fumet peu agréable aux masses ; la mission de Blaye, le duel Dulong, le traité de la Tafna, ne l'avaient pas rendu sympathique au peuple ; mais sa supériorité incontestable comme militaire, administrateur, agriculteur pratique et expérimenté apparut bien vite aux yeux de tous. Son portrait, qui appartient à l'histoire, a été tracé par trop d'habiles plumes pour que je me permette d'en esquisser un seul trait, même dans une lettre ; je dirai seulement que son mérite était tellement incontestable, qu'il s'opéra en quelque temps une véritable métamorphose dans les esprits, que ses adversaires les plus acharnés au début, devinrent, en deux ans, ses plus chauds partisans, ses admirateurs les plus sincères. Là-bas, son souvenir est partout, il semble que l'ombre du père Bugeaud se plaise à errer au milieu de ses enfants et soit devenue le bon génie de leur nouvelle patrie, celui qu'on implore dans la détresse.

Encore aujourd'hui, n'est-ce pas avec le refrain si connu de la casquette, *la casquette au père Bugeaud*, que, dans les postes éloignés de la côte, le clairon met tous les cœurs en émoi en sonnant l'arrivée du courrier qui apporte aux colons et à l'armée les doux souvenirs de la famille, les nouvelles de la patrie absente.

En 1844, le duc d'Aumale commandait la province de

Constantine ; il la commandait effectivement lui-même, comme il avait auparavant commandé son régiment. Louis-Philippe avait mêlé ses fils au peuple, ils se formaient dans les rangs de l'armée qui est du peuple ; aujourd'hui, on trouve cela bien petit, bien *bourgeois*, expression qui frise maintenant le mépris ; mais alors, simplicité n'était pas vice.

Plusieurs décisions du duc d'Aumale, marquées au coin de l'intelligence et du bon sens, sont encore en vigueur dans la province de Constantine.

En 1844, Biskra était occupée par Bel Hadj, le dernier des lieutenants d'Abd el Qader dans l'Est. Le maréchal Bugeaud eut la bonne idée de dénicher cet oiseau de proie qui, après le départ pour le Tell des nomades du chikh El Arob, prenait son vol de la qasbah et s'abattait sur des fractions restées sans défense dans le Sahara ; de là un trouble, un désordre, une anarchie qu'il fallait faire cesser, notre influence en ressentait une grave atteinte.

Bugeaud, qui ne pratiquait pas l'expédition de fantaisie, arrêta celle de Biskra ; c'est dire assez qu'elle était urgente ; il en chargea donc le duc d'Aumale. Je ne vous ferai pas, dans ces lettres, l'histoire de cette campagne intéressante, longue, pénible, et qui fut marquée par une véritable catastrophe, il suffit, pour la suite de mon récit, que je constate que ce fut dans cette année 1844 que nos colonnes plantèrent leurs drapeaux dans la plaine de Batna et dans l'oasis de Biskra, point que nous occupâmes, à dater de cette époque, d'une manière permanente.

LETTRE XLVIII.

BEN ABDERRHAMAN S'ÉMEUT DE L'OCCUPATION DE BISKRA;
MAIS IL FAIT CONTRE FORTUNE BON CŒUR, SE SOUMET
A LA FRANCE ET LUI EST FIDÈLE.

L'occupation de Biskra fit ouvrir l'œil au sultan de Tougourt; la confiance qu'il avait eue longtemps dans nos intentions fit place à l'inquiétude; jusqu'à présent il avait cru pouvoir compter sur l'avenir, de ce jour il ne compta plus sur rien du tout. En effet, jamais les Turks n'avaient poussé aussi loin la velléité de l'occupation permanente; ils entretenaient bien à Biskra, dans un petit fortin, sur un mamelon, au nord de l'oasis, une petite escouade (nouba) qu'on relevait, tantôt avec des soldats venant de Constantine par Batna, tantôt avec des Turks venant d'Alger par Msilah et Bàrika; mais ce poste

n'avait aucune importance, rien d'inquiétant; c'était
faire acte de présence, voilà tout.

Les Français s'annonçaient de toute autre manière :
fantassins, cavaliers, canons, tout cela arrivait comme
s'il en pleuvait; on nivelait la qasbah, on la reconstrui-
sait, on bâtissait des casernes, des magasins, une pou-
drière, et, non content de s'établir carrément à Biskra,
on construisait une ville à Batna, entre Biskra et Constantine. « Décidément, se dit Ben Abderrhaman, il n'est
» plus possible de se faire illusion, ces diables de Fran-
» çais n'ont pas simplement l'intention de se reposer un
» instant ici pour s'en aller après ; s'il a été impossible
» de les empêcher d'y venir, il ne sera pas plus facile
» de les en dénicher ; ils s'implantent dans le sol, il ne
» faut pas songer à les en arracher, et qui sait où ils
» s'arrêteront ? ils ne respectent aucune limite. S'il leur
» prend fantaisie d'aller jusqu'à Tombouctou en me
» passant sur le ventre, il ne faudra pas songer à me
» remettre sur mes jambes. Mes pauvres Etats sont
» bien aventurés ; si je trouvais à les vendre à un Juif,
» je crois que je ferais bien de ne pas manquer l'af-
» faire. »

Cependant, il ne perdit pas la tête ; craignant d'être
bientôt au bout de son rouleau, il songea à jouir de son
reste, et, comme il avait du bon sens, il fit comme les
mourants qui se mettent dans les bonnes grâces de Dieu,
il pensa à régler avec nous comme ils règlent avec la
Providence ; il n'y a pas d'avances qu'il ne nous fît ; il
envoya à Constantine un cheval de gada avec sa soumission qu'on accepta. Une fois notre vassal, il ne fit pas
comme tant d'autres qui ne cherchèrent qu'une occasion

de trahir ; il ne manqua jamais l'occasion de nous donner une preuve de ses bonnes intentions, ses relations avec nous furent toujours excellentes, et jamais il ne se départit de cette ligne de conduite.

En 1848, M. Dubosquet, officier du bureau arabe de Biskra, et M. Dubocq, ingénieur des mines, qui firent le voyage de Biskra, n'eurent qu'à se louer de la manière dont ils furent reçus par le chef de Tougourt. M. Berbrugger reçut de lui, en 1850, le meilleur accueil ; il ne s'entendit jamais avec nos ennemis, et quand Mohamed Ben Abdallah leva dans le Sud l'étendard de la révolte, comptant trouver sur le marché de Tougourt des ressources pour se ravitailler, il fut désagréablement surpris de se voir fermer ce marché.

Hélas ! ce pauvre Ben Abderrhaman faisait contre fortune bon cœur ; j'ignore s'il avait jamais été bien gai, l'Arabe ne l'est pas naturellement, il ne boit pas de vin ; or, je vous le demande, y a-t-il dans la société quelqu'un de plus assommant que le buveur d'eau? Notre sultan était donc triste, très-triste ; la fatale époque de 1844 marquait dans son existence, le chagrin le minait ; notre voisinage le gênait considérablement, l'oppressait comme un asthme. Quoique nous ayons créé le vaudeville, que nous soyons des gens aimables, charmants, pleins d'esprit et dont la société est des plus agréables, nous nous plaisons à le reconnaître, il se serait parfaitement passé de la nôtre et il désirait n'en jouir que le plus tard possible. Il savait la nation française la plus obligeante de toutes, toujours prête à rendre service, à défendre l'opprimé avec son sang et son argent, sans intérêt, pour le plaisir de faire le bien ; tout cela le touchait peu, ce qu'il eût voulu, c'est qu'on l'eût laissé tranquille et qu'on ne se fût jamais occupé de lui. Hélas! il sentait son indépendance, sa chère indépendance lui glisser dans la main comme une carpe.

LETTRE XLIX.

CHAGRINS DE BEN ABDERRHAMAN. — IL CHASSE DE SES ETATS SON FRÈRE SELMAN ET DEVIENT IVROGNE.

Dans ce monde, personne n'est exempt de peines, chacun a les siennes ; vous voyez que Ben Abderrhaman en avait aussi sa bonne part et que la tournure que prenaient les affaires publiques était pour lui une source de pensées amères. Eh bien, vous ne connaissez pas tout : il était, de plus, en proie à des chagrins domestiques.

Vous savez, cher compatriote, que les proches parents ne se ressemblent pas toujours dans certaines familles : le caractère, la conduite, les idées des individus qui les composent, offrent plus de variétés que les couleurs de l'arc-en-ciel ; rien ne s'y ressemble, et quelquefois cela ne ressemble à rien.

De deux fils d'un même père, l'un est un homme de bien, l'autre un misérable ; de deux sœurs ou de deux cousines, l'une est un ange, l'autre un démon. Les princes, comme les épiciers, peuvent avoir des rejetons qui tournent mal ; ils n'ont pas tous des enfants, comme ceux de Louis-Philippe, dignes d'un meilleur sort. Ben Abderrhaman était bon père de famille ; s'il n'avait pas eu femme et enfants, il aurait peut-être songé à se retirer des affaires et à vivre en bourgeois. Devenir quaïd des Roumis quand on s'est vu prince arabe, c'est faire une terrible chute, et s'il ne négligeait rien pour être de leurs amis, c'était pour en faire des protecteurs pour les siens ; s'il se faisait si petit avec eux, c'était pour que ses enfants devinssent plus grands par eux.

Son caractère était doux, il était ce qu'on appelle bon prince ; je n'ai jamais ouï dire qu'il battît les femmes, même par affection.

Mais, je l'ai dit, les frères se suivent et ne se ressemblent pas. Le sultan avait un frère plus jeune que lui : celui-là faisait son tourment. Selman, c'était son nom, était un sacripan, un coureur, un vaurien ; il n'avait jamais fait que des escapades et de mauvais tours. Ayant toujours besoin d'argent, il en volait, si on ne lui en donnait pas. Ben Abderrhaman ne lui aurait pas confié sa bourse et ne lui aurait pas donné un commandement de petit chikh.

Le cœur plein de sentiments haineux à notre endroit, Selman n'en faisait pas mystère, nous traitait de mécréants et de chiens, criait partout que si nous osions venir à Tougourt, il nous prendrait nos canons, comme on avait pris ceux du bey Salah ; il y avait de la folie à déblatérer ainsi contre la France, son frère sentait qu'il devenait compromettant pour lui, il lui conseilla de retenir sa langue. Selman n'en cria que plus fort ; il chercha à le calmer, à lui faire entendre raison, mais ses paroles faisaient sur son frère autant d'effet qu'un sermon sur la tempérance dans la chapelle des Invalides.

Enfin, Selman ayant osé qualifier de lâche et de honteuse la conduite de Ben Abderrhaman à l'égard de la France, celui-ci, n'y tint plus et résolut de l'éloigner de Tougourt.

« Je suis ton aîné, lui dit-il, cela prouve que tu es mon frère, et c'est peu flatteur pour moi ; mais tu me dois donc le respect et tu n'as pas l'air de t'en douter. De plus, je suis ton sultan : en nous donnant la puissance, Dieu nous donne droit de vie et de mort sur nos sujets. Je puis me donner la satisfaction de clouer ta tête à la porte de la qasbah, où elle serait beaucoup mieux placée que sur tes épaules. Tu as comblé la mesure : au temps de nos aïeux, il n'en fallait pas tant pour mourir. Les choses ont bien changé ; le pal, qu'on ne pouvait regarder sans trembler, on le fixe insolemment, les insectes le couvrent de leurs immondices. Le sabre du chaouch est fixé au fourreau par la rouille, il faut, pour l'en tirer, la force de quatre hommes. Le bâton, le bâton lui-même, a des intermittences ; le bâton, le plus doux des châtiments, la plus humaine des corrections, inventée pour un peuple d'agneaux, pour les écoliers, le bâton se ressent de l'époque ; le bras qui le manie manque d'exercice, il ne tombe plus sur l'échine avec la vigueur des temps antiques ; alors cinquante coups suffisaient pour que l'homme ne se relevât plus, il en faut aujourd'hui cent pour l'immobiliser pendant quinze jours. Les peuples tombent dans le ridicule, mais quand leurs idées se modifient, il faut que nos allures changent ; résister serait jouer gros jeu, le rejeton le plus encroûté de la dynastie la plus despotique le sentirait comme moi ; mais si l'usage passe, le droit me reste, je ne le lâche pas, prends-y garde. Quoique je prenne de l'âge, j'ai en amour des réminiscences rares, mais furieuses ; demande à la sultane, il y a des moments où je ne me reconnais plus, ou plutôt c'est elle qui ne me reconnaît plus ; eh bien, il en est de la colère comme de l'amour, ne pousse pas ma patience à bout.

» Tu vas faire placer la séridja (bât servant à monter les mules) sur ta meilleure mule, celle qui marche si bien, tu sais, cet amble à vingt lieues par jour, et t'éloigner, t'éloigner vite ; mes vœux te poursuivront. Une fois loin, tu n'es pas tenu de nous donner de tes nouvelles, il ne te sera rien fait pour oublier de nous écrire ; mais si tu te trouvais dans une mauvaise passe, si un danger te menaçait, apprends-le moi, je t'en saurai gré, et je me hâterai de ne pas t'en tirer. »

Selman vit que son frère ne plaisantait pas au fond et fronçait le sourcil ; or, chacun tient plus ou moins à sa tête, il avait la faiblesse de tenir beaucoup à la sienne, il jugea donc prudent de ne pas rester plus longtemps à Tougourt. Il avait des connaissances chez les Chambas, il en avait au Souf, dans le Djerid ; les gens experts dans le coup de main, habiles dans l'organisation du brigandage en grand, étaient de ses amis ; il s'était déjà essayé dans le métier d'écumeur du Sahara, il pouvait détrousser son homme tout comme un autre, ses essais avaient été heureux, il était temps de faire quelque chose, d'occuper une vie oiseuse, et il n'avait pas d'éloignement pour cette partie-là ; le jour même il s'éclipsa.

Quand Selman fut parti, le sultan respira plus à son aise ; mais il n'en fut pas plus heureux, plus gai pour cela. L'inquiétude reprenait souvent le dessus, il conservait des craintes : Selman, froissé, n'était pas incapable de songer à l'assassiner. Cette idée est si naturelle, que l'Arabe comprend difficilement qu'elle ne vienne pas à deux frères rivaux. Ainsi, les Français d'un côté, son frère de l'autre, il y avait de quoi troubler tout-à-fait son sommeil.

Ben Abderrhaman s'ouvrait de tout cela à son secrétaire. « Quelle situation ! disait-il ; je crois que ma fin approche, les Français n'en resteront pas là ; on m'a dit qu'il y avait parmi eux des gens avides de commandement ; quand ils veulent s'installer quelque part, il paraît qu'ils écrivent à leur sultan qu'on y trouve de tout ; et, comme il a toujours besoin de quelque chose, c'est le prendre par son faible ; il croit tout ce qu'on lui dit, il croit même au commerce du Sud.

» Et Selman ? c'est un garnement, il peut revenir avec de fatals desseins ; la société qu'il fréquentera là-bas ne sera pas la mieux choisie ; si on lui conseillait de m'assassiner, il n'hésiterait pas ; les uns en veulent à mes Etats, l'autre à ma vie, qu'est-ce qui me restera ? »

Ben Abderrhaman donna les ordres les plus sévères pour qu'on empêchât Selman de rentrer à Tougourt.

Depuis longtemps déjà, les mœurs du sultan se relâchaient considérablement. Il abusait des plaisirs ; il avait sauté à pieds joints par-dessus les instructions du

Coran, et avait pris l'habitude des liqueurs fortes, il se grisait chaque soir comme un portefaix. Ces excès de tous genres furent plus tard la cause de sa mort.

Voilà, je pense, comment ce goût pour la boisson lui est venu : Les Arabes se figurent que nous possédons des remèdes à tous les maux, et, quand ils connaissent bien un Européen, ils ne manquent jamais de lui en demander, pour peu qu'ils soient atteints d'une affection quelconque. Très-sujets, par suite de l'usage immodéré qu'ils en font, à l'affaiblissement des organes reproducteurs, les demandes qu'ils font à leurs amis des Roums portent presque toujours sur les aphrodisiaques. J'ai connu à Constantine un colon qui était en excellentes relations avec Boakkas du Ferdjioua, avec qui je crois même qu'il faisait des affaires ; il paraît que ce grand chef, qui le reçut toujours très-cordialement, avait souvent, intérieurement, quelque chose de dérangé ou qui n'allait pas comme il le voulait, car il ne reçut jamais la visite du colon sans le prier de lui indiquer un stimulant pour agir énergiquement sur l'organe affaibli.

Sauvez la vie à un indigène, arrachez-le par vos soins à une terrible maladie, il ne l'oubliera pas, je le crois, mais si, par vos procédés et vos indications, vous parvenez à lui rendre pour la volupté une vigueur qu'il avait perdue, c'est, entre lui et vous, à la vie et à la mort, vous serez son sauveur, son Dieu ; sa reconnaissance ne s'envolera qu'avec le souffle, il n'y a pas à douter de cela.

Si Ben Abderrhaman avait du s'enquérir d'un remède contre la tristesse, il voulait s'étourdir et on lui avait indiqué l'alcool comme remède au chagrin. N'aurait-il pas été conseillé par quelque zéphir en désertion, qui lui aurait recommandé pour faire oublier à l'homme tous ses maux, la vertu du parfait amour de Cosaque?

———————

LETTRE L.

DÉBUTS D'UN CHÉRIF.

En 1850, je ne préciserai pas bien la date, un vieillard vigoureux venait s'installer chez les Chambas, dans l'oasis d'Ouargla, à 120 kilomètres au sud de Tougourt. Il venait de la Mecque, bien préparé pour la guerre sainte qu'il se disposait à entreprendre.

C'était un marabout des Ouled Sidi Chikh, qui s'était anciennement posé en compétiteur d'Abd el Qader; puis, en 1841, il avait espéré, en se jetant dans les bras de la France, qu'elle lui confierait le rôle dont l'émir avait abusé; mais ce rôle était au-dessus de ses moyens, on se contenta de le nommer ar'a de Tlemecen ; alors, dévoré d'une ambition que ce poste ne pouvait satisfaire, il donna sa démission et se rendit à la Mecque où les mécontents vont exhaler leur bile. En en revenant, il s'établit, comme je l'ai dit, dans le pays des Chambas. Le bruit courait alors, je m'en souviens, qu'il était recommandé par Si Hamza, personnage religieux très-important et jouissant de beaucoup d'influence dans cette partie du Sahara algérien ; que Si Hamza le présentait comme un homme d'une rare sainteté, une sainteté comme on en voyait peu, et appelé à faire de grandes choses, s'il était secondé par les fidèles, et même tout seul, si les fidèles commettaient le crime de ne pas l'écouter, auquel cas le prophète se chargerait de régler leur affaire plus tard. On allait plus loin.

Si Hamza, disait-on, demandait qu'il fût traité noblement et surtout bien hébergé, chose nécessaire pour les opérations qu'il se proposait de faire ; on ne devait rien épargner pour lui être agréable, et comme il n'était pas douteux qu'il n'en abusât, Si Hamza promettait aux personnes à qui il demanderait n'importe quoi, les bénédictions du Ciel s'ils ne lui refusaient rien, et la colère de Dieu s'il avait à se plaindre d'eux. Les chérifs sont très-exigeants, et comme ils font ce qu'ils veulent du bon dieu des Musulmans, il n'est pas prudent de les indisposer, et il faut, quand ils arrivent, mettre les petits pots dans les grands.

Recommandé comme il l'était, Mohamed ben Abdallah débutait bien ; c'est l'important. Dans le métier de chérif comme dans les carrières industrielles et commerciales, les commencements sont difficiles d'habitude ; mais l'affaire de notre chérif marcha toute seule. Il s'annonçait convenablement ; aussi sa suite, qui n'était pas nombreuse d'abord, fit bientôt la boule de neige. Comme on va le voir, il grandit dans la confiance publique et on ne parla bientôt plus que du chérif du Sud.

Les chérifs entrent en fonctions tous de la même manière ; ils manquent d'originalité, et comme leurs bana-
lités ont du succès, ils ne cherchent pas autre chose ; il
sera temps de recourir à de nouveaux procédés quand les
anciens paraîtront usés. Franchement je me suis persuadé qu'il n'est pas nécessaire d'être très-fort pour se
faire chérif. J'ai beaucoup connu celui pris en 1860 par
le général Desmarets, au sud du Bouthaleb ; quel crétin !
c'est à refuser de le croire ; il avait de plus le teint jaune,
les dents jaunes ; et son souffle, c'était à renverser, nous
n'avons rien comme cela dans notre département. Je
n'essaierai donc pas de vous en donner une idée. Voilà
un homme qui avait pu, en pleine paix, exciter un soulèvement ayant de graves proportions. Véritablement, je
commence à ne plus trop accepter tout ce qu'on dit des
hommes qui parviennent à bouleverser un Etat ; l'occasion
et de l'audace, voilà le secret ; les peuples sont toujours
dupes des mêmes rengaines, les mêmes coups réussissent
à cinquante ans d'intervalle.

Les chérifs commencent comme les charlatans et les
joueurs de gobelets sur les places publiques, ils ne battent
pas la caisse, mais la chose n'est pas nécessaire, les Arabes
ayant un instinct particulier pour deviner l'arrivée des
personnages qui vont occasionner une *diffa* dont ils profitent. Quand ils ont ameuté le peuple, les chérifs font
des harangues.

Mohamed ben Abdallah ne manqua pas l'occasion d'en
faire une ; il en fit même beaucoup, mais toutes se res-
semblaient, il ne se mit pas plus en frais d'éloquence
que ses prédécesseurs, il n'en dit ni plus ni moins, mais
autant, promit comme eux, pas davantage.

Ses discours se réduisaient à peu près à ce qui suit, plus ou moins développé, le même air en variations : « Je suis le grand chérif du Sud, et envoyé par Allah pour combattre et chasser les Français, c'est la chose du monde la plus simple ; ne croyez pas que cela m'embarrasse le moins du monde. »

C'était la substance de l'allocution d'ouverture. Il passait ensuite au détail des horreurs commises par ces chiens, fils de chiens, qui allaient jusqu'à marquer les enfants par un procédé infernal, le vaccin, pour les reconnaître plus tard et les envoyer à la mort ou à quelque chose de plus cruel. Enfin il débitait un tas d'absurdités n'ayant ni queue ni tête, et c'est précisément pour cette raison que les Arabes les avalaient comme une pilule. Il parlait de la honte imprimée au peuple des fidèles subissant le joug des mécréants, du regard de Dieu le détournant de ses enfants qui ne le secouaient pas, de sa colère se manifestant par les fléaux qu'il leur envoyait : le choléra, les sauterelles, la sécheresse. « Il est temps que cela finisse, disait-il, et si vous vous levez comme un seul homme, cela ne sera pas long. »

Il en arrivait ensuite à établir sa filiation, il descendait directement du prophète par une de ses épouses, j'ai oublié laquelle, ce qui ne fait rien à la chose, parce que vous ne les connaissez pas plus l'une que l'autre, ni moi non plus.

Il continuait : « J'ai vu le prophète en songe, on ne le voit plus autrement, et pas tout le monde encore ; je l'ai vu près de son tombeau à la Mecque, ce qui vous prouve que j'y suis allé, et vous ne ferez pas mal d'y aller aussi, mais pas tout de suite, quand nous aurons fait notre affaire ensemble.

» Vous voyez donc bien que je suis le grand chérif du Sud, le vrai chérif, il n'y a pas à s'y tromper ; car, voyez-vous, il y a chérif et chérif ; le monde est plein de faux chérifs ; les faux chérifs pleuvent comme grêle, et il existe entre eux et les vrais chérifs la même différence qu'entre la camelotte et la bonne marchandise ; il s'agit de les distinguer, c'est souvent difficile et on ne saurait trop faire d'attention, on pousse si loin l'art de l'imitation.

» Je pourrais vous donner mille preuves de ma qualité de vrai chérif, une ou deux suffiront. Tiens, la Ouled, prends ce pistolet, ajuste-moi et tire. — Oh non ! — Oh si, imbécile. — Boum ! le coup part, la stupeur rend la foule immobile. Pauvres gens, reprend le chérif, vous m'avez cru mort..... Ah ! ah ! ah ! tenez, voici les balles, elles se sont aplaties sur la trentième côte ; approchez, examinez, il n'en coûte rien pour regarder. je ne m'en fâche pas.

» Maintenant, voyez ce poignard, un pan de lame et pointu comme une aiguille... Vli ! vlan !... Frémissement d'horreur. — Eh bien, qu'est-ce qui vous prend ? vous tremblez comme des voleurs, gens de peu de foi. Hein ! la lame y est bien, j'espère, — jusqu'à la garde. — Il retire l'arme et l'essuie sur sa manche. — Touchez ma peau, qu'est-ce que vous voyez ? pas plus de trou que sur ma main, pas plus de sang que dans mon œil. Faites-en autant. — Pas si bêtes. — Vous avez raison, il ne faut pas jouer avec ces choses-là, car vous êtes des croquants, et moi je suis le grand chérif du Sud, l'incomparable chérif du Sahara.

» Et dites-moi maintenant si celui qui fait de ces choses-là ne peut pas empêcher les fusils des Roums de faire feu? Eh bien, quand ils les dirigeront sur vous, ils ne cracheront que de l'eau; vous serez lavés, c'est possible, je n'y vois pas d'inconvénient, mais tués... — Laissez donc... jamais !... jamais !... jamais !

LETTRE LI.

Mohamed ben Abdallah fut bientôt définitivement installé chef des Chambas, dans l'oasis d'Ouargla, où, comme
à Tougourt, les palmiers sont arrosés par une couche
artésienne. Sa tente se dresse près des bois de palmiers,
il y reçoit son monde et il y forme sa troupe. Sa voix est
entendue, il grandit dans l'opinion et un rassemblement
sérieux se forme autour de lui.

Dix-neuf cents Arabes armés vont bientôt être prêts à
le suivre, 1500 de ces hommes seront montés sur des
méharas. Une circonstance fortuite avait mis 400 chevaux
à sa disposition, voici comment :

La tribu d'el Arba venait de faire défection. Ben Nasseur ben Chourah, son chikh, était ennemi de ben Salem,
khalifa de El Ar'ouath. et ne pouvait supporter d'être

placé sous ses ordres. Il paraît qu'il avait réclamé à Bor'ar, à Médéah, et qu'on l'avait envoyé promener ; on avait sans doute de bonnes raisons pour cela, je l'ignore ; tout ce que je sais, c'est qu'il frappait à toutes les portes. Il m'arrivait de temps en temps, par des larba venant au marché de Boussadah, une lettre de ben Nasseur, que je n'ai jamais ni vu ni connu, dans laquelle il peignait son malheureux sort et me priait d'écrire en sa faveur au général de Sétif pour qu'on le retirât des mains de ben Salem. On comprend que, ayant pour principe de ne jamais fourrer mon nez dans ce qui ne me regarde pas, je ne répondais jamais à ben Nasseur ; j'ai ouï dire qu'il écrivait dans le même sens au commandant de Biskra, qui ne lui répondait pas davantage. Une correspondance ne dure pas longtemps quand c'est toujours le même qui écrit et le même qui ne répond pas. Une conversation est bientôt finie si c'est toujours le même qui parle et le même qui garde le silence ; aussi les lettres de ben Nasseur ne m'arrivèrent plus. Un beau jour, j'appris qu'il avait gagné le Sahara avec toute sa fraction ; il paraîtrait même qu'il s'y prit très-adroitement, très-gaîment, et surtout très-poliment pour échapper à un officier du bureau arabe, envoyé avec un peloton de spahis pour le forcer à se rapprocher de ben Salem dont il s'était éloigné ; mais comme ce qu'on m'a raconté de cette fugue a un peu l'air d'une charge, je ne commettrai pas la légèreté de le répéter.

Bref, ben Nasseur ben Chourah, heureux de trouver une occasion d'utiliser ses gens et de vivre sur le commun, s'empressa d'aller offrir ses services à Mohamed ben Abdallah, qui ne s'attendait sans doute pas à trouver ainsi si facilement une cavalerie toute faite et déjà entraînée ; c'était charmant. Voilà donc ben Nasseur, qui prétendait, même en fuyant, n'avoir été jeté dans la révolte par aucun sentiment hostile à la France, mais seulement par sa haine contre ben Salem ; voilà ben Nasseur devenu, par les circonstances, le bras droit de notre ennemi le plus acharné.

Il s'est passé en Algérie bon nombre de faits de ce genre, eh bien, figurez-vous que la médisance a osé accuser souvent le commandement d'imprudence, d'entêtement déplacé dans de telles circonstances ; elle se prive peu de dire qu'il est souvent facile, avec un peu de tact, d'arranger les choses ; qu'on peut souvent, pour éviter des embarras, faire passer un chikh d'un qaïdat dans un autre, le rendre même indépendant si c'est nécessaire ; mais que, dans ces sortes d'affaires, le commandement se laisse influencer parfois par les grands chefs, etc., etc. Je ne me ferai pas l'écho de ces méchancetés.

LETTRE LII.

LE CHÉRIF ATTIRE A LUI ET UTILISE TOUS LES COQUINS
DU SUD. — CONDUITE DU BEY DE TUNIS AVEC NOUS.
QUAND LES BANDITS SE RÉFUGIAIENT AU DJÉRID.

Le chérif était aux anges, il avait déjà son armée,
c'était beaucoup, c'était tout. Une armée tient lieu du
reste, c'est l'avis des gouvernements placés dans certaines
conditions ; une armée est utile en tout temps, surtout
en temps de paix, la chose nous est suffisamment démon-
trée. Fier comme Artaban, Mohamed ben Abdallah ne se
sentait pas d'aise ; la jonction du chef des Larbaas avait
augmenté son crédit, accru le nombre de ses partisans ;
tout marchait au gré de ses désirs. Les choses ne vont pas
toujours si grand train dans la profession de chérif :
avant qu'il ne commençât, un ami lui eût prédit de si
heureux débuts, qu'il l'eût traité de farceur. Le voilà donc

disposant de 400 chevaux entraînés et courant bien et de 1500 fantassins qui, sans être forcés de remuer ni pieds ni pattes, marchaient comme des dératés dans la personne de leurs méharas.

Le chérif avait une autre corde à son arc ; soyez tranquille, il ne lui manquait rien. Il attira à lui des vauriens, des scélérats, heureux de disparaître des lieux où nous respirions. Naturellement, le Sahara était leur refuge, nous ne leur avions laissé que cela et pas pour longtemps, comme vous le verrez ; mais comme il n'y manque pas de place, ils en seront quittes pour reculer. Pour le moment, les récalcitrants et les malfaiteurs n'y étaient pas inquiétés ; les premiers y étaient venus parce qu'ils ne voulaient pas entendre parler de notre domination, les seconds s'étaient exilés pour des peccadilles que les Turks, durs et cruels aux yeux des Roumis, n'auraient jamais songé à poursuivre : quelques coups de main ou de couteau, de véritables plaisanteries qu'on excuse dans le monde et dont le Roumi fait des affaires graves.

Notre domination, en s'étendant dans le pays, chassait donc devant elle cette foule de gens qui n'avaient pas voulu s'y soumettre et des vauriens que nous poursuivions pour leurs méfaits ; aussi, on pouvait trouver dans le Sud un assortiment complet de fanatiques, d'assassins, de voleurs, de canailles de toute espèce ; ces lieux étaient leur refuge, ils ne pouvaient plus vivre ailleurs, ils infestaient le pays des Chambas, le Souf, qui ne nous était pas encore soumis et qui n'avait pas l'air de s'en soucier, le Djérid, qui vit sous les lois de Tunis, où il n'y a jamais eu de lois. Le gouverneur priait souvent le bey

très-poliment de chasser de chez lui tous ces gens-là ;
mais comme le bey ressemble exactement au bonhomme
qui n'est pas maître dans sa maison, il se gardait bien de
se faire moquer de lui en prescrivant aux tribus du Djérid
d'expulser la canaille algérienne ; mais il avait, comme
ils l'ont tous, son amour-propre de gouvernant qui ne
gouverne rien. Au lieu de nous avouer — qu'il était incapable de faire la police chez lui et que nous lui ferions
un sensible plaisir en lui rendant le service de la faire
nous-mêmes, il répondait qu'il allait donner des ordres
pour l'arrestation ou l'expulsion de tous ces coquins,
que nous pouvions être tranquilles et compter que sous
peu il ne resterait plus chez lui un seul filou, fût-il en
bas âge ou en nourrice.

Les choses en restaient là, les bandes pillaient nos
caravanes et retournaient avec le butin dans le pays tunisien. Le commandant de Biskra écrivait que c'était intolérable : le gouverneur répondait qu'il fallait un peu de
patience, qu'on s'occupait de cette affaire-là, et il donnait
communication des promesses du bey, avec des ordres
sévères pour qu'aucun cavalier de nos goums ne se permît de dépasser la limite ni de pratiquer la r'eziza[1].

Le temps s'écoulait, les mêmes faits se renouvelaient,
le commandant de Biskra se livrait à des accès de colère
très-dangereux dans les pays chauds où le calme et le
sommeil sont recommandés pour la santé, il écrivait de
nouveau. Le gouverneur, à qui tout cela cassait les oreilles
et qui, au fond, n'eût peut-être pas été fâché qu'on s'en

---

[1] C'est une razzia de détail par représailles.

occupât moins, écrivait encore au bey une lettre plus pressante peut-être, mais toujours polie.

Le bey répondait qu'il tombait de son haut, qu'il n'y comprenait rien, qu'il était démesurément stupéfait que ses ordres n'eussent pas été exécutés, qu'il allait faire un exemple. Là-dessus, il allait se promener ou bien il demandait sa pipe et se disait : « Allons, en voilà encore pour quelque temps sans entendre parler de cela, et puis nous aviserons à répondre autre chose. »

Voilà quelle était la marche de cette affaire : elle était presque aussi régulière que le mouvement de rotation et de révolution sidérale de la planète sur laquelle nous avons l'honneur d'habiter ; au moment où j'ai quitté l'Afrique, la situation n'avait pas changé.

Certains souvenirs de ce temps-là me rappel ent qu'on accusait, à tort peut-être, le consul général de ne pas tourmenter assez son bey à ce sujet. Les personnes à qui on confie ces postes importants ont des ménagements à garder, et si elles les gardent, il ne faut pas leur en vouloir.

Quand Mohamed ben Abdallah se fit annoncer dans le Sahara, le ramassis de déclassés battit des mains ; inoccupés, sans ouvrage, ils allaient en trouver près de lui, c'était sûr. Ils se hâtèrent de lui offrir de le servir s'ils en étaient capables ; or, tout saint homme qu'on soit, on ne renonce pas à employer les coquins quand on en a besoin. Leurs services furent donc acceptés avec empressement et reconnaissance : le chérif avait son plan.

Il se trouvait, parmi eux, des Arabes appartenant à des tribus habitant la lisière nord du Sahara, tribus les plus exposées aux coups de main du chérif. C'était le point de mire des premières attaques qu'il méditait pour se faire la main. Il trouva des gens à qui n'étaient inconnus ni un seul ravin, ni un seul mamelon, ni un seul arbre des parages que parcouraient ces tribus, des gens qui connaissaient tous leurs campements, l'époque de leurs mouvements; il en trouva même qui avaient conservé des relations avec leurs frères qu'ils se feraient un plaisir de trahir pour du butin. Le chérif profita de ces heureuses dispositions, et c'est grâce aux excellentes indications de ces gens, aux sentiers qu'ils lui firent suivre, que Mohamed ben Abdallah dut le succès des razzias qu'il dirigea sur les Arabes soumis avoisinant nos postes. Or, comme nos colonnes, quelque légères qu'elles fussent, n'avaient ni son outillage, ni ses renseignements, elles arrivaient souvent trop tard, et quand nous apportions notre protection aux tribus, il se trouvait qu'elles pouvaient s'en passer, comme le voyageur à qui on a tout pris et qui ne craint plus les voleurs.

Le chérif travaillait aussi sur les caravanes; il fit souvent ainsi des prises de grains très-importantes; il rapportait parfois à Ouargla un riche butin et des paquets de marchandises d'une grande valeur.

LETTRE LIII.

LES CHAMBAS BATISSENT UNE MAISON AU CHÉRIF.

Le chérif n'était à Ouargla que depuis peu, quand les Chambas eurent l'idée de lui bâtir une maison. Quand je dis les Chambas, cela n'est pas exact, c'est comme si je disais, en parlant d'une ville qui offre un présent à un souverain qui passe, les habitants eurent l'idée ; les habitants n'ont jamais de ces idées-là, elle vient aux préfets, aux maires, pas aux citoyens ; elle vient au qaïd des Chambas. Le qaïd réunit les chikhs et leur dit : « Messieurs, il faut que vos administrés construisent une maison au chérif, on ne peut pas moins faire pour un homme qui va jeter les Roumis à la mer, les noyer comme une portée d'affreux chiens. — *Amen*, dirent les chikhs en chœur. — On la bâtira par corvée générale (*touiza*), tous mettront la main à la pâte, c'est entendu. Dans le cas où il se rencontrerait des récalcitrants, et il s'en trouvera, car la religion perd, elle perd chaque jour, la religion (il leva les yeux en soupirant), je vous autorise, je vous engage même à raviver avec le bâton la mèche de la piété qui s'éteint. »

Les chikhs s'ouvrirent à leurs fractions des projets du qaïd et les appuyèrent. Personne n'y avait songé ; plus d'un Arabe trouvait que la religion coûtait déjà fort cher sans ce nouveau sacrifice ; quelques mauvais sujets avaient sur les lèvres le mot de la petite danaïde refusant au père Sournois d'assassiner son mari. La menace du bâton réchauffa le zèle, il n'en fallait pas davantage pour persuader tout le monde de l'excellence de l'œuvre. On se porta en masse sur le lieu désigné, les matériaux y arrivèrent comme portés sur l'aile des vents, la maison s'éleva comme par enchantement, la population avait travaillé avec cet acharnement qui prouve combien on a hâte d'être débarrassé de quelque chose, et enfin une députation alla faire hommage de cet immeuble en vantant l'initiative et l'enthousiasme fiévreux d'une population — amoureuse de son chérif. Impossible de mentir avec plus d'aplomb ; chez nous, un conseil municipal n'eût pas mieux fait avec un prince.

Le chérif fit l'étonné ; on ne l'avait pas consulté, tant on le connaissait incapable de refuser, de faire à la population un affront de ce genre-là ; il n'y en a pas d'exemple. Il fut émerveillé et déclara que Mohamed était aussi satisfait de cette preuve d'affection que si la maison était pour lui ; que pour peu que les fidèles voulussent bien y placer quelques tapis, il leur assurait la rémission de leurs péchés passés et à venir, même s'ils y tenaient, et la bénédiction du ciel par-dessus le marché.

Vous avez compris, cher compatriote, que ce qui s'appelle la touiza peut se comparer avec avantage à la corvée exécutée dans les villages pour les chemins vicinaux, la prestation en nature. Dans les ksours, les habitants se donnent volontairement la touiza particulière par douar ou kharouba, petite fraction. Je devrais dire se donnaient, car cet usage patriarcal commence à passer. Quand un individu voulait bâtir, il faisait appel à ses amis qui arrivaient à jour indiqué; on leur donnait le *thâm*, le repas, et ils travaillaient à la maison sans rétribution, pour s'entraider, à charge de revanche. La maison grandissait à vue d'œil, il y avait bien quelque chose à redire à l'aplomb, l'alignement des murs; mais ces détails frivoles préoccupaient peu l'homme pressé d'y entrer.

Voilà le chérif casé. C'était un honneur qu'on lui faisait, une propriété qu'on lui donnait. Ce n'était pas qu'il fût mal sous la tente, la tente ne manque pas de charmes. Quand le soleil n'est pas trop chaud ou le temps trop froid, quand le vent n'est pas violent, que la poussière n'obscurcit pas l'air, quand la pluie ne tombe pas à verse, le séjour sous la tente n'est pas désagréable; il est des gens qui y restent par goût. Pour changer de place, c'est très-commode; on a inventé, il est vrai, des maisons qui se démontent, mais on n'en a pas inventé qui se roulent.

Les habitants des ksours du Sud, depuis Msilah jusqu'aux Zibans, qui possèdent des troupeaux et les placent chez les Ouled Nail, ne manquent jamais, par plaisir, d'aller passer quelques mois au moment du vert, des pâturages, dans la tribu où sont leurs bêtes, et pendant qu'ils sont là, les chacals en dévorent moins, la mortalité est moindre dans leurs troupeaux, ils ne voient pas chaque jour leur berger (*raï*) venir à eux avec une peau, la dépouille d'un mort.

LETTRE LIV.

LE CAMP DU CHÉRIF.

Voyons un peu, cher compatriote, si cela ne vous contrarie pas, comment est installée au bivouac la troupe du chérif. Pour vous qui visitez chaque année celui de Châlons, le coup-d'œil ne manquera pas d'originalité : l'ordre, la propreté, l'uniformité, la régularité que vous avez remarqués partout où nos troupes sont réunies sur un point quelconque, tout cela suffira pour ne pas vous donner la moindre idée du camp du saint homme. Vous en puiseriez une idée plus juste dans une plaine où paissent des troupeaux de bœufs ou de moutons ; le laisser-aller, l'abandon qui les distinguent, offrent quelque analogie avec tout ce qu'on peut admirer dans le pêle-mêle naturel du rassemblement que préside le chérif. Si le camp est assez sale et mal tenu, on ne peut pas dire

qu'il soit mal gardé, il ne l'est pas du tout, c'est un détail
qui préoccupe peu.

Personne n'y tire de lignes, n'y plante de jalons, n'y
mesure des distances ; il n'est assigné de place à qui que
ce soit, les dispositions se prennent toutes seules, comme
par enchantement ; chacun se case suivant son goût, et
s'il ne se trouve pas mal, le chérif trouve qu'il est bien,
et cela suffit. Quand plusieurs personnes veulent la même
place, elles crient, se disputent, se battent, les gens
du chérif arrivent, font des moulinets, le bâton leur
ouvre passage, les batailleurs s'éclipsent, et, pendant ce
temps, un tiers se colle à leur place et y reste. Tout
finit là, c'est admirable de promptitude et de simplicité.

Les tentes sont grandes, petites, moyennes, rondes,
carrées, neuves, bonnes, en lambeaux ; il en est dont la
partie haute seule offre un abri et quel abri ! grand
comme un mouchoir. Elles sont en laine, en poil de chameau, en coton, en toile ; on remarque même quelques vieilles tentes de campement achetées à une vente
du domaine. En Afrique, on en voit partout, comme on
voit de vieux effets d'habillement de troupe et des souliers
de magasin.

Devant la tente des huppés s'allume un feu pour le
kouskoussou ; devant celles des autres il ne s'allume
rien du tout, soit que l'habitant ne veuille pas prendre
la peine d'aller chercher du combustible, soit que, pauvre
comme Job, il n'absorbe à ses repas que de la rouina[1] ou
des dattes, ou de la galette d'orge faite chez lui.

---

[1] Sorte de farine qu'on mélange avec de l'huile.

Malgré le désordre, il arrive que, par habitude et pour leur commodité, les hommes de la même tribu se groupent ensemble; chaque fraction a soin de réserver près d'elle un emplacement vide pour recevoir les chameaux revenus du pâturage; les chameliers les forcent à s'y accroupir, ce qu'ils font avec un cri des plus discordants et la grimace la plus disgracieuse, ouvrant la bouche, remuant la langue et montrant des dents que personne n'a jamais eu l'idée de leur envier. Le chameau est aussi peu aimable à ce moment-là que dans toute autre phase de son existence.

L'opération faite et la nuit survenue, un bruit sourd se fait entendre, puis un affreux remue-ménage s'en suit, on croirait que la terre tremble : une panique a soulevé en masse cette cohue de chameaux qui se heurte, se bouscule et cherche à fuir clopin clopant sur trois pattes, vu qu'ils sont privés de l'usage de la quatrième, repliée sur elle-même au moyen d'une petite corde en écorce de palmier. Les chameliers les forcent à s'accroupir de nouveau et le calme renaît.

Les cavaliers ont leurs tribulations comme les fantassins; chacun d'eux a son cheval entravé devant sa tente; l'animal flaire et remue de la lèvre supérieure une brassée de drin[1] sec qu'on lui a mis sous le nez pour l'amuser; comme l'entrave se réduit quelquefois aux proportions d'une petite corde en laine mince comme le petit doigt d'une jeune demoiselle, et quelque peu usée, il

---

[1] Espèce de chiendent qui vient dans les dunes de sable.

ne se passe pas une nuit sans que quelque cheval ne se détache; il galoppe dans le camp, va jeter le trouble où se trouve une jument, pince de la guitare avec les cordes qui raidissent les tentes et en renverse quelques-unes. C'est alors un désordre, un tumulte effroyables. Les cavaliers courent après leurs chevaux, les maîtres des tentes bousculées en sortent en jurant, vociférant, levant les bras pour éloigner le cheval. Chaque chose a son côté plaisant: rien de plus comique, quand une tente a été abattue par un cheval, que de voir les formes des gens emprisonnés sous la toile, se débattre sous ses plis, comme des spectres dans leur linceuil. Enfin les chevaux sont repris, rattachés, et la tranquillité revient jusqu'à ce que le désordre se renouvelle par la même cause, parce que le chérif, qui n'a pas de poste avancé et ne connaît pas le procédé efficace de la garde du camp, n'en use pas avec ceux qui attachent mal leurs chevaux.

Quand un cheval s'échappe dans le jour et veut prendre ses ébats, le meilleur moyen pour l'attraper c'est de le prendre par son côté faible et de lui présenter une musette d'orge.

Le camp est parsemé de burnous blancs, bruns, noirs, gris, verts, rouges; le rouge est la couleur des chikhs, le vert plaît aux marabouts. Çà et là des hommes, en simple kamidja et un mouchoir de couleur sur la tête, sont allongés, endormis; d'autres se promènent dans la même tenue; ici un Arabe en rase un autre à sec, sans l'assurer contre quelques entailles faites par le *mous* (couteau affilé pour raser); il lui laisse toujours sur le sommet de la tête une place ronde à tous crins.

Là des guerriers en tenue, la *r'élila*, la *sedria*, le

seroual [1] sous les burnous, la brima [2] roulée en turban et retenant sur ses chechias le haouli djeredi, le tout surmonté d'un *mdellela* (chapeau haut et à larges bords qui garantit du soleil); la jambe est emprisonnée dans un bas de cuir rouge appelé *mset*, et le pied enfoncé dans un brodequin, une sorte de cothurne à pointes rabattues en avant et en arrière du coude-pied et bordée de soie jaune et rouge; par là-dessus le *chabir*, éperon à la chevalière, mais à une seule pointe, longue de 25 centimètres, qui sillonne la terre quand le cavalier est à pied, et laboure, quand il est à cheval, le flanc de son coursier.

Quelques Arabes, bien vêtus, flanent sans burnous, le haïk pendant en schall derrière le dos; mais la grande masse n'a pas d'autre habillement qu'une *kamidja* et un burnous par-dessus; leur tête est couverte d'un simple chechia.

Le personnel du rassemblement subit de nombreuses et journalières mutations, les Larba seuls ne le quittent pas parce qu'ils ne savent où aller vivre; mais il se fait, parmi les fantassins, une navette continuelle. C'est un va-et-vient perpétuel : il en part, il en vient, et le chérif ne s'en plaint pas, d'abord parce qu'il n'en serait ni plus ni moins, puis la chose lui est bien égale, car son effectif, restant toujours le même, peu lui importe d'être servi par Pierre ou par Paul ; mieux que cela, il y

---

[1] *R'élila*, veste ; *sedria*, gilet ; *seroual*, culotte.

[2] Corde en poil de chameau ou en laine.

trouve son compte, car les partants n'emportent jamais rien, les arrivants apportent toujours quelque chose.

La tente du chérif se dressait sur un petit tertre, elle était faite de bons *flidjs* [1], mais simple et sans luxe, et avait pour tous meubles d'intérieur un tapis, un petit matelas et quelques coussins sur lesquels s'appuyait le saint personnage.

Vivant dans un état de mobilité perpétuelle, il lui était difficile d'être somptueux et de faire de l'étalage ; puis, quoiqu'un chérif ne se gêne guère et ne croie pas se déshonorer en demandant, quand il est aux crocs des autres, il ne fait pas toujours comme il veut.

Le devant de la tente était relevé au moyen de deux perches *(hamoud)* maintenues par deux cordes en laine qui étaient raidies et fixées à des piquets enfoncés dans la terre, ce qui formait un auvent ; c'est sous cet auvent que le chérif faisait asseoir les visiteurs, et il en avait beaucoup, il en venait tout le long du jour et de fort loin, et de nos postes, car un grand nombre de nos chefs indigènes, petits et grands, qui, au bureau arabe se moquaient de lui et appelaient ânes *(doueb)* les Arabes qui l'écoutaient, beaucoup de nos chefs qui protestaient de leur dévouement à la France, lui expédiaient secrètement des courriers pour lui exprimer les vœux qu'ils formaient pour son triomphe ; c'est comme cela que les choses se passent en pareille circonstance.

---

[1] Le flidj est une grande bande d'étoffe de laine ou de poils de chameau, généralement de couleur brune, avec laquelle on compose la tente arabe.

L'extérieur de la tente était encombré de curieux qui se pressaient comme des moutons pour entendre la parole de l'homme de Dieu, pour contempler ses traits. La curiosité, encore plus que la piété, était le mobile de leur empressement ; quand ils interceptaient la lumière du jour et l'air qu'on respire, le chérif appelait ses chaouchs qui dispersaient la foule à coups de bâton ; le vide se faisait avec une promptitude incroyable, en un clin d'œil la place se trouvait évacuée. Je n'ai jamais vu de moyen plus efficace que celui-là pour opérer un vide : c'est merveilleux, les curieux ne demandent pas ce qu'on leur veut, ils n'attendent jamais que le gourdin leur donne cette explication.

Mohamed ben Abdallah, vieillard vert, sec et vigoureux, au poil rare et gris, répondait aux salamalek en se laissant baiser les mains, les vêtements, je ne sais pas trop ce qu'on ne lui aurait pas baisé. Il lui arrivait de rompre le silence et de s'adresser aux visiteurs, mais il n'était pas bavard, et s'il ne parlait pas continuellement, il disait toujours la même chose, ou s'il changeait quelque chose à la forme, le fond restait le même, il n'y avait jamais rien de nouveau. Les gens qui avaient l'habitude des chérifs devaient se rappeler avoir déjà entendu cela quelque part ou ailleurs ; mais l'Arabe ne se rappelle pas, ces choses là ont toujours pour lui l'attrait de la nouveauté.

« Je suis le grand chérif du Sud — envoyé par le prophète, etc. (Voir plus haut.) Les Français ne sont pas si nombreux qu'on le croit, pas si forts qu'ils en ont l'air. Ils avaient accumulé toutes leurs forces devant Zàtcha, s'étaient vus forcés de vider tous leurs postes, et Bou-

zian, avec 600 fusils, les a tenus en échec pendant six
mois, et s'il n'avait pas manqué de cartouches, ils y
seraient encore, ou plutôt ils ne seraient plus nulle part.
Nous pouvons chasser tous ces infidèles, mais il n'y a
pas d'union parmi les musulmans, c'est ce qui fait le
désespoir de Dieu. Voilà pourquoi il a voulu les pincer
une bonne fois; mais il a fait cela pour leur bien, ils en
feront leur profit pour plus tard. On n'est pas toujours
de bonne humeur, Dieu a ses mauvais moments comme
tout le monde; il n'est pas toujours commode, et quand
il dit tue, le prophète se croit forcé de dire : assomme;
méfiez-vous en. Mais dans sa colère, Allah a rudement
étrillé les Français; Bouzian, en mourant, a détruit leur
armée; après Zaatcha, on ne fesait plus l'appel de la troupe;
il n'y avait plus personne dans le rang. Nous allons bien
nous amuser, si vous voulez me suivre. »

Malgré son bagout, le chérif n'avait pas encore de
projets bien arrêtés; quant à aller se jeter comme un
étourdi sur nos baïonnettes qui devaient ployer comme
un roseau, se heurter contre nos murailles qui devaient
crouler comme celles de Jéricho, je ne sais s'il y avait
jamais songé; mais pour le moment il en avait plus de
peur que d'envie. Cette idée ne lui était pas venue sérieusement à l'esprit, et je crois même qu'elle ne lui vint
jamais; mais il en avait tant parlé qu'il fut fatalement
entraîné à faire ce qu'il disait et s'exécuta comme un chien
qu'on fouette. Vous verrez que la chose lui réussit peu.

Pour le moment donc, Mohamed voulait goûter les
agréments de la vie de chérif au compte des badauds qui
l'écoutaient et des fractions que l'imprudence ou le besoin
de vivre exposaient sans défense à ses coups de mains. Il

trouvait ce train d'existence assez convenable et tenait à le faire durer le plus longtemps possible. Il ne se doutait guère des crocs-en-jambe que la Providence se préparait à lui détacher.

LETTRE LV.

Le moment est venu de vous dire quelques mots de
Bousadah, qui joue un rôle dans l'insurrection du Sud.
Cela sera court, mon cher compatriote, car si ces lettres,
destinées à vous faire connaître l'oued Rir' et particulièrement les causes qui ont amené l'occupation de Tougourt, c'est-à-dire l'extrême Sud, si ces lettres, dis-je,
ne vous déplaisent pas, comme je l'espère, je me réserve
de vous entretenir, dans une autre correspondance, des
évènements militaires antérieurs à ceux que celle-ci contient, et je remets à ce moment-là le récit de ce qui
précéda l'occupation de Bousadah, dont il faut cependant
que je vous parle.

Bousadah est une ville arabe, un ksour de 4500 âmes,

600 maisons, 4 à 500 jardins emplantés d'un grand
nombre d'arbres fruitiers et de 10000 palmiers ; l'oasis
est arrosée par une rivière qui vient du S.-O. et se jette
dans le choth du Hodna. Bousadah, érigée en chef-lieu
de cercle au commencement de 1850, dépend de la subdivision de Setif, dont 400 kilomètres le séparent. C'est
une position militaire admirablement choisie, car elle se
trouve au pied des derniers contreforts nord du Djebel
Msâad, sur la limite sud des tribus du Hodna, Ouled
Madhi, Ouled Derradj, tribus longtemps remuantes, longtemps indisciplinées, toujours fières de leur vieille réputation de bons cavaliers et de leur qualité de douadi
(nobles) ; les O. Madhi sont douadi. C'est aussi la limite
nord des Ouled Nail, tribus que leur éloignement des
postes occupés par nous, leurs habitudes nomades rendaient sauvages, fugitives, insaisissables, dont il devenait
nécessaire d'étudier les allures. De plus, Bousadah se
trouve entre Biskra et El Ar'ouath, un peu plus au nord
que ces deux oasis. L'occupation de ce ksour avait donc
une énorme importance ; le gouverneur la désirait depuis
longtemps et l'avait demandée, on l'avait remise aux
calendes grecques ; il fallait avoir recours aux ficelles ; la
grande question du commerce du Sud arrivait sur le
tapis. A Paris, au ministère, on commençait à ouvrir les
oreilles, et la raison creuse allait produire ce que
n'avait pas produit la bonne, quand éclata l'affaire de
Zaatcha.

Bousadah se paya un chérif, le marabout Ben Chabira,
qui correspondit avec Bouzian et parvint à mettre tous
les hauts quartiers dans son parti. Le marché de la ville
devint une pétaudière, le rendez-vous des révoltés ; ils y

achetaient, pour la guerre sainte, des armes et des munitions ; partout, dans les rues, dans les maisons, on fabriquait de la poudre, partout on tripotait, on complotait. La bombe éclata ; mais quand tout fut fini[1] le gouvernement entreprit les Bousadiens et leur dit à peu près ceci : « Causons un peu, mes bijoux ; c'est comme cela que vous travaillez avec nous, qui voulions vous laisser tranquilles et vivre en paix? Eh bien, écoutez : nous avons remarqué que le séjour temporaire de nos troupes dans vos murs ne vous a jamais plu infiniment ; nous allons les y laisser en permanence, seulement pour voir si cela vous plaira davantage. »

Après la mémorable journée du 26 novembre 1849, signalée par le sac de Zaatcha, les diverses colonnes qui avaient pris part à l'assaut s'en retournaient chacune chez elle, et franchement il était temps. Celle de Sétif, conduite par le colonel de Barral, commandant de la subdivision, repassait par Bousadah ; la formation du cercle de Bousadah était arrêtée en principe, et le commandant de ce cercle désigné dans la personne de votre serviteur. Je l'ignorais. Le colonel de Barral, avec qui je pensais donc m'en aller, m'avertit que je devais rester là, et comme il ne tenait pas à faire un long séjour dans ces parages, il me souhaita bonne chance, bon courage, me laissa quelques compagnies de son régiment, le 38e de ligne, un peloton de spahis, des vivres, et je le vis s'éloigner, le cœur tant soit peu gros de me séparer ainsi

---

[1] Je remets à une autre correspondance, comme je l'ai dit, le dénouement de cette affaire.

presque du monde entier ; quant à des instructions, si celles qu'il me donna avant de partir furent courtes, au moins elles étaient claires.

S'il m'en souvient, cela se réduisait, à peu de chose près, au sens de ces deux mots : « débrouillez-vous. » Et en effet, il lui eût été assez difficile d'en donner d'autres ; il ne savait rien sur les détails de la formation du cercle. « Il faut pourtant, mon colonel, lui dis-je, que je sache quelles sont les tribus d'Ouled Naïl qu'il comprend. » — « Sans doute, me répond-il ; mais, à moins de l'inventer, je ne puis vous renseigner là-dessus ; nous le saurons plus tard, vous le saurez, tout le monde le saura ; aujourd'hui, personne ne le sait. Ce détail est encore inconnu ; rien ne s'oppose à ce que vous cherchiez à étudier les tribus des environs, ce sera toujours cela de fait, mais ne leur donnez aucun ordre. »

Les jours se passaient, les semaines se passaient, les mois se passaient, les courriers se succédaient, et ma correspondance se réduisait presque à zéro. Ce mot *correspondance* remplit la bouche d'un tas de bouffis de la scène officielle, qui ont pris le rôle d'absorbés par le travail, quoiqu'ils n'aient jamais tenu une plume et que leur véritable emploi soit les grandes inutilités ; ma correspondance, dis-je, se réduisait à zéro ; je n'avais pas de correspondance, on ne me demandait rien, je n'avais donc pas à répondre.

Les O. Naïl, gens qui ne nous connaissaient pas, ne témoignaient pas un désir ardent de nous connaître ; on ne les voyait pas, on ne savait pas où ils se cachaient ; depuis leur panique, leur fuite lors de l'insurrection, ils avaient peu reparu. Je ne sais pas trop dans quels trous, dans quels ravins ils se blottissaient ; mais le pays paraissait désert.

Quelquefois je me disais : « Je ne sais pas trop ce que je fais ici : le pays a peu de charmes, l'eau donne la courante et le vin n'est pas potable ; on ne s'en sert que pour la salade, nous ne mangeons que du mouton, et quel mouton ! Il ne pleut jamais, la poussière nous aveugle, on grille, le chihili (vent chaud) nous étouffe, et les puces et les scorpions, agrément nouveau pour nous ! ! Décidément, voilà une position peu riante. » Je me rappelai un mot de M. le colonel Daumas : « Il faut de l'ambition pour rester ici. » Eh bien, franchement, cher compatriote, ce n'était pas le stimulant qui m'y avait attiré, le sort m'y avait poussé, je n'avais pas demandé à y venir.

« Enfin, me dis-je, les affaires changeront peut-être ; mais il y a toujours quelque chose qui ne changera pas, c'est le pays. Bah ! on se fait à tout. » Je pris mon parti, ma petite garnison m'occupait ; la ville, qui possédait 4600 habitants, me donna de l'ouvrage ; c'était une sentine, il fallut l'assainir ; j'étudiai la statistique, la propriété, le marché, qui n'avait plus son importance d'autrefois.

Enfin, je m'aperçus que le nombre des gens venant au marché et en ville augmentait ; je commençai à recevoir des visites : c'étaient les Ouled Naïl qui revenaient, comme ces planètes qui ont disparu pendant un certain temps et qui reparaissent.

Presque tous ceux qui venaient me parler étaient vêtus de burnous rouges qui n'étaient pas tous neufs ; il y en avait de tout âge, surtout de l'âge mûr ; jamais je n'avais vu tant de burnous de couleur; tous les visiteurs se disaient, non-seulement chikhs, mais fils de chikhs; il pleuvait des chikhs, j'en ai compté six dans la même fraction, une petite fraction. « Tiens, me disais-je, est-ce qu'il en est des tribus d'Ouled Nail comme de l'armée du Mexique, qui compte plus d'officiers que de soldats? C'est curieux. Farceurs d'Ouled Nail! »

Enfin, un beau jour je reçois de la subdivision de Sétif la dépêche suivante : « Capitaine, vous trouverez ci-joint » l'état nominatif des fractions d'Ouled Nail compris dans » le cercle de Bousadah.

» Je vous prie de me faire parvenir, dans le plus bref » délai, une carte indiquant la position topographique » de ces tribus; vous la ferez à l'échelle du 100 millième, » et elle devra se raccorder avec la partie nord du cercle » qui figure sur la carte du dépôt de la guerre dont je » vous adresse un calque. » Je fais appeler l'officier chargé des affaires arabes, M. le lieutenant Boutet, du 2e régiment de la légion étrangère : « Mon cher Boutet, lui dis-je, les jours se suivent et ne se ressemblent pas. — Mais cependant, mon capitaine, depuis que je suis ici... — C'est une manière de parler. — C'est différent. — Il se passe quelque chose d'extraordinaire, d'insolite. — Qu'est-ce qu'il y a? — Je n'en sais rien, mais de grands évènements se préparent, c'est probable, on songe à nous. — Oh! alors, il faut qu'il y ait quelque chose comme cela. » — Je lui tends la dépêche. Après l'avoir luè, il me dit : « Mon capitaine, on nous demande bien des renseignements. — Oui sans doute. — Eh bien, il faut les donner. — Mais avant de les donner, lui dis-je, il faut les prendre, à moins de les donner d'abord et de les prendre ensuite. C'est un procédé expéditif à l'usage des brefs délais et qui a réussi souvent dans l'Afrique française. »

Le lendemain nous étions en route, suivis de gens de toutes les fractions[1]; Boutet emportait boussole, planchette, tout ce qu'il fallait pour un levé et même pour plusieurs levés, petits et grands levés, et il emmenait ses deux chevaux dont l'un, alezan, était très-bon, l'autre, gris, sans être mauvais, avait la triste habitude de s'asseoir sans prévenir son cavalier, non pas par faiblesse ni par malice, mais parce qu'il était sans gêne ; c'était un cheval mal élevé et sans éducation.

Les renseignements demandés furent réunis sur une carte; on fut content, et si on ne l'avait pas été, on eût été bien difficile, car Boutet avait, pendant plusieurs semaines, travaillé d'arrache-pied. La besogne ne l'effrayait pas et il faisait de la topographie avec goût et très-consciencieusement. Son travail nous facilita l'administration du cercle de Bousadah ; c'était la première pierre d'un édifice que continua plus tard M. Thomassin, sous-lieutenant au bataillon d'Afrique, dont je vous parlerai tout à l'heure.

Le travail de Boutet avait mis en relief et rendu visible à l'œil nu un magnifique défaut de conformation dont était atteint le cercle de Bousadah.

Je ne sais trop par qui ni comment fut commise la boulette, mais elle était de taille; la précipitation y était

---

[1] On ne parlait pas encore à ce moment là du chérif du sud dans nos parages.

sans doute pour quelque chose, et elle a malheureusement porté préjudice à des affaires importantes.

Quelques fractions dont le territoire n'était qu'à quelques kilomètres de la ville, oui, à quelques kilomètres seulement, étaient restées, comme autrefois, dans la division d'Alger, subdivision de Médéah ; et d'autres fractions, situées à plus de trente lieues au sud-ouest de Bousadah, dans le sud de la province d'Alger, étaient classées dans le cercle de Bousadah, ce qui constituait un gracieux système d'enclaves, si propre à embrouiller les choses et à compliquer les rouages de l'administration, que je me demandai si on n'avait pas eu l'intention de faire un essai, d'aborder une difficulté ; il n'en était rien, je me suis expliqué la chose, c'était une affaire de noms. Ceux qui avaient fait cela avaient été induits en erreur par une fausse qualification.

Certaines fractions se nommaient Rer'aba, c'est-à-dire *de l'Ouest*, d'autres Cheraga, c'est-à-dire *de l'Est*, et on s'était dit : « Mettons les gens de l'Est dans l'Est et ceux de l'Ouest dans l'Ouest. » Et allez donc ! c'est simple comme n'importe quoi : voilà comme se forme un cercle. Mais ces dénominations, justes et vraies il y a des siècles, étaient devenues, par suite de guerres, de refoulements, par suite de l'anarchie et de l'absence totale de l'administration, étaient devenues, dis-je, affreusement fausses ; les estiers avaient émigré et s'étaient installés dans l'Ouest, et les ouestiers avaient fait de même ; ils avaient changé de terrain, et les malheureux n'avaient pas songé à changer de nom. Toujours est-il que cela n'avait rien de gai. Or, dans ce pays, une boulette peut se faire en une seconde ; mais il faut toujours des années pour la réparer ; on écrit, on noircit des rames de papier ; mais il suffit de l'influence de tel ou tel chef arabe aimant tout ce qui sent le désordre et facilite la pêche en eau trouble pour entraver les réclamations les mieux fondées. Les choses restèrent donc ainsi pendant trois ans ; mais, en 1853, le commandant du Barrail, investi du commandement du cercle d'El Arouath, nouvellement créé et qui devait englober les O. Nail de sa division, vit de suite qu'on avait fait fausse route. Nous nous concertâmes et il demanda le remaniement du premier travail, dans un rapport qui arriva à Alger en même temps qu'une nouvelle édition du nôtre, revue et corrigée. et tout fut rectifié. Je respirai...

LETTRE LVI.

UN MOT SUR LES BUREAUX ARABES. — TACTIQUE DE MOHAMED BEN ABDALLAH.

C'est le jour où nous sûmes à quoi nous en tenir sur nos tribus que s'ouvrit pour nous, à Bousadah, une ère nouvelle. Nous sortîmes du *statu quo*, ce qui n'était pas regrettable.

Il s'agissait de voir l'Arabe chez lui, de le juger sur son terrain, c'était mon principe, de parcourir le pays pour savoir comment il était fait, connaître ses ressources, chercher pour les emplois un personnel moins encroûté, moins épais que le commun des martyrs, plus facile à débarbouiller, à décrotter, à brosser, sinon à faire reluire. Tout cela devenait la source d'études utiles et intéressantes; mais ce n'était pas l'affaire d'un jour, il y avait de la besogne, et quand on y met le nez, les occupations se multiplient, se diversifient, les affaires augmentent, se divisent et vous absorbent, hélas! trop souvent. Qui embrasse trop, mal étreint, on ne sait plus comment se débrouiller. Voilà l'embarras qui a assailli le bureau arabe à son aurore, l'accompagne à son déclin et le suivra sans doute jusqu'à sa mort. A qui la faute? Franchement ce n'est pas la sienne; les premières instructions qu'on lui donna furent vagues et mal définies.

Le point où devait s'arrêter son action ne fut pas bien précisé, bien fixé, bien indiqué; elle ne s'arrêta pas.

Il fut tout d'abord presque admis qu'il se mêlerait de tout.

Le gout de certains commandants militaires pour la besogne faite, le manque de surveillance, laissèrent parfois le bureau arabe livré à lui-même.

On commit la maladresse de lui donner un cachet : il devint une puissance.

Or, comme la jeunesse a ses entraînements, comme l'inexpérience égare, comme les qaïds le trompaient, comme les chikhs et les qadhis le trompaient, comme les particuliers l'assiégeaient, le circonvenaient avec le mensonge et l'imposture, il ne pouvait pas moins faire que de patauger.

La chekaia [1], l'horrible chekaia déploya ses ailes, s'abattit sur lui, l'étreignit, l'étrangla, l'étouffa.

En cherchant à débrouiller les choses, il arriva à les embrouiller davantage; aussi le cachet, le fameux cachet consacra-t-il bien des erreurs involontaires.

---

[1] *Chekaia* veut dire, en arabe, *plainte*. Faire de la chekaia, c'est écouter des plaignants.

Il n'y avait pas de raison pour qu'à Bousadah nous fissions mieux qu'ailleurs, nous n'étions pas plus forts que les camarades.

Mais, au début, l'exiguité du personnel (je fus d'abord seul, puis on me donna un aide), la fréquence des courses devenues indispensables, une certaine défiance de la chekaia qui, à Sétif, à Philippeville et à Bouariridj, m'était apparue sous un assez mauvais jour, tout cela m'empêcha de donner là-dedans tête baissée et surtout de l'examiner dans le cabinet, loin de son berceau. On nous demandait de terribles rapports sur le personnel, la statistique.... et le commerce du Sud donc..... Il devenait impossible de prendre des renseignements là-dessus dans sa chambre, il fallait aller se promener; on pouvait dire qu'il n'y avait pas de bureau arabe à Bousadah au début; il était en plaine.

Quand un Arabe venait y apporter une plainte, on le remettait à huitaine sur son territoire ou sur celui de sa partie adverse; là on réglait ou on ne réglait pas; ce dernier cas était le moins rare, car nous étions très-dérangés.

Le chérif Mohamed ben Abdallah commença son branle-bas dans le Sud. Retiré dans son aire d'Ouargla, comme l'aigle caché dans un nuage, il épiait les mouvements des douars imprudents, comme l'impérial volatile épie ceux du faible oiseau qui s'aventure.

L'aigle a un regard d'aigle.

Mohamed avait les yeux de ses éclaireurs.

L'aigle a son vol rapide.

Mohamed avait les jambes de ses méharas.

L'aigle, nommé roi des oiseaux parce qu'il est le premier dans l'ordre des rapaces, l'aigle, tout brave qu'il est, s'abat toujours sur une proie facile, sur de faibles êtres.

Mohamed, avide et vorace, s'attaquait à des ennemis sans défense.

Voilà pourquoi le chérif, qui n'était pas un aigle, peut être comparé à lui dans sa tactique.

Le saint homme et l'oiseau carnassier travaillaient de la même manière, opéraient sur les mêmes données.

Le marabout eut bien des chances au commencement.

Quelques mots sur le pays de parcours des tribus auxquelles il tendait des piéges vous expliqueront pourquoi ses coups de main furent si longtemps heureux. Tant qu'il ne s'attaqua pas à d'autres ennemis, il n'éprouva pas de revers.

LETTRE LVII.

Je vous ai dit, cher compatriote, que le pays des Ouled Nail allait être l'objectif du chérif. C'est sur les fractions de cette immense tribu, les plus exposées à ses coups, qu'il va les diriger.

A quelques kilomètres à peine au sud de Bousadah, vous entrez en plein dans le pays des Ouled Nail ; à vingt kilomètres au sud de cette oasis, s'élève une chaîne qui court Est et Ouest et dont le nœud est le Djebel Boukahil ; elle a peu d'épaisseur et peu d'élévation, relativement au pays plat du Mahaguen qu'elle borne au Sud. Le Mahaguen est une contrée couverte d'halfa, qui appartient aussi aux Ouled Nail.

S'il plait au voyageur de descendre les pentes sud de

la chaîne du Boukahil, ce qui est permis à tout le monde et n'est exécuté par personne, il se lance dans l'immensité. C'est d'abord le bassin de l'Oued Jdi, qui, à El Arouath, s'appelle Oued Mzi, se dirige vers les Zibans et entre dans le bois de Saadah, à vingt-cinq kilomètres de Biskra.

L'immense pays que parcourt cette rivière, ordinairement à sec, est inculte; la chaleur y est rude et l'eau rare; le sol est généralement pierreux, couvert de petits cailloux de silice anguleux, qui coupaient les semelles de nos fantassins quand ils le parcouraient et auraient mis dans un triste état les pieds des chevaux de la cavalerie, si on n'avait pas veillé avec le plus grand soin à la ferrure. Ainsi, sans parler des Ouled Naïl qui s'y plaisent, le pays serait fort apprécié par les maîtres cordonniers et les maréchaux-ferrants; s'ils le connaissaient, ils feraient des vœux pour qu'il y plût des chérifs. On y rencontre quelques parties de sable, mais les grandes bandes sablonneuses se trouvent aux approches des oasis.

Le sol produit des plantes que la gent moutonnière aime beaucoup et qui lui conviennent mieux que les graminées qui, absorbées sans interruption, rendent la chair flasque. Le chameau y trouve aussi de quoi manger; mais cet animal précieux n'est pas difficile sur la nourriture, puisque les Arabes disent qu'il mange du bois, car ils donnent le nom de *hatob* à des plantes que le chameau semble apprécier fort; or, vous savez que les Arabes, comme tous les hommes des champs, excellent dans l'art de nommer les choses. En effet, toutes ces plantes, qu'ils

désignent par le mot hatob (bois), en remplissent les
fonctions. Nos colonnes, lancées dans le Sahara, ne se
sont jamais embarrassées de bois et elles ont toujours
trouvé de quoi faire cuire leur soupe ; elles ne trouvaient
guère que cela, mais enfin c'est quelque chose.

Dans plusieurs endroits, le terrain, imperceptiblement
déprimé, conserve l'eau des pluies et il y règne une
végétation qu'on trouve merveilleuse quand on voyage
par là. Ces lieux s'appellent *daias ;* il y pousse des
arbres, des buissons, et quand la saison a été pluvieuse,
l'herbe y atteint un mètre de haut. Le cours des rivières
offre aussi des places fort riantes et qui ressemblent aux
daias ; c'était toujours dans ces lieux-là que les colonnes
qui plus tard parcoururent ce pays faisaient leurs grandes
haltes et que nous établissions nos bivouacs, quand c'était
possible. Notre salle à manger était une pelouse verte
entourée de buissons : la table à X était dressée sous un
btom, et c'est à l'ombre de son feuillage, qui n'en donnait
guère, il faut le dire, qu'on mangeait les œufs durs, les
sardines, la salade et les mets froids de la halte, et que
nous prenions le café. Que de fois nous avons regretté de
voir le temps fuir si vite et d'entendre l'impitoyable
trompette d'ordonnance, que nous donnions à tous les
diables, nous annoncer, avec son instrument criard, qu'il
fallait plier bagage et brider ! Nous quittions en soupirant
et le cœur gros notre paradis terrestre pour reprendre le
silex et le vide, car nous n'étions pas du tout sûrs d'en
rencontrer autant le soir ou le lendemain. Quel regard
que le dernier jeté à la cime de ces arbres qui dispa-
raissaient derrière nous ! Les jours où le ciel était un
peu couvert, ces haltes étaient délicieuses.

Je ne vous ai pas parlé du gibier qu'on trouve dans cette contrée : c'était à rendre chasseur l'homme que la nature a le moins disposé pour cela ; aussi, à la fin d'une course dans ces parages, nous en étions repus, et nous lui aurions préféré n'importe quoi, la viande de cheval peut-être. Je me suis aperçu, toutefois, que le gibier était nomade comme les hommes, car, dans le Mahaguen ou dans le Sahara, il nous est arrivé souvent, en revenant une seconde fois et à la même saison dans les lieux que nous avions trouvés remplis de lièvres, de ne plus pouvoir en déloger un seul. Le cours des rivières est annoncé par une ligne de btom (térébinthes), arbre qu'on retrouve aussi dans les daias. J'avais fini par me passionner pour ces arbres-là, quoiqu'ils ne soient ni beaux, ni hauts, ni jeunes ; nulle part on n'en trouve de jeunes, et je frémis à l'idée de penser que quand les vieux seront morts, ils ne laisseront pas de fils pour leur succéder. Comment cela se fait-il ? Je comprends bien que le bétail détruise les jeunes pousses, mais pourquoi alors a-t-il respecté les vieux quand ils étaient jeunes, car ils ne sont pas venus au monde comme cela ; il n'est pas admissible que les chèvres et les moutons eussent plus de raison, fussent plus intelligents au temps jadis. On dit que les bêtes parlaient ; c'est vrai ; mais si les bêtes parlaient, elles ne disaient que des bêtises, c'est incontestable. Est-ce qu'alors les naturels du pays prenaient des mesures pour empêcher le déboisement ? Je crois plutôt que le pays n'était pas peuplé.

Je vous ai dit, cher compatriote, que l'eau était rare dans ces parages. Dans quelques endroits, comme à Mengoub, on trouve des puits profonds et inépuisables; ces puits sont ce que nous appelons le puits ascendant. Quand, en le creusant, on arrive à l'eau, elle monte plus ou moins, et plus on approfondit le puits, plus elle devient abondante, plus elle arrive vite à son niveau. Ces puits sont ceux que les Arabes de l'Est appellent bir, biar au pluriel; ils offrent une particularité assez remarquable : c'est que souvent l'eau de l'un est excellente, et celle de l'autre qui n'en est qu'à quatre ou cinq mètres de distance est détestable.

Il y a, dans le Sahara, un autre puits que les Arabes de l'Est appellent hassi et au pluriel haouassa, mais auquel ils donnent de préférence le nom d'euglat. Pour celui-là, je conseille qu'on s'en méfie : c'est simplement un trou qu'on creuse avec la plus grande facilité dans le sable; on arrive ainsi à une nappe peu abondante, qui n'augmente pas quand on creuse et se renouvelle très-lentement. Les Arabes l'appellent oued (rivière), et non pas aïn (fontaine); c'est simplement une infiltration à peu de distance du sol.

Quand nos colonnes devaient arriver à un endroit où se trouvent de ces haouassa, nous faisions dire aux Arabes du pays de nous creuser des puits; ils accouraient, la gueule enfarinée, nous dire : « Nous en avons creusé cinquante. » Nous arrivions à ces fameux puits avec un ou deux escadrons tout au plus, en nous frottant les mains et nous disant : « cinquante puits! quel dommage que nous n'ayons pas tout le 3e chasseurs et puis tout le 3e spahis, comme ils boiraient! qu'on aille donc dire qu'on ne trouve pas d'eau là-bas! » Bref, l'eau manquait avant que la première division n'eût bu, et il fallait huit

et dix heures pour faire boire le reste ; le cavalier passait
tout son temps du bivouac à faire boire ; c'était, pendant
tout le jour, une navette de chevaux allant à l'abreuvoir
et revenant au camp, et la corvée se prolongeait dans
la nuit ; aussi on comprend que nous ne fûmes pas souvent pris à ce jeu-là. Il y a quelques euglats abondants,
mais c'est l'exception.

Dans le Sahara, nous avons aussi les r'dirs ; ce sont des
trous, des fossés dans des terrains argileux et imper-
méables et qui peuvent retenir l'eau pendant plusieurs
jours. Ces r'dirs sont quelquefois des cavités rocheuses.
Quand la saison est pluvieuse, l'eau des haouassa augmente, les r'dirs sont pleins ; il existe même, comme près
de Mengoub, par exemple, et ailleurs, de petites rivières
qui coulent plusieurs jours de suite ; alors les pâturages
sont abondants, le Sahara devient un pays de cocagne.
En voilà assez sur le Sahara, cher compatriote ; si je
m'écoutais, je n'en finirais pas, non, je n'en finirais pas ;
cela vous étonne, vous ne voyez rien dans ce que j'ai dit
qui puisse le faire préférer aux rues, aux promenades de
Châlons, Châlons même, qui a cependant avec ce pays
une certaine analogie, car il est désert comme lui. Le
charme qu'on éprouve au Sahara ne s'explique pas, ne
s'exprime pas avec des mots. Qui pourrait voir au Sahara
ces horizons sans fin, sans se sentir l'âme remuée par un
sentiment indéfinissable d'admiration ? Le Sahara et la
mer, quoi de plus poétique au monde ! Là, tout parle
à l'imagination, même le souvenir des coups de mains
de bandits accomplis dans ces solitudes, comme celui
des combats de forbans sur les flots de l'Océan. Quels
prodiges de l'art comparera-t-on aux merveilles natu-

relles du Sahara? Là-bas je respire à l'aise, j'étouffe
dans la capitale du monde. Le Paris de M. Hauss-
mann, qui coûte si cher, ne vaut pas le Sahara qui
ne coûte rien. Au Sahara tout est grand, parce que
tout est vaste : là seulement l'immensité, l'air et la
liberté!

LETTRE LVIII.

HABITUDES NOMADES DES OULED NAIL. — LA NAÏLIA. —
MARCHEURS. — GENS RAZÉS ACCOURANT AU
BUREAU ARABE.

Les lieux de parcours les plus estimés par les Ouled
Nail sont les environs de l'oued Djedi ; plus au sud,
l'oued Lettel ; plus au sud encore, l'oued Rtem, qu'ils
mettent au-dessus de tout ; l'oued Rtem, c'est le *nec
plus ultrà.*

Quand l'année est bonne, il y a, dans ces lieux, un
amalgame inexplicable de tribus diverses de la subdivision de Médéah, de celle de Sétif, de celle de Constantine.
Avec un douar des O. Sassy se trouve un douar des
O. Ayssa et un douar des O. Sa'ad ben Salem ; on ne connaît plus ni tribus ni fractions. Qu'un qaïd vienne chercher à mettre de l'ordre dans tout cela, je le lui conseille.

Ça n'écoute personne ; le Naili est l'homme de l'espace et de l'indépendance par excellence ; il est bon enfant, mais si vous gênez son mouvement, vous n'êtes plus son ami. Quand la sécheresse règne dans le Sud, pour le Naili c'est la misère, la hideuse misère; alors les douars, au lieu de se mélanger, comme je l'ai dit, se dispersent, s'éclipsent, c'est bien une autre affaire ; ils passent le Boukhahil, les uns restent au Mahaguen, à l'oued Chair, dans le Msaud ; d'autres gagnent le Hodna, d'autres le Tell, où ils vont travailler pour les étrangers. Naguère c'était une confusion impossible, maintenant c'est une défection incroyable; ils sont partout et on ne les trouve nulle part. Je suis très-désireux de voir l'administration civile s'établir partout où c'est possible, — je vous exposerai mes idées sur cette question dans d'autres lettres, — mais j'avoue que je trouverais assez drôle la position d'un sous-préfet, d'un maire, d'un procureur impérial, voire même d'un brigadier de gendarmerie au milieu d'une tribu d'Ouled Nail ; je crois qu'au bout de quelque temps, ces Messieurs ne trouveraient par cela drôle du tout et demanderaient à permuter. J'ai toujours blâmé le zèle qui portait plusieurs officiers des bureaux à trop s'occuper des affaires des O. Nail; c'était gêner leur existence, sans aucun profit pour notre domination. Surveillons-les, protégeons-les, mais ne les administrons pas.

C'est chez les Ouled Nail, plus particulièrement que dans toute autre tribu, que se retrouvent des habitudes, des allures qui rappellent celles du peuple de Dieu, les mœurs hébraïques, la simplicité patriarcale ; mais, un instant, ne confondons pas : si vous pensez, d'après ce que je vous dis, retrouver là des tableaux gracieux comme ceux de nos grands maîtres, des Noémi, des Ruth comme celles de Poussin, un instant, je ne suis pas fâché de vous prévenir ; mais ce n'est plus cela. D'abord, les filles de l'ancien Testament n'étaient pas comme on les peint ; il en est des belles Juives des tableaux comme des Tircis, des Corydons de Virgile, comme des Colas, des Colins, des Lubins d'opéra-comique ; c'est le type qu'il faut voir. Pour reconnaître une belle Israélite, accorte, gracieuse, bien campée sur ses jambes, revenant de la fontaine, une amphore sur la tête, dans la fille des O. Nail, sale, vêtue sordidement et courbée sous le poids d'une peau de bouc pleine d'eau prise au ruisseau qu'elle a piétiné, ma foi je vous avoue qu'il faut pour cela un de ces efforts d'imagination dont je ne me sens pas capable.

— Il faut pourtant le dire, sous les haillons l'œil du connaisseur reconnaîtra des formes qui n'ont rien de rustique et de commun, des extrémités fines, un col gracieux, et des dents, quelles dents ! des perles. Chez les Arabes, on ne retrouve pas la rude paysanne de nos campagnes, pas plus qu'on n'y retrouve le cheval de charrue.

Les femmes des O. Nail jouissent d'une réputation atroce, comme qui dit jouir d'une mauvaise santé ; mais je suis porté à croire qu'elles valent mieux que leur réputation. Dans les ksours, le Hodna, le Tell, le nom de Naila et celui de Sadaouia (Ouled Saad ben Salem) plus particulièrement, sont souvent pris comme synonymes de femme de mauvaise vie. Bousadah fut toujours approvisionné de femmes de ce genre, Biskra n'en manqua jamais ; toutes étaient des Naliats, c'est vrai, mais c'était les mêmes qui allaient d'un endroit à l'autre ; on signalait rarement une tête nouvelle, elles vieillissaient et ne se renouvelaient pas; il y avait là un roulement établi sur un noyau qui se modifiait peu. Or, je vous le dis en vérité, je crois que dans ce qu'on dit des femmes des O. Nail, il y a du vrai, mais il y a beaucoup d'exagération. Il serait curieux de savoir si elles tiennent ces habitudes de liberté de l'ancien peuple de Dieu.

Ces femmes se firent assez vite aux habitudes de l'armée; elles prenaient assez volontiers un petit verre, deux petits verres, plusieurs petits verres; il y en avait qui ne comptaient plus; mais pendant le Ramadan, pas de petits verres, même la nuit.

Presque toutes achetaient des troupeaux pour leurs familles, sur leurs économies.

Il ne faut pas croire que la tribu des Ouled Nail a la spécialité de la femme facile. On en trouve partout; partout la femme qui se voue au veuvage, *hadjèla*, fait le bonheur de la jeunesse dorée (zbantot-garçon), c'est la femme libre, *mrah mserrah*. Ce sentiment si pur, si exquis, cet amour de la famille qui distingue nos bonnes mères et celles de nos enfants (pas toutes) ne se retrouve pas chez les Arabes, parce que, chez eux, la famille est loin d'être ce qu'elle est chez nous.

L'Arabe n'accorde pas à sa femme la considération dont nous honorons les nôtres; cependant, on aurait tort de nier d'une manière absolue l'influence de la femme arabe sur son mari et sur son amant. Il y a d'abord, comme partout, l'influence d'alcôve, puis l'influence de la valeur personnelle. Le khalifa Moqrani avait une femme de tête, déjà vieille à l'époque où je l'ai connu, Zouina, qui lui faisait faire ce qu'elle voulait; elle lui dictait ses lettres aux généraux. J'en ai vu une écrite par elle-même au colonel de Barral, au sujet du prêt forcé des blés aux misérables d'El Ouannour'a, une lettre dans laquelle elle nous habillait élégamment, vêtement complet. Le khalifa, qui était la politesse incarnée, n'aurait jamais écrit des choses comme celles-là.

Ce que je viens de citer est l'exception. Les Arabes n'ont aucune confiance dans leurs femmes ; quand ils s'absentent, ils ne manquent jamais de les mettre sous la surveillance d'un frère, d'un oncle, d'une vieille, qui souvent leur fait la main près de l'amant. Ils vous disent naïvement que les femmes sont des coquines (*chouatin*) ; que l'on n'est sûr de n'être pas trompé par elles que quand on est sûr qu'elles n'en trouveront pas l'occasion.

Assez sur les femmes, cher compatriote, quoique ce soit un détail de mœurs intéressant, instructif, et qui en vaut bien un autre. Les Ouled Nail marchent à pied comme des dératés ; je connaissais, dans la fraction des Ouled Khaled, des piétons de première force ; on attribuait à quelques-uns d'entre eux des faits de course si merveilleux que je me priverai de vous les redire. Il existe en effet des gens remarquables pour la marche à pied chez les O. Nail, cela ne doit étonner personne. Peut-il en être autrement chez un peuple qui vit par monts et par vaux, dont l'existence se passe à changer de place ? Oui, on y rencontre des marcheurs qui vous étonnent et qui, dans leurs courses, vivent de rien. Eh ! parbleu, on trouve bien de ces gens-là en France ; ils ne sont pas aussi sobres, c'est vrai. Est-ce que vous n'avez pas entendu parler, cher compatriote, de Rollin, le garde-chasse de M. de Jessaint, le préfet de la Marne ? Est-ce qu'il n'allait pas de Châlons à Paris sans s'arrêter et presque aussi vite que la diligence? C'était un Champenois et non pas un homme des Ouled Nail, dont je vous garantis qu'il n'avait jamais entendu parler. Il y a des Rollin dans tous les départements.

Les O. Nail passent aussi pour aussi habiles que les mohicans dans l'art de reconnaître les traces. On m'en a cité qui, à l'inspection des traces d'un pied de femme, disaient si elle avait encore ou non sa virginité; en cherchant bien, on en aurait trouvé qui vous auraient dit à quel moment elle l'avait perdue. Ce qui est réel, c'est que la reconnaissance des traces a fait découvrir plus d'un crime.

Plaisanterie à part, cher compatriote, il y a de l'exagération dans tous les récits des Arabes ; l'Arabe est incapable d'en faire un exact. C'est essentiellement l'homme de l'à peu près, il ne sait pas comment il vit : les heures, la marche du temps, les distances, sont des détails dont il s'occupe peu ; pour lui, qu'est-ce que c'est que six heures, dix heures, vingt-quatre heures, dix lieues de plus ou de moins? une misère ; il a aussi l'imagination toujours en mouvement. Mais nous ne saurions comprendre combien la vie qu'il mène développe chez-lui certaines qualités physiques et morales. On trouve aussi, chez les Ouled Nail, des guides excellents ; dans un certain rayon, il n'existe rien d'inconnu pour eux : ravins, tertres, trous, arbres, buissons, tout cela est dans leur tête ; ils reconnaissent les sentiers par une nuit sombre, et vous conduisent sans hésitation et sans erreur à travers le Sahara où tout se ressemble, où il est si facile et si dangereux de s'égarer.

Quand une colonne s'y aventure, il est bon que son chef ait près de lui des guides de plusieurs fractions, et il n'emploiera chacun d'eux que dans le rayon qu'il connaît aussi bien que sa tente. Impossible d'être parfaitement conduit et parfaitement renseigné sans cette précaution. Assez là-dessus pour le moment.

Voyons comment les choses allaient dans les temps de troubles. Notre grande préoccupation n'était pas de chercher à joindre le chérif; la distance à laquelle il était de nous, son organisation, sa tactique, nous enlevaient tout espoir de l'atteindre ; ses mouvements, jamais médités d'avance, nous étaient inconnus; nous étions mal servis, il l'était admirablement ; nos espions, nos *reggueb*, ne valaient pas les siens et nous les payions plus cher que lui. Sur quelques renseignements qui ne manquaient pas d'exactitude, nous fîmes des sorties précipitées, rudes, exténuantes; coup d'épée dans l'eau, — il s'en fallait toujours peu, soi-disant, qu'on l'eût atteint, mais on ne l'atteignait jamais; on ne l'avait manqué que de...... de combien? On n'a jamais pu savoir; mais il était manqué, c'était pour une autre fois.

Notre sollicitude se portait sur les Ouled Nail exposés au danger, et elle ne fut pas heureuse ; nous ne savions qu'imaginer pour les empêcher d'être razés, nous ne leur épargnions pas les recommandations sur la nécessité de ne pas se disperser, de ne pas s'avancer, de bien se garder, ordres qu'il était facile de donner, mais qui ne pouvaient être exécutés sans que des habitudes invétérées ne fussent chavirées de fond en comble, sans que l'existence des tribus ne fût gênée, entravée, arrêtée même. Aussi, nous étions peu écoutés ; il y avait commencement d'exécution à nos ordres, puis quelques douars s'enhardissaient, s'avançaient un peu, puis un peu plus, puis beaucoup. On apprenait par hasard que le chérif était allé dans l'Ouest; oh! alors, rien ne retenait plus les douars imprudents, ils se persuadaient qu'il ne songeait pas à eux, ne connaissait pas leurs mouvements : vlan! razés... Fuite impossible, et d'ailleurs, comment une tribu échapperait-elle à un ennemi si bien organisé, quand elle est forcée de traîner après elle, sur de mauvais chameaux et des ânes, tentes, bagages, vivres, provisions, vieillards, femmes et enfants. Le chérif ne leur laissait rien que la voix pour crier et les jambes pour se sauver, car il ne prenait personne et ne s'embarrassait pas de bouches inutiles.

Alors les malheureux dépouillés arrivaient au bureau arabe, en guenilles, en vociférant : *la cheriat el nebi* (Justice du prophète). Le bureau arabe, c'était comme le comptoir des marchands de vin : l'endroit des consolations. Le chef du bureau arabe les envoyait à la maison d'hospitalité (*Bit ed dhiaf*) pour se donner le temps de chercher ce qu'il leur dirait, et quand il avait trouvé, il les faisait entrer, et fronçant le sourcil : « Eh bien! vous êtes razés, qu'est-ce que vous voulez que j'y fasse? Tant mieux, il fallait nous écouter. Pourquoi vous êtes-vous tant avancés? »

« la sidi, répondaient les razés, nous sommes vos enfants et vos serviteurs, *hana ouladek ou khouddamek;* nous croyons que nous n'avons rien à craindre sous votre domination, *fi doulat koum el saidat.* » Ils ne connaissaient pas le proverbe « aide-toi, le Ciel t'aidera ; » quand ils avaient dit cela, ils croyaient avoir tout dit, et ils reprenaient leurs lamentations (*ia cheriat el nebi*). Là-dessus, le chef de bureau appelait le chaouch qui les mettait à la porte, et cette opération, plus ou moins brusque, était le résultat le plus net de leur démarche. Tel était le sort des gens qui nous restaient fidèles. Dans le cas, cher compatriote, où vous trouveriez quelqu'un qui les plaigne et nous blâme, je vous serai obligé de le prier de nous dire ce qu'il eût fait dans la circonstance ; cela me sera agréable.

Toutes ces tribus n'agissaient pas si honnêtement avec nous ; resserrées, gênées dans leur existence, attirées par l'herbe tendre, séduites par le mirage du Sahara, incapables de résister plus longtemps à la tentation, elles faisaient leur soumission au chérif pour qu'il les laissât pâturer à volonté ; puis, comme il est quelquefois difficile de manger à deux râteliers, que cette opération implique une adresse et une habileté dont tout chacun n'est pas capable, on rompait avec nous, on envoyait promener les cavaliers que nous expédiions pour faire rentrer les fuyards, on nous refusait l'impôt ; alors la colonne sortait et tombait sur eux à bras raccourcis, quand c'était possible. Voilà aussi comment la colonne de Bousadah, qui battait souvent la campagne, se trouva parfois merveilleusement placée par le hasard même pour atteindre et razer des tribus étrangères, ayant levé le pied à la sourdine, fuyant leur territoire et qui croyaient pouvoir parvenir à passer sur le nôtre *incognito*.

Franchement, dans ces temps de désordre, nos tribus du Sud étaient peu à leur aise ; si elles exécutaient nos ordres, ce procédé honnête pouvait les amener à mourir de faim ; si elles écoutaient le chérif, nous n'entendions pas de cette oreille-là, nous nous mettions en devoir de les canarder, et nos troupes n'y allaient pas de main morte, quand elles les rejoignaient.

Maintenant que vous connaissez un peu, cher compatriote, les Ouled Nail, leur pays, leur fâcheuse position pendant que durèrent les troubles ; j'ai à vous parler de l'attitude prise à Bousadah, au début de l'insurrection.

LETTRE LIX.

LA PETITE COLONNE DE BOUSADAH. — RECONNAISSANCES DANS L'OUED DJEDI. — MULET ARABE. — PETITS CHIKHS. — SERVICE TOPOGRAPHIQUE. — LA SOUPE AUX GANGAS.

Il était important de ne pas attendre, pour explorer et bien reconnaître le bassin de l'oued Djedi, au sud du Boukahil, qu'on y fût appelé par de plus graves événements, et il fallait pour cela s'y montrer souvent avec une petite troupe, très-petite, mais d'une mobilité extrême, vive comme un poisson. Ces mouvements avaient, à part l'avantage de permettre l'étude des lieux, deux autres buts : c'était de montrer au chérif que nous avions l'œil ouvert, de surveiller nos tribus et de leur faciliter quelques pointes dans les bons endroits du Sahara.

Il fut arrêté par la division qu'il partirait de Bousadah

pour le Sahara une colonne, la plus faible possible, un amour de colonne, une colonne d'enfants, qui se porterait sur l'oued Djedi pour explorer les lieux.

100 tirailleurs,

25 spahis.

Vous le voyez, ma cavalerie ne tenait pas grande place, c'était restreint, souvent insuffisant ; j'ai vu plus d'une fois mon pauvre peloton sur les dents.

Il ne s'y trouvait pas de gens de grande famille, de grande tente, *bit Kebira*.

J'ai eu peine quelquefois à retenir mon sérieux en entendant quelques personnes patauger agréablement dans des développements sur l'importance qu'avait à leurs yeux l'entrée aux spahis des Arabes de *bit Kebira*. Ils rêvaient d'en faire le corps le plus aristocratique de l'armée française ; le brave général Bouscarin, d'excellente et de chevaleresque mémoire, donnait un peu là-dedans. Ecoutez ceci.

Deux escadrons, un de chasseurs, l'autre de spahis, avaient été réunis à Bousadah pour une expédition dont j'avais reçu le commandement, et se trouvaient campés sur la place du marché.

Le camp était tenu avec une propreté scrupuleuse ; chaque matin, le fumier et le crottin étaient enlevés jusqu'au dernier brin par les cavaliers.

Un jour, l'officier commandant l'escadron de spahis vient me trouver ; il semblait avoir à me dire quelque chose de grave..... il s'agissait des fumiers... Il y toucha avec toutes les convenances dont il était capable et me déclara qu'aux yeux de son colonel, les spahis n'avaient pas été engagés pour le transport des fumiers ; « passe

encore pour le pansage, mais le crottin !..... » Il termina
en me disant « qu'il s'exposerait à recevoir plus tard des
reproches, s'il ne se mettait en règle en rendant compte
de l'observation qu'il croyait devoir me faire à ce sujet. »

Je répondis « que j'ignorais ce détail, que je le remer-
ciais de me l'avoir appris, et, qu'en conséquence, les
fumiers seraient dorénavant..... enlevés comme par le
passé.

» En famille, ajoutai-je, seuls, dans une écurie à part,
que les spahis aient des palefreniers, c'est admis par le
corps, je ne puis m'en mêler, cela ne me regarde pas ;
mais au camp, dans ma colonne, côte à côte avec les
chasseurs qui ne se trouvent pas humiliés de porter des
fumiers, le crottin ne peut pas déshonorer les spahis. »

Je reviens à la cavalerie de ma colonnette d'exploration.
Je tenais à avoir des spahis du pays, le connaissant bien
et connus pour des gens solides ; c'était difficile à trouver,
la plupart de ceux qui se présentèrent les premiers étaient
des va-nu-pieds ou de mauvais sujets.

Les chefs arabes faisaient tous leurs efforts pour détourner de s'engager les gens convenables sur lesquels ils
avaient de l'influence ; or, si les titres de noblesse n'entraient pas dans les conditions de l'engagement, si c'était
plutôt à mes yeux un motif d'exclusion, je cherchais à en
éloigner la canaille.

Ma cavalerie n'avait donc rien d'aristocratique. Elle
eut longtemps pour commandant le maréchal-des-logis
Fleury, qui devint plus tard officier du bureau arabe et
officier d'ordonnance dans une subdivision.

Il la maintint dans une bonne voie et la conduisit toujours bien partout où il fallut payer de sa personne.

Et cependant il n'était pas toujours merveilleusement secondé.

Il eut, pendant longtemps, deux brigadiers ayant à eux deux près de cent ans ; l'un était Français, l'autre Arabe, tous deux buvaient, se querellaient, se battaient ; le maréchal-des-logis les raccommodait, mais c'était toujours à refaire.

Je me rappelle qu'un jour il se passa une scène curieuse. Le brigadier français reçut un soufflet du brigadier indigène, il voulait se battre à l'épée, au sabre, au yatagan, à n'importe quoi ; l'Arabe ne savait pas manier les armes, c'était un vieux brave homme usé.

Un farceur de la galerie proposa un arrangement que voici : Le brigadier arabe consentirait à recevoir du français un soufflet en échange de celui qu'il lui avait donné ; en un mot, ne pouvant garder son soufflet, le français le lui rendrait.

Cette proposition fut accueillie.

L'Arabe tendit la joue et le brigadier français lui allongea, en présence de la galerie, témoins et autres, un soufflet, mais un si bon soufflet, qu'il lui arracha la moitié de la joue.

L'Arabe s'emporta, prétendit que le soufflet était double et que, par conséquent, il en avait un de trop ; mais il fut décidé que, n'ayant pas de dent cassée, il s'en tiendrait là et que l'affaire n'irait pas plus loin ; on se déclara satisfait, on s'embrassa.

Il y avait aussi au peloton un maréchal, le meilleur ouvrier de l'armée française, mais toujours rond quand on avait besoin de lui.

Fleury le relançait partout ; rien de plus drôle alors

que le colloque entre le maréchal empâté et son chef. Un
jour j'entendis le suivant près des écuries.

— Vieil ivrogne, tu seras donc toujours le même? —
Mais, maréchal-des-logis, je n'ai bu qu'une larme. — Je
te ferai mettre pour quinze jours en prison. — Oh! maréchal-des-logis, pour une pauvre petite fois que.....
j'me *suit* abandonné à l'amitié... — C'est tous les jours.
— Oh! fait'excuse, maréchal-des-logis. — Il ne peut
pas tenir debout. — Oh! maréchal-des-logis, je suis droit
comme un I. — Là-dessus, le maréchal-ferrant, se heurtant à un obstacle, piqua une tête dans une mare de
chaux que les maçons éteignaient avec de l'eau.

On le tira de là parfaitement badigeonné; on ne vit
jamais rien de plus blanc. Debureau en eût été jaloux.

Ces scènes se renouvelaient; mais, grâce à la patience
et à la vigilance de Fleury, les chevaux étaient toujours
régulièrement ferrés. Une fois son vin cuvé, le maréchal
retrouvait son habileté dans le travail; mais quand c'était
fini pour Fleury avec le maréchal, c'était à recommencer
avec les brigadiers. Dans nos petites courses, personne ne
se grisait, il n'y avait pas de cantines.

Le brigadier français, très-entendu, rompu au bivouac,
veillait beaucoup à la marmite; à peine arrivé au camp,
il faisait un four en terre, pétrissait de la pâte et faisait
du pain. Je me suis plus d'une fois régalé de sa galette
comme intermède entre deux représentations de biscuit.

Le brigadier arabe excellait dans l'art de faire du
kouskoussou, et le maréchal était d'une merveilleuse
adresse à raccommoder les cantines, à faire des tables
avec des caisses à biscuits, des pliants avec trois branches
de bois; il emmanchait les hachettes, marquait les trou-

peaux dans les razzias, etc.; en colonne, c'était l'homme indispensable; il eût été impossible de le remplacer.

Je reviens à ma petite colonne.

35 chevaux de goum, choisis, pris dans les Ouled Madhi du Hodna y furent adjoints.

35 mulets devaient porter dix jours de vivres et d'orge et 1500 litres d'eau dans des peaux de bouc neuves et choisies; ces mulets pouvaient, en outre, servir à porter en razzia 70 tirailleurs, car si l'occasion s'en présentait, il était facile de déposer sacs et bagages dans un lieu sûr et gardé par des cavaliers arabes et de s'élancer sur l'ennemi avec tout ce dont on pouvait disposer.

Un officier fut chargé de la topographie : ce fut M. Thomassin, sous-lieutenant au bataillon d'Afrique, officier très-intelligent et très-habile dans ces sortes de travaux, qu'il faisait avec goût. C'était, de plus, un gai compagnon, n'engendrant pas la mélancolie et distillant parfois la romance, mais la romance pas bégueule, pas langoureuse et fade, la romance choisie.

Il en avait une ou deux de prédilection.

Nous nous passâmes de chameaux; nous n'allions pas assez loin pour qu'ils nous fussent indispensables; les mulets nous suffisaient.

Nous fûmes, dans cette circonstance, obligés de demander qu'on apportât, à ce qui se faisait d'habitude, une modification qui fut accordée, grâce aux excellentes dispositions que je rencontrais dans la sous-intendance de Setif, quand il s'agissait de choses de ce genre. Les muletiers requis arrivaient le premier jour avec un chargement complet d'orge qui empêchait qu'on pût placer autre chose sur leurs bêtes sans les surcharger; puis, quand la provision était épuisée, les mulets ne mangeaient plus que des herbes et ils finissaient par rester sur place. Les Arabes indiquent par le mot *ougouf* cette situation intéressante de l'animal alité.

Il fut alors décidé, sur ma demande, que les muletiers n'emporteraient pas d'orge ; ils reçurent chaque jour de l'administration une ration de 2 kilos d'orge par bête, et le montant des rations reçues en route, indiqué par le sous-intendant, leur était retenu, au moment de la paie, sur les trois francs de loyer qu'ils recevaient par bête et par jour. Le maréchal des spahis se chargeait, à un prix modéré, de l'entretien de la ferrure du mulet en route et était remboursé de la même manière. Grâce à ces soins, nous n'eûmes que très-rarement de bêtes indisponibles, et le convoi marchait comme sur des roulettes.

Vous ne savez pas, cher compatriote, que je professe une profonde estime pour le mulet : il a bon pied, bon œil, est sobre, dûr à la fatigue ; il peut se vanter d'avoir pris une large part à la conquête de l'Afrique. Qu'aurions-nous fait sans lui ? Je suis heureux de trouver l'occasion de lui payer mon tribut de reconnaissance.

Le tringlo (soldat du train) appelle le sien ministre, parce qu'il est chargé des affaires de l'Etat.

A notre arrivée à Bousadah, on pouvait s'en procurer une grande quantité ; il y en avait à Bousadah 120 ; les petits villages des environs, Chorfat el Hamel, El Alleg, Bouferdjoun, en fournissaient quelques-uns ; les fractions des O. Nail, les Ouled Khaled, Ouled Sliman et Ouled Feradj en possédaient aussi ; on en requérait très-souvent pour les convois sur Sétif ; ce que voyant, les

maîtres de ces animaux se hâtèrent de s'en défaire. A
mon départ de Bousadah, le nombre en était très-res-
treint, ils ne suffisaient plus aux convois pour lesquels
on employait les chameaux du Hodna.

Je touche aux plus beaux jours de ma vie; voilà qui
vous étonne, cher compatriote, vous qui avez toujours
mené l'existence de famille, restant près d'excellents
parents, marié jeune, vous qui avez toujours vécu en
Champagne, le pays où j'ai reçu le jour, en admettant
que vivre en Champagne cela s'appelle vivre. Vous ne
pouvez vous figurer qu'on soit heureux sous un ciel
inhospitalier, sous un soleil ardent, au milieu de sales
Bédouins et tout-à-fait séparé du monde un peu propre.
C'est pourtant bien vrai ce que je dis là.

Est-ce que le marin ne fait pas consister le bonheur à
vivre au sein de l'océan, à se promener sur un pont large
comme la main? c'est qu'il est roi à son bord, c'est que
là il n'est ahuri par personne; personne ne l'étourdit,
personne ne lui casse les oreilles.

Eh bien, moi aussi j'étais roi, je jouissais d'une liberté
sans bornes, les grandes tribus de cavaliers du Hodna,
ces tribus nomades d'Ouled Nail, ne reconnaissaient de
chef que moi, n'obéissaient qu'à moi, excepté quand
elles passaient au chérif, ce qui leur arriva rarement et
pas à toutes.

Les Arabes savaient bien que le sultan d'Alger était
au-dessus de celui de Constantine, celui de Constantine
au-dessus de celui de Sétif, celui de Sétif au-dessus de
celui de Bousadah ; mais ces distinctions se classaient ou
s'enchevêtraient confusément dans leurs têtes ; leur sultan
à eux, c'était le commandant de Bousadah, ils s'embar-

rassaient peu des sultans à distance, ils n'y avaient jamais songé.

Il n'est pas prudent, je le reconnais, de laisser trop d'autorité, trop de liberté à un homme ; cependant, dans les postes éloignés, dans les circonstances difficiles, il faut que celui qui commande jouisse d'une grande influence ; il faut donc qu'on lui confie un pouvoir étendu, sauf à restreindre ses droits quand l'état du pays s'améliore. C'est comme la dictature dans une république ; nécessaire en temps de crise, elle cesse quand l'horizon politique s'éclaircit.

Au début, je nommai tous les chikhs ; j'avoue que j'ai toujours désiré voir laisser ce droit aux chefs des divers cercles de l'Algérie.

J'ai toujours regretté de voir un manant de chikh, chef de 50 tentes, le plus infime des fonctionnaires, porteur d'un diplôme signé d'un général de division. On eût agi sagement en plaçant ces sortes de nominations dans les attributions du commandant du cercle ; j'ai bien des raisons pour croire qu'une telle mesure aurait eu d'excellents résultats. Il est, en France, il est vrai, beaucoup de places peu importantes, de petits emplois dont le préfet a seul le droit de disposer en faveur de ses administrés ; mais c'est que, dans ce pays, la raison politique se glisse partout, domine partout, et elle n'existe pas en Algérie.

La vie s'écoulait en silence et sans fracas : pas de bruit de voitures, et puis pas de ces chemins de fer, pas de cette vie à la vapeur, pas de cette existence précipitée, troublée, toujours à fond de train.

Pas de ces coups de sonnettes électriques qui font tres-

18

saillir, pas de fils de ce réseau couvrant la France, dont les villes ne sont plus que des logements de valets, auxquels le maître donne de Paris des ordres en agitant le cordon des sonnettes sans sortir de sa chambre ; pas de police préfectorale et municipale, pas de gendarmerie impériale. Et vous croyez qu'avec tout cela de moins, on ne peut pas être heureux ? Qu'est-ce donc qu'il vous faut ?

Je n'avais pas droit de vie ni de mort ; ah ! non, cette prérogative-là ne m'avait pas été donnée ; mais si j'y avais tenu considérablement, j'aurais pu me l'arroger, il n'y aurait pas eu de réclamation ; mais je n'étais pas doué de la bosse de la décapitation.

Monté sur de bons chevaux, je pouvais à ma guise me transporter dans telle ou telle partie de mon empire, et quand j'y arrivais, j'y étais bien reçu : on me prenait l'étrier, les femmes faisaient, comme disent les soldats, des iouiou, on étalait des nattes, des tapis, et je m'étalais sur les nattes et les tapis ; il faut admettre que cette partie de mes Etats fût peuplée, il y en avait tant qui ne l'étaient pas !

Les excursions que je fis avec ma colonne microscopique furent surtout délicieuses ; je fis de charmantes promenades de dix jours chacune, puis nous revenions nous ravitailler à Ain Rich, 18 lieues au sud de Bousadah, derrière le Boukahil, où j'avais mon biscuitville [1]

---

[1] Ce mot très connu en Afrique désigne un lieu où une colonne en expédition laisse un approvisionnement, ou sur lequel on dirige un ravitaillement. Il est gardé pas un détachement dont le chef le fait, quand c'est possible et utile, entourer d'une muraille construite avec les caisses à biscuit

gardé par des Ouled Nail et toujours tenu au complet
en provisions par les soins de l'officier qui faisait l'intérim
à Bousadah.

Je puis dire que, pendant les excursions, nous étions
libres et nous respirions à l'aise. Le pays m'entra dans la
tête; nous marchions comme nous voulions, nous nous
arrêtions où nous voulions. M. Thomassin faisait alors
ses premières armes de chasse; mais quel gaillard! comme
il débutait, comme il ajustait déjà, comme il vous décro-
chait son perdreau et roulait son lièvre! mais il était bien
raisonnable : obligé de travailler pendant la route, il
laissait son fusil dans le rang, comme le soldat qui sent
le besoin de le quitter un instant; mais il se dédomma-
geait à l'arrivée. S'il était infatigable à la chasse, il l'était
aussi au travail; c'était toujours quand nous rencontrions
un site riant, un pays giboyeux, que Thomassin regardait
comme indispensable un séjour plus ou moins prolongé
pour mettre un travail au net; aussi ce jour-là, s'il
rapportait des plans pour le service topographique, il
rapportait aussi du gibier pour la cuisine; et notez qu'il
n'était pas seulement topographe et chasseur, il était
cuisinier; il possédait le secret d'une soupe aux gangas[1], qui surpassait tout ce qu'on peut manger en fait de
potages; en était-il l'inventeur? peu importe, quand on
exécute aussi bien, on est capable d'avoir inventé.

Le jour où la soupe aux gangas était annoncée, la joie
se remarquait sur le visage des officiers, au nombre de

---

[1] Le ganga est de la famille des gallinacés et ressemble à la
perdrix ; on les trouve dans le Sud par bandes nombreuses.

trois, de quatre tout compris ; le cuisinier était plus gai que les autres, car il savait que ce jour-là il était inutile de faire autre chose, tout eût été sans goût pour des gosiers par où avait passé la soupe aux gangas.

On apportait un vieux pot, du beurre, des oignons, du piment comme s'il en pleuvait, on découpait le ganga et, grâce à certaines proportions observées, certaines combinaisons savantes de cuisson, feu doux, puis accéléré, etc., etc., on obtenait la fameuse soupe, et l'artiste ne la manqua jamais, non jamais, même le jour de sirocco ; il est vrai que ces jours-là on savait s'en priver ordinairement. Des touristes, à qui Thomassin en fit goûter, n'en revenaient pas et déclarèrent qu'on n'avait rien fait de plus fort en Algérie.

Thomassin, de retour de nos courses, réunit tous les précieux documents topographiques qu'il avait recueillis, sur une carte dont il envoya le double à la subdivision ; il reçut des généraux, pour ce travail si important et si utile pour le cercle de Bousadah, des témoignages de satisfaction bien mérités. Il est reproduit en totalité par la carte d'Afrique du dépôt de la guerre de 1855, exécutée par ordre du maréchal Randon.

LETTRE LX.

A 45 kilomètres de Bousadah, sur la route directe de Biskra, se trouve le point de la vallée de l'Oued Chaïr, centre de la tribu des Ouled Khaled, grande fraction d'Ouled Naïl. Les Ouled Khaled s'avancent peu dans le Sud, sont peu nomades ; ils ont un beau pays de cultures, des pâturages, et vivent chez eux, mais pas aussi paisiblement que de bons bourgeois ; car, quoique moins vagabonde que les autres, cette fraction, et surtout celle des Ouled Sliman, ses frères et voisins, jouissaient, à l'époque où je les ai connues, d'une réputation détestable et non usurpée de brigandage, de recélage, etc., etc. Le défilé de Sadouri était un coupe-gorge, on le redoutait ; les caravanes se recommandaient à Dieu avant de s'y engager, ce qui ne les sauvait pas toujours, mais ne faisait pas mal. Des chrétiens n'eussent pas manqué de faire le signe de la croix, ce qui les eût sauvés encore moins, vu que le pays n'appartient pas à notre bon Dieu. On ne saurait dire combien de chameaux volés ont été reconnus chez les Ouled Khaled. Les Arabes sont si habiles à reconnaître entre mille les chameaux qu'on leur a subtilisés, qu'il n'est pas rare de les voir en reconnaître qu'ils n'ont jamais vus ; aussi, les Ouled Khaled en ont nécessairement rendu beaucoup qu'ils n'avaient pas volés ; c'est un détail.

Si vous traversez Sadouri, vous remarquez, comme dans bien d'autres endroits du pays arabe, des mzaras : ce sont de gros tas de petites pierres accumulées par les passants et qui indiquent un meurtre ou une attaque à main armée accompli là. Interrogez là-dessus votre guide, s'il est vieux surtout, il vous dira : « C'est là que Ali el Aour a attaqué el Béchir des nomades Am Dzaïr (abrégé de Djézaïr, ce qui veut dire : l'an de la prise d'Alger 1830) ; c'était pourtant un fier homme que Béchir ; il y a eu un rude combat, mais Ali l'a vaincu, il ne lui a rien laissé, pas même la tête. Quel homme qu'Ali, quel gaillard ! Fahal brave, il n'y en a plus comme lui ; qui sait ce qu'il a enlevé de butin, tué d'hommes dans sa vie ? » A cette époque de vertu guerrière, les brigands forts, braves et adroits étaient les gens les plus honorés de la tribu, s'ils n'étaient pas les plus honorables ; ils étaient respectés, craints, obéis. S'il arrivait qu'un fils en bas-âge eût courageusement aidé son père dans une attaque à main armée, on faisait son éloge, il promettait ; s'il avait joué du couteau, il était posé, c'était un jeune homme d'avenir ; le sang (*el dem*), le vrai, le noble sang coulait dans ses veines, chacun le citait comme exemple, chacun encourageait ses enfants à marcher sur ses traces ; parfois les El Meddah (trouvères) chantaient ses louanges, c'était le bon temps.... les Arabes ont bien dégénéré ; ne m'en parlez pas, c'est triste !

Dans les premières années de l'occupation de Bousadah, les Ouled Khaled avaient pour chikh un vieillard nommé Makhelouf. J'ai peu vu de physionomie plus douce que la sienne, peu connu d'Arabes d'un caractère aussi égal ; il nous a toujours donné des marques d'un grand dévouement, je dirais d'un dévouement à toute épreuve, s'il ne s'agissait pas d'un indigène. Makhelouf n'avait pas assez d'énergie pour administrer une tribu aussi difficile que la sienne ; il rendait compte de tout à l'autorité française, mais en secret, en *aparte*. Ayant toujours peur d'être espionné, vu et entendu, il passait sa vie à trembler pour sa peau ; c'était en tremblant qu'il prenait une mesure prescrite par nous, si elle était tant soit peu énergique, et il cherchait à faire voir que l'idée première ne venait pas de lui.

Il avait, dans un de ses douars, un véritable scélérat qui ne se bornait pas à attaquer le voyageur ; il volait les siens, il travaillait dans la peau de ses amis ; il en avait déjà envoyé plusieurs *ad patres*, et personne ne l'arrêtait, personne n'eût osé lui tendre un piége ; il allait, venait, le front haut, la démarche fière ; il avait éventré sa femme et l'avait remplacée, il avait étranglé son beau-père.

Il paraît pourtant qu'à la fin, la tribu commençait à trouver qu'il devenait gênant ; son douar seul, qui était un des plus importants, prenait toujours son parti et empêchait qu'on ne touchât un cheveu de sa tête.

Makhelouf, à mon arrivée, me l'avait signalé comme un homme dangereux ; il s'en douta, car il quitta les Ouled Khaled pour s'enfoncer dans le Sud, et quand Mohamed ben Abdallah y arriva, il se présenta au saint homme qui le reçut à merveille, et ayant mis ses talents à l'essai, finit, non-seulement par lui donner des preuves non équivoques du cas qu'il faisait de lui, mais par en faire presque son ami, par l'honorer d'une sorte d'intime confiance qu'il n'accordait pas aux autres. Le coquin, sans en abuser précisément, trouva la chose toute naturelle, s'en accommoda, et il en eût rejailli sur lui une considération générale, si ses antécédents connus n'avaient pas suffi pour la lui attirer, au sein de cette société d'élite.

Vers l'été de 1851, le misérable revint dans sa famille avec le projet d'enlever sa femme que le chikh avait toujours surveillée ; nous espérions que ce serait pour lui un appât qui l'attirerait, et le chikh avait des ordres sévères là-dessus, toutes les mesures nécessaires pour empêcher sa disparition lui étaient prescrites. Nous ne nous étions pas trompés : « amour, tu perdis Troie, » et je suis persuadé que quand je fus averti de son arrivée dans le pays, ce n'était pas la première fois qu'il y venait. Le chikh ne l'avait pas su ou il n'avait pas osé me le dire, c'était dans les choses possibles, car vous allez voir qu'en m'en prévenant, il n'était pas du tout rassuré, et je crois qu'il eût voulu le savoir à tous les diables.

Le chef arabe, dont la lettre m'arriva dans la journée, me disait que le coquin, après avoir couché avec madame son épouse, pas celle du chikh, sortait de son douar avant le jour, errait pendant la journée dans la campagne et ne rentrait chez sa chère et tendre qu'à la nuit noire ou plutôt à la nuit fermée, car il pouvait y avoir du clair de lune ; il ajouta qu'il n'avait pas essayé de l'arrêter, craignant de voir ses frères prendre les armes pour le défendre et de susciter des troubles, auquel cas lui chikh, pourrait être accusé d'imprudence. Il terminait en me disant : « Si vous consentez à envoyer de Bousadah ici un détachement de troupes qui se trouverait avant le jour à tel endroit (il m'indiquait un lieu connu près de la tribu), nous pourrons entourer le douar et notre homme ne nous échappera pas. »

A sept heures, le même soir, il partit de Bousadah 25 spahis, 40 tirailleurs équipés à la légère, emportant seulement trois jours de vivres et pour tout bagage la petite tente en trois morceaux. Le douar fut entouré, le brigand surpris, arrêté et enlevé sans que qui que ce fût, pas même lui, songeât à défendre sa personne qui passa étourdie des bras de l'amour à ceux des Turcos, à qui il demanda pourquoi on l'arrêtait et qui lui répondirent qu'il était trop curieux.

Le détachement qui avait marché toute la nuit devait se reposer vingt-quatre heures chez les Ouled Khaled et repartir le lendemain de l'arrestation, au point du jour.

Le soir même de son départ de Bousadah, il m'arrivait une lettre pressée de M. Boudeville, commandant supérieur du cercle de Biskra, qui était relié au mien par une ligne de correspondance ; elle se composait de petits postes de cavaliers placés dans des douars distancés chacun de huit lieues. Cette fois, il leur avait été recommandé d'aller vite, si bien que la dépêche qui, en temps ordinaire, eût mis vingt-quatre heures à faire le trajet, m'était arrivée en quinze heures.

Voilà ce que me disait M. Boudeville : « La tribu des » Ouled Athia, travaillée par le chérif, fait défection ; » elle a refusé l'impôt et maltraité le Makhzen ; je vais » chercher à les empêcher de fuir vers le Sud en jetant » tous mes cavaliers en travers de sa route ; si je réussis, » ils rabattront vers le nord. S'il vous était possible » d'envoyer, au reçu de ma dépêche, vos spahis et le » goum des Ouled Khaled à Ain Fers et sur la limite » nord des insoumis, il est probable que vous pourriez » ainsi les prendre à revers et ramasser au demi-cercle » leurs troupeaux et leurs douars fuyant devant ma cava- » lerie indigène. »

M. Boudeville m'indiquait le jour où il ferait le coup : c'était tout de suite.

Voilà qui tombait à merveille ; on eût dit que le Ciel avait arrangé cela exprès ; il devait avoir une dent contre ces mauvais gueux d'Ouled Athia : c'était écrit, *mektoub*.

Il n'y avait pas de temps à perdre, vingt lieues me séparaient d'Ain Fers et il me fallait, pour m'y rendre, passer chez les Ouled Khaled où se trouveraient le pelo-ton de spahis et la section de tirailleurs. Je montai à cheval, emmenant comme renfort vingt khielas du Makhzen, dix cavaliers et vingt excellents marcheurs de la ville de Bousadah, perchés sur dix mulets. Je rendis compte au même instant de ma marche au commandant de Biskra et prescrivis au chikh des Ouled Khaled de réunir de suite ses cavaliers et ses fantassins choisis. Vous savez que les Ouled Khaled ont des marcheurs

d'une vigueur et d'une promptitude non pas phénomé-
nales, mais remarquables.

Arrivé chez les Ouled Khaled, à peine deux heures
après la capture du coquin, je l'expédiai sous escorte
à Bousadah et je m'occupai d'organiser ma petite
expédition. L'effectif de mon armée se décomposait
ainsi :

36 Turcos, que je montai sur 18 bons mulets ;

25 spahis,

20 cavaliers du Makhzen,

40 bons cavaliers de Bousadah et Ouled Khaled,

40 bons fantassins du même crû. Tout mon monde fut
muni de bonnes cartouches que j'avais apportées ; avec
cela, on pouvait se permettre même une attaque, et vous
allez voir comment, sans m'en douter et de fil en aiguille,
je fus en effet conduit à une agression sur des révoltés
dont, à mon départ, je ne soupçonnais pas l'existence, et
comment le hasard se plaît à enchaîner les évènements ;
car il en est des grandes choses comme des petites, des
empires comme des tribus, et nous assistons souvent à
de grands drames que le hasard seul dénoue, mais dont
il semble que la Providence se soit plu à arranger elle-
même, par écrit, les péripéties diverses, ce qui paraît
assez original. Partout et toujours la fatalité (le *mektoub*)
apparaissent.

Mais il s'agit de procéder par ordre et de ne pas mettre
la charrue avant les bœufs. Nous partons pour Ain Fers
le soir du jour où nous étions arrivés chez les Ouled
Khaled, et nous y arrivons longtemps avant le jour.
Ainsi, le temps ne nous manqua pas pour échelonner
notre monde sur la limite sud de nos Ouled Khaled,

Ouled Hamed et Ouled Sidi Zyan qui leur font suite vers le sud-ouest, en tirant sur le Boukahil.

Jusqu'à présent, cela marchait bien; il n'y avait eu à faire que d'assez simples préparatifs, il ne s'agit plus que d'en attendre les résultats en fumant une pipe à Ain Fers, avec le maréchal-des-logis de spahis Le Galerand qui, quoique souffrant, avait tenu à venir avec moi, ce à quoi je n'avais fait qu'une très-faible opposition, sachant qu'un soldat de sa trempe est d'un puissant secours quand il s'agit de se cogner n'importe où et avec un ennemi n'importe lequel.

Nous entendîmes d'abord quelques coups de feu rares et éloignés; vers huit heures du matin, ceux de mes cavaliers les plus avancés vers l'ouest amenèrent à Ain Fers deux troupeaux, des chameaux, des bourricos chargés de tentes et autres bagages, des hommes, des femmes, des marmots déguenillés, des chiens à l'air triste et abattu, la queue entre les jambes. Quand on me présenta ces fugitifs, ils se figurèrent d'abord que leur dernier jour était arrivé. Les hommes m'embrassaient les mains en criant : « Ia cheriat el nebi, » les femmes se griffaient la figure, les marmots pleuraient. Toute cette clique se rassura bientôt; je choisis un grand emplacement dégarni, où ils furent autorisés à dresser leurs tentes; mais troupeaux, armes, munitions avaient préalablement été confisqués et mis en lieu sûr. Il était clair que la cavalerie de Biskra avait commencé le branle, mais ces premiers douars n'avaient rien vu; ils avaient entendu crier que les Roumis étaient là et s'étaient enfuis sur parole, sans demander leur reste. Pendant quelques heures, les douars succédaient aux douars, c'était à qui m'en amènerait, si bien que j'eus bientôt une tribu assez respectable, qui avait subi préalablement l'opération de l'extraction des troupeaux, armes et munitions, comme la première fournée.

Enfin apparut un peloton de spahis et un goum du Makhzen, à la tête desquels marchait un officier indigène, M. Amar, homme brave et intelligent, qui avait été chargé de l'expédition ; il avait avec lui un chikh très-vieux pour lequel il semblait avoir une grande considération. Le coup avait réussi comme l'avait prévu le commandant de Biskra, il n'avait occasionné aucune effusion de sang. Amar fut charmé de voir réunies les tentes des Ouled Athia, il me remercia, et réellement je ne sais trop de quoi, car jamais razzia ne s'était pratiquée de la sorte, sans bouger de place ; les tentes étaient venues toutes seules, comme pour me prier de les razer, je n'avais eu qu'à me baisser pour en prendre. Un peu de fatigue, de promptitude dans les préparatifs pour faire à temps ce que désirait le commandant de Biskra, tout se bornait là ; voilà le seul et faible mérite de cette petite affaire.

Tout fut remis au lieutenant Amar, il s'entendit avec le vieux chikh pour indemniser nos goums par la distribution de quelques troupeaux, et, quoiqu'ils eussent fait la chose très-équitablement, elle n'en fut pas moins la cause de criailleries, jalousies, querelles, rixes et coups ; mais il faut vous dire que les choses de ce genre ne se passent jamais autrement chez les Arabes, et on ne doit jamais s'en effrayer ; un chaouch arrange tous les jours des affaires plus graves avec quelques bons coups de trique. Quand tout fut terminé, le soleil était haut,

on songea au repos. La chaleur était insupportable ; je
l'ai dit, la canicule était compliquée du Ramadan, tout le
monde tirait la langue.

LETTRE LXI.

RAZZIA SUR LES OULED SAAD DE LA SUBDIVISION DE MÉDÉAH.

L'affaire de Biskra terminée, nous n'avions plus autre chose à faire qu'à nous étaler sur un tellis, sous la tente, pour laisser passer la chaleur du soleil, et une fois nos gens un peu remis de la fatigue, nous devions tous rétro_grader, nous pour aller souper et coucher chez les Ouled Khaled, M. Amar et les siens pour gagner les tribus de Biskra, dont l'une n'était pas très-éloignée d'ici pour le moment. Mais l'homme propose et Dieu dispose : il était écrit que nous ne dormirions pas, que nous ne nous coucherions nulle part, et il s'en est peu fallu que nous ne mangions pas, ce qui arrive quelquefois à ceux qui font le métier que nous faisions. A peine avions-nous pris la position horizontale à laquelle nous avions bien droit, qu'il m'arriva une lettre du commandant par intérim de

Bousadah; elle contenait ce qui suit : « Il arrive ici un officier que vous adresse le commandant de la subdivision de Médéah, pour vous prévenir qu'une de ses tribus, les Ouled Sâad, s'est insurgée, a quitté son pays et se dirige vers le sud du cercle de Bousadah. » Tiens, me dis-je, il paraît que nos voisins profitent de la présence de nos troupes à leur portée pour faire des sottises; qu'on me dise après cela qu'il n'y a pas de fatalité là-dedans. Le commandant de la subdivision de Médéah ne me donnait pas d'instructions pour la razer, mais il me sembla que si j'y parvenais, il ne pourrait pas s'en fâcher, et en se pressant un peu, il y avait des chances d'y réussir. En sept heures, nous pouvions gagner le pied du Boukahil, et c'était évidemment sur cette montagne accidentée et sur leur route que les O. Sâad devaient compter pour se dérober tout d'abord. Nous n'étions qu'à trente-deux kilomètres d'Ain Rich où se trouvait le chikh des O. Si Mahamed el Mbark des Ouled Nail de Médéah enclavés dans les nôtres; c'est là que nous devions trouver des renseignements sur la direction prise par les Ouled Sâad, si on voulait nous en donner, ce qui n'était pas certain. Il fallait donc, sans perdre de temps, nous diriger sur Ain Rich, en avertissant préalablement le chikh pour qu'il ne fût pas surpris, car je vous ai dit que tous ces Ouled Nail s'effrayaient d'un rien; mais le chikh me connaissait beaucoup, et avec une lettre j'étais sûr d'éviter la panique; il devait savoir l'affaire des Ouled Athia et ne pas soupçonner d'autres projets.

La présence du lieutenant Amar avec ses spahis et ses Khiela devait m'être d'un bien puissant secours, si je trouvais l'occasion de tomber sur quelqu'un ou sur quelque chose ; il eût été d'ailleurs fort impoli de ne pas inviter à une fête qui se préparait un homme que je savais amateur des réjouissances de ce genre. Je l'invitai, il accepta, et nous nous préparâmes à partir pour Ain Rich.

Nos tirailleurs et spahis avaient grignoté leur dernier morceau de biscuit, les goums leur dernier fragment de galette, nous n'avions plus de vivres ; mais les silos des Ouled Athia n'étaient pas loin, et ils avaient conservé avec eux assez de farine pour nous faire des galettes ; de plus, nos Ouled Naïl, très-exercés et très-renseignés sur les lieux à silos, nous en découvrirent de superbes où nous trouvâmes des mezoud (outres) de farine, de grains et du beurre en quantité. Nous ne savions pas à qui ils appartenaient, mais cela ne nous préoccupait pas le moins du monde ; l'important pour nous était de ne pas nous embarquer sans biscuit. Vous devez trouver un peu sans gêne cette façon de disposer ainsi du bien d'autrui, c'est assez juste ; mais il était tout aussi juste de s'empêcher de mourir de faim.

Tous les moulins, toutes les femmes furent mis en mouvement et produisirent en un clin d'œil des piles de galettes qui furent distribuées à tout le monde.

Après avoir réfléchi à ce que j'avais à faire, je me décidai à envoyer le chikh des Ouled Khaled au pied sud du Boukahil, à la sortie des défilés les plus proches et les plus difficiles, avec les goums de sa tribu, ceux de Bousadah et quelques cavaliers arabes dont pouvait disposer M. Amar. Placé là, il devait arrêter et prendre tous les troupeaux des O. Sâad, qu'on ferait évidemment filer par là ; je ne lui recommandai pas de nous en dérober une partie à son profit s'il en trouvait, mais cela n'était pas nécessaire.

Je me dirigeai avec tous les spahis, turcos et khielas sur les douars des chikhs des Ouled Mahamed el Mbark qui se trouvaient, d'après ce que m'avaient assuré les Arabes, deux ou trois lieues au sud d'Ain Rich, près du Boukahil; les choses s'arrangeaient à merveille, et le chemin pour m'y rendre se trouvait très-raccourci.

Rappelez-vous que nous étions en temps de Ramadan; aussi, lorsque quelques cavaliers tenant du marabout annoncèrent que le soleil était couché, il fallait voir se faire une halte spontanée et chaque cavalier décrocher sa chenna (petite peau de bouc) et la vider avec bonheur. Quant aux turcos, ils se livrèrent avec moins d'acharnement à cette manœuvre, car il paraît qu'ils n'avaient pas attendu la disparition du soleil pour s'y livrer; ils avaient eu soin de renouveler aux sources l'eau de leurs tonnelets, auxquels ils faisaient, en dépit du prophète, de fréquentes sucées; au nord de la montagne, on n'est pas encore dans le pays de la soif et on rencontre quelques fontaines. Les turcos se formaient à notre contact, mais les spahis étaient de vrais puritains.

Vers onze heures du soir, nous arrivâmes chez les Ouled Mahamed el Mbark qui nous donnèrent une abondante diffa préparée d'avance. Le chikh m'offrit un kous-koussou et un mechoui (mouton rôti) que je trouvai délicieux, et il m'apprit que les Ouled Sâad étaient entrés dans le Boukahil aujourd'hui et se trouvaient réunis près de Sebâ Rous, dans un poste très-difficile, à cinq lieues tout au plus de l'endroit où nous nous trouvions.

Aussitôt que nous eûmes refait nos estomacs et ceux

de nos chevaux et mulets, nous partîmes pour les Sebâ Rous, conduits par un très-bon guide, et je laissai au chikh des Ouled Mahamed el Embark un de mes chevaux atteint d'une boiterie. Nous n'avions pas fait deux lieues que les crêtes du Boukahil s'illuminèrent de feux : c'était des *ndira* (signaux) faits par les vedettes des Ouled Nail, qui annoncent ainsi à leurs frères qu'un ennemi avance de leur côté ; il était évident que notre marche était éventée, et pour surcroît de contre-temps, le terrain devenait si accidenté qu'il fallait renoncer à la continuer ainsi dans l'ombre, car nous nous serions exposés à voir une partie de notre petite troupe s'égarer, et comme elle n'était pas plus nombreuse qu'il ne fallait, une telle mésaventure eût fait avorter notre entreprise.

Aussitôt qu'un filet de jour me permit de me rendre compte de la conformation du pays, j'aperçus, sur la gauche, une croupe très-accessible qui s'allongeait vers les plateaux élevés par une pente qui semblait assez douce pour la suivre avec les chevaux, et mon guide consulté m'assura que nous pouvions la gravir sans grande difficulté ; il supposait, de plus, que le plateau d'Ain Kahala auquel elle aboutissait, plateau sur lequel était une fontaine de bonne eau, devait être le lieu choisi par les Ouled Sâad pour leur réunion. Tout marchait donc au gré de nos désirs.

Nous gravîmes la croupe, mais pas aussi facilement que voulait bien le dire mon guide, et arrivé là, les obstacles augmentèrent. Je faisais éclairer la colonne par quelques cavaliers du Makhzen qui avaient déjà parcouru le pays ; ce petit peloton nous précédait de cinquante mètres au plus. Je le vis insensiblement ralentir

sa marche, puis les cavaliers descendirent de cheval,
apprêtèrent leurs armes ; quelques coups de feu partirent,
et une balle, sifflant à nos oreilles, nous avertit de la
présence d'un ennemi et de ses dispositions à notre égard ;
puis le chef des cavaliers de l'avant-garde se dirigea vers
moi et m'annonça d'abord qu'on apercevait des burnous
et des fusils dans les broussailles et que le pays devenait si
fourré qu'il ne fallait pas songer à combattre à cheval.
Les coups de fusils devenaient plus fréquents, sans cependant que le feu fût très-nourri. Je fis mettre pied à terre
à tout le monde et réunir sous bonne garde tous les chevaux un peu en arrière de nous, dans un lieu où ils se
trouvèrent autant que possible défilés du feu. En faisant
exécuter cet ordre, le maréchal-des-logis Le Gallerand
eut son cheval tué raide d'une balle.

La mousqueterie devint plus vive, mais les coups de
feu de l'ennemi partaient tous d'un seul point ; aussi, ne
me fut-il pas nécessaire de donner beaucoup de développement à ma ligne d'attaque, et je lui fis prendre une
forme circulaire. Si j'avais pu disposer d'un plus grand
nombre de combattants, j'aurais peut-être réussi à enve-
lopper le gros des guerriers de la tribu ; mais dans un
terrain accidenté et raviné comme celui où nous opé-
rions, un gros bataillon n'eût pas suffi pour exécuter
avec succès cette manœuvre. Il était facile de voir que
nous n'avions pas affaire à des Kabyles connaissant bien
la guerre de montagnes, à un ennemi résolu, réparti sur
toutes les positions favorables et ne reculant que pied à
pied, mais bien à des Arabes ne disputant le terrain que
pour couvrir le mouvement de retraite des troupeaux
et bagages de leur tribu ; car, dès les premiers engage-

ments, les Ouled Sâad opéraient un mouvement rétrograde qu'ils exécutaient le plus lentement possible et en se défendant de leur mieux.

Une heure et demie après l'attaque, nous étions maîtres des crêtes, nous avions pu saisir un assez grand nombre de bourricos chargés d'effets et de tentes et qui s'étaient abattus, et nous apercevions les troupeaux et les autres bêtes de somme, toutes chargées, descendant le revers sud de la montagne, poussés par des femmes, des enfants et des vieillards. Nous ne nous étions pas trompés dans nos prévisions : les Ouled Sâad, qui avaient pris cette position dans le Boukahil, espérant qu'on les y laisserait tranquilles pendant longtemps, avaient été si stupéfaits de notre attaque, à laquelle ils ne comprenaient rien, qu'ils ne songèrent qu'à fuir et gagner le Sahara.

L'occupation des hauteurs nous avait coûté assez cher, le nombre de nos blessés et de nos chevaux tués était relativement assez considérable, mais nous n'avions pas un homme tué.

L'affaire était terminée, les combattants ennemis, obligés de descendre le versant sud, ne cherchaient plus à se défendre, ils ne s'occupaient qu'à presser la marche des troupeaux et des bagages, dont nous prîmes une grande partie et dont ils auraient sauvé le reste sans la présence au pied de la montagne des Ouled Khaled, qui ne se privèrent pas de les piller et ne nous rapportèrent que fort peu de chose de ce qu'ils avaient razés.

Le même jour, nous nous dirigeâmes avec notre prise vers les O. Si Mohamed el Embark, mais nous trouvâmes leur emplacement vide : il était dans leur caractère de s'éloigner des lieux où on se battait, ils craignaient les éclaboussures, avaient déménagé et s'étaient portés j'ignorais où. Le chikh lui-même avait suivi, dirigé peut-être le mouvement, emmenant mon cheval sans se préoccuper de la mine que je ferais en apprenant sa fugue. J'en fis une très-longue ; je ne crus pas cependant à une défection. Le chikh me renvoya mon animal, le lendemain, de Sâad ben Mahiris où ils étaient installés, mourant de soif, éreinté ne pouvant mettre un pied devant l'autre. Nous avions encore à faire deux lieues de plus pour arriver à Ain Rich ; presque tous nos hommes dormaient sur leurs montures, et il en est beaucoup, entre autres le maréchal-des-logis Le Gallerand, qui, pris par le sommeil, firent des chutes impossibles dans des ravins.

Trois jours après, nous rentrions à Bousadah : il était temps.

M. le lieutenant Amar, qui m'avait puissamment secondé et avait courageusement combattu avec sa petite troupe, m'avait quitté de suite après l'affaire, emmenant plusieurs hommes blessés.

Quelque temps après, le général commandant la subdivision me transmit la lettre suivante, qu'il avait reçue du général commandant la division ; cette lettre était pour moi une bien précieuse récompense de ce que j'avais pu faire.

Constantine, le 12 septembre 1851.

DIRECTION DES AFFAIRES ARABES.

N° 83.

Mon cher général,

La vigueur et l'intelligence dont M. le capitaine Pein a fait preuve dans plusieurs circonstances, et particulièrement en faisant rentrer dans le devoir les Ouled Athia et les Ouled Sâad, ont été appréciés par le ministre de la guerre, qui me charge de témoigner à cet officier toute sa satisfaction.

Veuillez transmettre à M. le capitaine Pein cet éloge qui lui fait le plus grand honneur.

Signé : DE SALLES.

Pour copie conforme :

Le capitaine aide-de-camp,

Signé : LALLEMAND.

LETTRE LXII.

BEN ABDERRHAMAN MEURT, ET SON FRÈRE SELMAN S'EMPARE

DE TOUGOURT.

Après vous avoir fait connaître, cher compatriote, ce que nous faisions à Bousadah, vous avoir fait faire la connaissance des Ouled Naïl et initié à nos premières opérations dans le petit Sahara, je crois qu'il est bien temps de retourner vers un ami que nous avons laissé de côté. Je dis un ami, parce que c'est l'adversité qui fait connaître les amis, et le pauvre homme passait par de cruelles épreuves. Il tint bon lors de l'insurrection, il se montra, avec le chérif, d'une raideur qui mécontenta fort le saint homme ; il lui signifia qu'il ne devait pas compter s'approvisionner de grains sur le marché de Tougourt, dont l'entrée lui serait interdite, comme le *pater* aux ânes. Je ne doute pas que le chérif ne fît la contrebande ;

il n'en est pas moins vrai qu'il se trouva gêné dans ses mouvements ; aussi, il promit au sultan un chien de sa chienne, et il commença à recueillir, les bras ouverts, Selman, le coquin de Selman, qui avait tressailli de joie le jour où il avait appris la levée de boucliers et s'était mis à sa disposition corps et biens. C'était faire un assez léger sacrifice, car son corps, il ne savait qu'en faire ; quant à son bien, il était, sans s'en douter, comme Bias et portait tout sur lui, et voici comment le plus grand coquin de la terre peut ressembler à un des sept sages de la Grèce.

Retournons donc à Ben Abderrhaman..... Hélas ! nous arrivons trop tard, nous arrivons pour assister à ses derniers moments ; j'en suis désolé, je n'aime pas ces spectacles-là. Que chacun s'en aille en faisant une grimace à sa manière, je ne m'y oppose pas, mais je ne tiens pas à l'observer. Ben Abderrhaman s'éteignit entre les bras de sa femme et de ses enfants. Les chagrins le minaient, il les noyait dans l'alcool, mais ils revenaient à la surface ; la tristesse lui serrait le cœur, il cherchait à la combattre par l'amour ; aussi faisait-il une consommation de maîtresses extraordinaire et qui affligeait Madame, qui tenait tant à ce qu'il se ménageât. Quand il était en proie aux idées noires, il s'abrutissait en fumant, et si seulement il avait partagé sa vie entre le vin, l'amour et le tabac, comme on dit dans le *Chalet*, le mal eût été moindre ; mais l'absinthe de Mercante, poison, le hachich, poison, l'opium, poison, vrai poison, demandez aux Anglais ! et l'amour.... ça tue.

Vraiment, il n'était pas raisonnable, et cela ne faisait que croître et embellir ; aussi, sa femme voyait-elle bien qu'il n'en avait pas pour longtemps à ce train-là, car il usait la vie comme il est défendu aux domestiques d'user les chandelles. « Elle serait bientôt veuve et par conséquent dans de beaux draps : à peine la porte du tombeau se refermerait-elle sur son époux, que celles de la ville s'ouvriraient pour Selman ; elle ne comptait pas sur le peuple pour le repousser : ce peuple, qui aimait l'honnête défunt, craignait le misérable survivant ; or, pour régner, la crainte est un moyen bien plus puissant que l'amour. » La sultane se disait cela dans son gros bon sens de musulmane qui ne la trompait nullement. Quelque chose pourtant la rassurait : la France était là ; laisserait-elle consommer un crime? La pauvre femme s'y perdait.

Ce qu'elle prévoyait arriva, et l'année 1851 vit sombrer l'esquif de son époux, avarié depuis longtemps : l'alcool, le sexe et l'opium le faisaient couler bas. Ben Abderrhaman, épuisé, conserva cependant toute sa connaissance à ses derniers instants ; il désigna pour son successeur son fils Ali el Srir, âgé de six ans et l'aîné de trois mâles ; il laissait, de plus, une fille encore à la mamelle. Il voulut, avant de fermer les yeux, placer sa veuve et ses enfants sous la protection de la France ; la veuve, la pauvre veuve, avait confiance dans cette protection. On lui avait dit que la France protégeait tout le monde et ne demandait rien pour cela à personne ; elle espérait encore et se hâta d'expédier au Gouvernement la nouvelle de son veuvage et l'expression du dernier vœu d'un père expirant.

Le Gouvernement fut assez interloqué ; il trouva que Ben Abderrhaman avait fort mal choisi son moment pour mourir ; mais il résolut de manifester toute sa sympathie à la veuve par une démonstration affectueuse. Il lui fut expédié, par lettres, des consolations et la reconnaissance du petit sultan de six ans comme chef de l'Etat de Tougourt, avec l'ordre de lui en faire part aussitôt qu'il serait en âge de comprendre. On n'en resta pas là : on ajouta à cela un avis de circonstance, on conseilla à la veuve la patience et la confiance dans l'avenir et dans la Providence, qui n'abandonne jamais les gens dans la débine et qui, à mon avis, ferait bien mieux de les empêcher d'y tomber. Le Gouvernement déclara que, pour le moment, il était forcé de s'en tenir là, qu'il allait réfléchir à cette affaire et aviserait plus tard.

Mais ceci fait, il fut décidé qu'il fallait laisser la veuve se débrouiller comme elle pourrait avec Selman ; et, en effet, il était impossible de songer à faire une expédition lointaine dont le résultat était douteux, qui pouvait bouleverser le Sahara et nous entraîner plus loin que nous ne l'aurions voulu.

L'opinion générale était contraire à une telle entreprise d'envahissement.

Selman avait mis le temps à profit. Il se présenta effrontément devant Tougourt, y entra sans résistance avec la cavalerie des Larba et y fit un branle-bas général qui ébouriffa tout le monde. D'abord il égorgea ses trois neveux, fit étrangler les gens qu'il savait dévoués au défunt, entre autres un brave homme, le chikh Mbark, des Ouled Moulet, qui se trouvait par malheur ce jour-là dans la ville. Personne n'ignorait l'attachement qu'éprouvait pour Ben Abderrhaman ce brave chikh qui n'avait non plus jamais dissimulé toute sa sympathie pour

la France ; il n'en fallait pas tant pour le condamner : sa
tête fut clouée à la porte de la qasbah.

Le mezouar, qui n'avait pu fuir, fut saisi, roué de
coups de bâton, eut les membres ca-sés, le nez cassé, et
on jeta son corps, qu'on croyait un cadavre, dans le fossé,
par la Bab el R'dar ; mais la fraîcheur de l'eau le ranima,
il put gagner la rive opposée et se cacher dans une tribu
de la plaine où il guérit de ses blessures ; une fois rétabli,
il se dirigea sur Bousadah où il fut bien reçu. C'est lui
qui m'a donné des détails sur cet affreux drame qu'il ne
connaissait pas en entier.

On m'assura qu'il avait été joli garçon dans sa jeunesse : il avait alors le nez aplati par le bâton et était
affreux, ce qui m'a fait faire de profondes réflexions sur
le rôle important que joue le nez au milieu du visage.

La veuve, ainsi que sa petite fille, échappa au mas-
sacre, et quelques années plus tard elle épousa Selman.
Cela vous étonne, une femme unir son sort à l'assassin de
ses enfants, vous êtes ébahi, cher compatriote. Ah ça !
mais ! d'où sortez-vous ? Cela se voit tous les jours, c'est
reçu ; on est femme ou on ne l'est pas.

Voilà Selman sultan de Tougourt à la barbe des.....
et la France, la France... que vouliez-vous qu'elle fît ?
elle s'attendait bien à ce qui arrivait. Pouvait-elle reconnaître Selman, oublier ses antécédents, ses sentiments
haineux contre nous, l'ancienne propagande qu'il faisait
contre notre domination, sa conduite à l'égard de son
frère, notre ami, et son dernier coup de main sur un État
dont nous étions les protecteurs, qui avait reconnu notre
puissance, l'assassinat des fils de notre allié, de notre
serviteur..... Selman avait comblé la mesure des for-

faits..... Le reconnaître, fi donc! c'eût été une indignité, la France ne fait pas de ces choses-là.

Tenez, cher compatriote, si vous êtes bien sage, je vais vous dire quelque chose, mais entre nous, entendez-vous bien, entre nous, chut! Je me suis laissé conter quelque chose; c'est pent-être un canard, aussi je n'affirme rien.

On m'a dit que quelqu'un proposa comme moyen d'arranger de suite une affaire grosse d'embarras pour l'avenir, de reconnaître Selman, qui ne demandait que cela et avait fait une démarche dans ce but. Cet avis n'eut pas d'écho; il souleva même une petite explosion de beaux sentiments. Et pourtant l'auteur de la motion n'était ni moins honnête, ni moins chatouilleux que les autres à l'endroit de l'honneur; mais il disait : « Selman, reconnu par nous, devient notre ami, c'est sûr, il le demande, et l'ennemi du chérif, l'un ne va pas sans l'autre, les choses ne se passent pas autrement. Les princes ambitieux sont habiles à la volte-face, ils se soucient peu qu'on en glose ; girouettes politiques, ils tournent au vent des circonstances, l'intérêt est le critérium de leur conscience. Nous allons avoir dans le Sud un auxiliaire solide, actif, énergique et qui ne s'abrutit pas comme cet ivrogne de Ben Abderrhaman ; on parle de ses antécédents, mais est-ce que les peuples ne sont pas les premiers à professer l'oubli du passé? est-ce que vous ne les voyez pas tous les jours empressés à accepter des faits accomplis, à confirmer des indignités, à trouver des excuses à des faits inexcusables ? Depuis quand les gouvernements se montrent-ils plus scrupuleux que les peuples? Allons donc ; et d'ailleurs, examinons les choses.

La conduite que nous tenons dans cette affaire de Tougourt est dictée par les évènements, je le reconnais ; mais aux yeux des rigoristes, est-ce qu'elle est bien nette, bien droite, bien digne ? est-ce que nous ne faisons pas un peu céder les principes aux nécessités du moment ? » Il dit ; l'écho se tut.

Maintenant que le temps a passé là-dessus, disons-le, la manière dont se dénoua l'affaire de Tougourt en 1854 ne doit pas nous faire regretter le parti pris en 1851. Les choses tournèrent si favorablement pour nous, nous nous sommes trouvés si promptement et si facilement débarrassés des sultans passés et à venir, tout cela a si bien marché qu'on doit considérer comme heureux que le Gouvernement ait agi comme il l'a fait à l'égard de Selman.

Mais, à ce moment-là, pouvait-on lire dans l'avenir ? savait-on ce qui arriverait trois ans plus tard ? tout ne pouvait-il pas prendre une tournure différente ? est-ce que cela n'a pas tenu à un fil ? Vous allez le voir ; mais n'allons pas plus vite que le violon.

LETTRE LXIII.

COMMENT LE CHÉRIF, DANS SES DISCOURS, EXPLOITE LES
ÉVÈNEMENTS DE L'OUED RIR'. — LE COMMANDEMENT
INTERDIT TOUT COMMERCE DE CÉRÉALES AVEC
LE SUD.

En apprenant que Tougourt s'était laissé prendre par
Selman, le chérif ne se sentit pas d'aise, et réellement il
y avait bien de quoi. La conduite de Ben Abderrhaman
avec la France, qui l'avait tacitement reconnu, avait fait
dire que l'oued Rir' était au nombre des possessions françaises. Il n'en était pas tout-à-fait ainsi. Bref, dans l'opinion, Tougourt nous a fait défection, un vigoureux
ennemi nous l'a subtilisé, enlevé, escamoté ; là où nous
avions des serviteurs qui pliaient, se dresse un adversaire
qui nous nargue. L'oued Rir' est devenu le boulevard de
l'insurrection. Voilà du nouveau, et le chérif avait besoin

de nouveau pour remonter un peu son affaire ; sans cela,
il devenait rococo dans ses discours. Depuis longtemps
il ne travaillait plus que dans le vieux, il se répétait, il
ennuyait son public ; ses auditeurs savaient toujours ce
qu'il allait leur dire, avant qu'il n'eût ouvert la bouche ;
il y avait de quoi en bâiller, n'était le respect dû à un
saint, même à un saint qui radote. Toujours du bouilli,
jamais du rôti, c'est fastidieux ; sans cette diversion, le
saltimbanque eût fini par jouer devant les banquettes.

Mais la prise de Tougourt, voilà du nouveau : il avait
là de quoi varier son thème, le sujet prêtait, il l'exploita.

Ce qui arrivait à l'ex-sultan de Tougourt était un de
ces coups comme Dieu se plaît à en frapper à la sourdine,
un de ces châtiments d'autant plus terribles qu'ils se sont
fait longtemps attendre. La vengeance divine a atteint le
félon qui avait renié son maître, qui sautait à pieds joints
sur les préceptes du Coran, qui, non-seulement défend
de se griser comme un Anglais, mais qui ne permet pas
même un doigt de mêlé. Il n'est pas nécessaire de demander où est sa place : au plus chaud endroit de la Djehen-
nama (enfer), voilà où l'ont jeté ses amis les Roums ; ils
le tireront de là comme ils l'ont tiré d'ailleurs. Or, ces
Roums ou Roumis, qu'ont-ils jamais fait pour lui ? Rien.
Le bras d'un Dieu vengeur les a immobilisés chez eux,
ils l'ont vu mourir comme un chien et n'ont pas bougé ;
ses Etats, Selman les a envahis à leur barbe et ils n'ont
rien osé dire ; ses enfants, ils les ont laissé égorger et
n'ont pas fait un pas pour les sauver. Eh bien, Musulmans, soumettez-vous. Comme c'est attrayant !

Tougourt leur est enlevé, le reste va y passer ; il ne
s'agit que d'avoir un peu de patience, et nous allons leur

faire exécuter une danse de caractère ; ce sera drôle à voir : le doigt de Dieu est dans cette affaire-là, il est visible à l'œil nu.

Voilà la substance des nouveaux discours du chérif, voilà à peu près comment il cherchait à réveiller son auditoire qui commençait à sommeiller comme les vieux juges dans leurs fauteuils, et, en effet, tout cela réchauffait le sentiment religieux, ranimait l'espérance ; les évènements de l'oued Rir' mettaient du beurre dans les épinards, comme on dit dans la bonne cuisine.

Ce qui réjouissait considérablement le chérif, c'était de se voir ouvrir l'accès d'une contrée qui lui avait été fermée jusqu'à présent ; ses gens allaient pouvoir s'y promener en long, en large, les mains dans les poches ; ils pourraient lui faire, sur le marché, des provisions de toute espèce, de grains surtout, ces grains qu'il ne se procurait qu'avec peine, par contrebande, grâce à quelques Rouar'as, faux frères de l'ex-sultan ; il n'aurait plus qu'à se baisser pour en prendre, c'était charmant.

Voilà comment le chérif arrangeait cela en lui-même ; mais il comptait sans son hôte, il allait se voir forcé d'en rabattre : il y avait, à Batna, quelqu'un qui allait lui mettre des bâtons dans les roues en prenant une excellente mesure qui porta ses fruits et dont les effets se firent sentir trois ans plus tard avec une force accrue et eurent une grande influence sur le dénouement heureux de l'affaire de Tougourt dans les derniers jours de 1854. Ce quelqu'un était le commandant de la subdivision.

Le gouverneur ayant décidé que les colonnes n'iraient pas à Tougourt, il ne pouvait pas se permettre de s'y présenter avec ses troupes, quoiqu'il en eût probable-

ment une certaine envie ; ces choses-là ne se font pas
dans notre profession, le gouverneur aurait trouvé le procédé sans gêne, et, quoiqu'il s'aperçut qu'on s'était trop
avancé avec Ben Abderrhaman et qu'on avait fait un petit
pas de clerc, il ne jugeait pas le moment arrivé de réparer
la boulette ; je crois même qu'à ce moment il ne jugeait
rien du tout et ne prévoyait pas la fin ; s'il voyait quelque
chose, c'était trouble pour le moment.

Or, le commandant de la subdivision, qui devait se
tenir l'arme au pied, fit défendre à toutes les tribus du
Tell d'aller porter dans le Sud le moindre grain de blé,
d'orge et même de millet, sous peine d'être considérées
comme d'accord avec l'ennemi et razées impitoyablement
dans la personne de leurs caravanes. Or, comme dans le
Sud la vie est difficile sans les blés du nord, et que les
Sahariens ne peuvent s'en procurer que près des gens du
Tell, on les tenait par là. Tant que Ben Abderrhaman
vivait, on avait reculé devant une mesure qui aurait
affamé les premiers les Rouar'as nos serviteurs, quoiqu'on
sût bien que le chérif trouverait bien le moyen de se
procurer, par contrebande, un peu des grains que nous
laissions partir du Nord pour le Sud ; mais cette considération ne nous avait pas arrêté ; car commencer, pour
atteindre nos ennemis, par faire mourir de faim nos amis,
c'eût été véritablement cruel et impolitique, la France
ne fait pas de ces choses-là ; mais aujourd'hui que l'oued
Rir' avait reconnu Selman, nous n'avions plus d'amis
dans le Sahara. Il n'y avait plus de distinction à établir,
on pouvait frapper par là, les yeux fermés, sans craindre
de frapper un seul être qui nous fût cher ; la chose se
simplifiait.

Il s'ensuivit que la circonstance sur laquelle comptait le chérif pour voir sa position s'améliorer, fut celle qui la rendit beaucoup plus précaire ; sa pauvre cavalerie surtout allait fondre comme la neige sous un rayon de soleil.

LETTRE LXIV.

FORMATION D'UNE NOUVELLE COLONNE POUR LE SUD. — MAC-MAHON. — BOSQUET. — CONSTRUCTION D'UN FORT A BOUSADAH.

Quand le Ciel devint plus noir du côté du Sud, quand l'état du Sahara donna de véritables inquiétudes, le commandant de la subdivision nous prescrivit de lui faire connaître nos besoins dans un rapport détaillé. Il comprenait qu'il fallait se préparer aux évènements, de manière à ne jamais être pris sans vert ; il lut notre rapport (ceci surprendra quelques commandants de territoires), il le relut (ceci les surprendra bien davantage), il l'étudia (ceci les passera). A la division, on fit comme il avait fait, et ceci ne devra étonner personne quand j'aurai dit qu'à cette époque, nous avions pour généraux, à Constantine, Mac-Mahon, à Sétif, Bosquet. Ceux-là s'occupaient de leur affaire, et pour ce qui est de l'activité et de la vigilance, il eût fallu être malin pour les pincer par là.

En arrivant à Sétif, le premier soin du général Bosquet avait été d'enfourcher son solide cheval du Chélif et de courir les champs, suivi des gens qui pouvaient le renseigner sur toute sa subdivision ; il la vit en détail, y mit le temps, mais n'oublia rien : coins et recoins furent explorés ; pays, hommes, événements, antécédents, tout fut étudié avec soin. Il visita, suivi d'un escadron de chasseurs, tout le territoire des O. Nail, vit comment leur affaire avait été fagotée, apprécia le gâchis, prit notes sur notes, si bien que, revenu de cette tournée, il savait beaucoup, et sa mémoire prodigieuse lui permettait de se rappeler, à l'aide d'un mot qu'on lui soufflait dans le tuyau de l'oreille, une grosse affaire tout entière. Nos besoins étaient grands à ce moment, notre outillage défectueux pour aller loin dans le Sud ; mais nos généraux n'étaient pas hommes à nous laisser dans le pétrin. Le général de Mac-Mahon, l'activité personnifiée, la droiture même, était très-aimé dans la province. Je puis dire cela, je ne crains pas le reproche de flagornerie, maintenant que je suis classé dans les fossiles, section des retraités. Bosquet est mort jeune, mais déjà illustre, et la Providence était évidemment de mauvaise humeur, mal disposée à notre égard le jour où elle l'enleva à la France.

Le Ciel a plusieurs procédés pour frapper un peuple, c'est de lui donner des hommes qui travaillent à sa ruine et de leur enlever ceux qui concourent à son bonheur.

Pour opérer dans le pays situé au sud du Boukahil, où

se trouvent souvent réunies, mélangées, les fractions d'Ouled Nail de tous les cercles et de toutes les provinces, surtout quand les pluies ont donné de ce côté, quand les bords des oueds sont couverts d'herbes, les r'dirs pleins d'eau, pour opérer, dis-je, sur ce terrain, théâtre des coups de main du chérif Mahomed ben Addallah, il nous fallait une colonne légère, d'une extrême mobilité, outil-lée et organisée de manière à ce que hommes et chevaux pussent tenir longtemps la campagne sans que nous fussions exposés à voir la colonne se fondre un beau jour comme un morceau de sucre dans le verre d'un orateur du Corps législatif.

Qui pouvait mieux comprendre cela que le général de Mac-Mahon : aller vite, et longtemps? Ah! parbleu, voilà qui devait merveilleusement être son fait, et, pour atteindre ce résultat, il devait nous seconder puissam-ment. Croyez, cher compatriote, que je n'ai jamais vu personne de sa force pour les allures dégagées à travers champs; un vélocipède, une flèche, un wagon peuvent seuls vous en donner une idée. Avaler vingt lieues en quelques heures, c'était pour lui un jeu; descendre de cheval, dispos comme au départ, travailler, marcher comme une personne naturelle, dîner, se coucher à l'heure habituelle, recommencer le lendemain, et tou-jours comme cela jusqu'à ce qu'il ait vu ce qu'il avait à voir, fait ce qu'il avait à faire. Ajoutez à cela qu'à l'arri-vée il ne fallait pas songer à prendre ses aises, car son bagage, c'était quelque chose de microscopique, un extrait de bagage, un bagage gros comme celui d'un compagnon qui fait son tour de France. Tel était le pro-gramme de ses exercices; pour y résister, il fallait jouir d'un tempérament de cheval, avoir l'âme chevillée dans le corps.

Mais s'il ne songeait guère à lui, en revanche il s'occupait des autres ; on s'en est aperçu là-bas.

Le général Bosquet, son sous-verge, ne nous négligeait pas non plus ; je serai toujours heureux et fier d'avoir pu compter au nombre des infimes lieutenants d'un homme taillé sur ce patron-là, avec qui la nature de mes fonctions me mit pendant fort longtemps en relations suivies. Il était du petit nombre des chefs d'élite qui ne laissent jamais de lettres sans réponse, et cela a droit d'étonner bien des gens qui savent combien il s'en trouve qui ne font jamais de réponse ou à qui il faut l'arracher par lambeaux comme une vieille molaire qui ne se laisse extirper que par petits morceaux extraits un à un, quand l'opérateur, de guerre las, ne renonce pas à l'avoir complète.

Jamais il ne laissa ses inférieurs dans l'embarras ; jamais il ne compromit leur responsabilité par ces instructions d'un sens équivoque et ambigu, entortillé, derrière lequel, en cas d'insuccès, le supérieur sait abriter la sienne. Les ordres étaient nets, précis, il ne fallait pas longtemps pour les comprendre ; il traitait lui-même toutes les questions importantes, parce qu'il savait que personne ne pouvait le faire avec plus de clarté que lui. Il écrivait, de sa main, une partie de sa correspondance, travaillait d'arrache-pied, ne laissait rien en retard, et cependant, il aimait le plaisir, se donnait de l'agrément et en procurait aux autres.

Il faut lire les lettres qu'il écrivait lors de la construction du fort de Bousadah qui devait abriter personnel et matériel, alors un peu aventurés dans les murs d'une ville arabe, de soumission récente et isolée à grande distance; il lui tardait de voir tout cela derrière de bonnes murailles dont il pressait la construction de tout son pouvoir. Rien ne chôma : main-d'œuvre, transports, approvisionnements, matériaux, tout arrivait à point, rien ne manquait. Il disait, comme dans l'Ecriture : « demandez et vous aurez ; » on demandait et on avait. Aussi, grâce à sa puissante initiative, grâce à l'active intelligence du capitaine du génie Faidherbe, aujourd'hui général, qui, heureusement et contrairement à ce qui a lieu d'habitude, put achever l'œuvre qu'il avait commencée et poursuivie sans relâche, grâce à l'appui qu'il trouva dans le général Bosquet, tout marcha rapidement. Le capitaine Faidherbe avait l'entente des travaux; chacun des ouvriers fut employé comme il devait l'être, chacun eut sa place propre, fut utilisé selon ses moyens, il n'y eut pas de perte de temps ; aussi, le fort, sorti de terre comme par enchantement, fut terminé, armé, et bientôt la garnison, en sûreté dans son enceinte, ne donna plus la moindre inquiétude au gouverneur général.

Voilà comment travaillait Bosquet qui, plus tard, s'illustra aux champs de la Crimée et mourut. J'ai sa photographie, il me l'a fait parvenir par l'intermédiaire de l'excellent Dampierre : elle le représente appuyé sur un canon, ses traits portent l'empreinte d'une vive préoccupation ; je n'ai jamais jeté sans éprouver une vive émotion, les yeux sur ce front soucieux où je crois toujours lire le pressentiment d'une fin prématurée.

LETTRE LXV.

ORGANISATION DES COLONNES LÉGÈRES APPELÉES A OPÉRER

DANS LE SAHARA.

Le but de la présente (comme dirait Dumanet), est de vous entretenir, cher compatriote, de l'organisation à donner aux colonnes légères qu'on aurait à lancer à de grandes distances dans le Sud.

Je vous préviens que tout cela ne sera peut-être pas très-intéressant pour vous qui n'êtes pas de la partie ; je lance donc ma pauvre lettre, bien peu certain du sort qui lui est réservé.

D'ailleurs, tout cela avait une assez grande importance à l'époque où se sont passés les évènements qui font le sujet de cette correspondance, car Tougourt était insoumis et Ouargla le domaine du chérif ; nous n'avions d'action ni sur le Souf, ni sur le Mzab ; des bandes de pillards infestaient le territoire, et ce qu'il y a de plus grave, nous ne connaissions pas le pays.

Ce que je vais vous dire n'a plus qu'une utilité secondaire depuis que nous sommes à Tougourt ; depuis, nous avons des motifs sérieux pour compter sur la soumission des gens du Souf, de ceux d'Ouargla et surtout sur les Beni-Mzab.

Nos colonnes ne seront pas appelées au Sahara dans les mêmes conditions ; cependant il est bon de dire comment on opérait.

Le sud de la Tunisie peut toujours servir de refuge à des bandes de pillards et d'insoumis ; dans ce cas, quelques-uns de mes principes peuvent trouver leur application dans une expédition faite avec le concours des colonnes du bey de Tunis et du pacha de Tripoli. Nous n'avons pas à redouter dans l'est ces grosses complications qui renaissent, comme le foie de Prométhée, sur cette impossible frontière du Maroc ; si une expédition de ce côté devenait nécessaire, on éviterait les embarras en s'assurant la coopération des beys. Mais s'il ne s'agit que de se lancer à la poursuite de cavaliers ou de fantassins montés sur méharas, comme un singe sur un chameau, qui fondent sur des tribus à l'improviste et se retirent plus vite qu'ils ne sont venus, enlevant leur butin et regagnant l'immensité, l'espace ou des lieux dont l'accès nous est interdit ; dans de telles conditions, je ne connais pas de procédés pour les joindre ; je crois qu'on ferait bien de ne pas le tenter.

' En supposant que vous arriviez à les atteindre une fois sur dix, vous aurez détruit votre cavalerie, éreinté votre infanterie pour la soutenir, fait une expédition coûteuse, et tout cela pour un mince résultat, un succès dont les conséquences seront sans fruit pour l'avenir ; car je ne vois pas ce qui pourrait empêcher ces évènements de se renouveler.

A l'époque dont je vous parle dans ces lettres, nous ne pouvions organiser nos colonnes qu'à Biskra, Bousadah et El Ar'ouath ; aujourd'hui, nous n'aurions rien de mieux à faire que de les former au Souf, à Tougourt, à Ouargla et sur un point du Mzab.

Toutes ces bases d'opérations auraient été approvisionnées d'avance de vivres, fourrages, munitions qu'on y aurait accumulés par des convois successifs.

Tout cela aurait été placé dans des caravansérails bâtis en terre et qu'une mince garde pourrait facilement défendre.

Contrairement à ce qui est admis pour les opérations en pays plat, je tiens à faire entrer dans ma colonne beaucoup d'infanterie, peu de cavalerie.

La cavalerie veut de l'orge, et si vous l'en privez, elle ne tiendra pas longtemps debout. Elle aime à grignoter du fourrage : le Sahara lui offre des plantes sèches, du drin (espèce de chiendent assez dur), des petits joncs plus durs encore ; c'est pour elle un amusement de déchiqueter tout cela ; mais ce n'est pas là du fourrage, vous ne ferez pas prendre le change là-dessus au cheval qui ressemblera le plus à un âne.

Le cheval boit beaucoup. Au Sahara, il n'est pas rare de faire quinze lieues sans trouver d'eau, et toutes les fois qu'on en fait trente sans en rencontrer, on s'en étonne peu.

Il faut donc, pour la cavalerie, un énorme convoi

d'orge, un énorme convoi d'eau, et, comme dans l'espace on va toujours, on ne s'arrête plus, il faut beaucoup de vivres, il faut traîner à sa suite une trop grande quantité de chameaux, ce qui n'est pas commode du tout et serait, à l'occasion, très-difficile à défendre. Or, une colonne trop poussée de cavalerie devient gênante.

D'ailleurs, avec une poignée de lurons comme nos chasseurs, on bouscule des milliers d'Arabes ; nous n'avons donc pas à tenir à la quantité.

Le fantassin n'est pas embarrassant, il ne tient pas de place et ne fait pas d'étalage, on le fourre partout, on l'accommode à toutes les sauces, on en fait une consommation exorbitante.

Si vous voulez qu'il marche vite, otez-lui son sac, que vous placerez sur un chameau, faites-lui rouler des cartouches dans son mouchoir, quelques vivres dans son morceau de tente, et lancez-le ainsi sur son lest et sur son bâton, derrière la cavalerie marchant son allure ordinaire, en pays plat s'entend ; vous verrez s'il s'en trouve à une distance exagérée de cette cavalerie quand elle se prépare à la charge qu'elle n'a pas l'habitude de commencer douze heures d'avance.

Je ne vous dis pas qu'il la dépassera, ce serait une mauvaise plaisanterie.

Si on était appelé à opérer en grand dans le Sahara, il serait important de scinder la troupe en plusieurs petites colonnes marchant seules[1].

Chaque colonne serait composée d'un bataillon de

---

[1] Je vais m'occuper d'une de ces colonnes en particulier.

700 hommes, de 150 chasseurs, 25 spahis, 50 cavaliers du goum, un convoi de deux jours d'eau, quelques bons mulets arabes nourris par l'administration, qui leur donnerait deux kilos d'orge par jour.

La colonne serait divisée en deux fractions : la colonne active, composée de 400 hommes d'infanterie, 100 chasseurs, 12 spahis, 25 chevaux du goum, 150 chameaux très-forts, choisis, conduits par des Arabes à cheval et payés le double des autres. Quatre-vingts de ces chameaux seraient chargés chacun de deux petits tonneaux de 50 litres pleins d'eau, dix le seraient d'orge, les dix autres de vivres ; les cinquante derniers porteraient chacun huit sacs de troupes, on ferait suivre le convoi de quelques animaux haut-le-pied.

Le nombre des officiers serait de deux par compagnie, trois par escadron, il ne dépasserait pas quinze ; les huit officiers d'infanterie auraient chacun un des mulets arabes portant quelques vivres et sur lequel ils monteraient s'ils étaient fatigués. La réserve, qui serait de 300 hommes d'infanterie, 50 chasseurs, 12 spahis et 25 hommes du goum, serait appelée à suivre les mouvements de la colonne active, si elle était appelée à opérer, ou recevrait l'ordre de l'attendre dans un lieu où elle trouverait de l'eau ; elle y camperait et prendrait les mesures nécessaires pour la protection du convoi de route, laissé à ses soins[1]. Le général réunirait toutes

---

[1] Je suppose que, par impossible, la colonne courre des risques sur ses derrières ; ce cas ne s'est pas présenté quand nous marchions dans le Sud, et nous n'avions, par conséquent, pas besoin d'une réserve comme celle dont je parle ici.

ses petites colonnes quand ce serait nécessaire et possible.

Dans un cas urgent, la réserve mettra à la disposition de la colonne le nombre de chameaux nécessaire pour porter ses fantassins à raison de deux par chameau.

Et comme deux fantassins sur un chameau s'y trouvent assez mal; on peut aussi les y placer l'un après l'autre, à tour de rôle.

Il ne faut avoir recours que dans les grandes occasions à ce mode de transport pour le piéton; une masse de chameaux amène du désordre dans la colonne; d'ailleurs, quand on verra combien de chemin fait le fantassin sans chargement, en pays non accidenté, on ne songera pas souvent à le hisser sur le dromadaire. Il suffit à une colonne comme la précédente (colonne active et réserve) de voyager avec deux jours d'eau, c'est-à-dire 20,000 litres environ.

Il faut, il est vrai, comme je vous l'ai déjà dit, se méfier beaucoup des Englat qu'on ne connaît pas. Il ne faut jamais que la colonne y arrive à sec, car elle pourrait les trouver dans le même état, et alors bêtes et hommes se trouveraient exposés à mourir de soif. Il est donc important de conserver toujours une poire pour la soif, de posséder toujours une réserve d'eau.

Avec 20,000 litres d'eau pour une colonne comme la mienne, la chose est facile à faire.

La plus grande distance que j'aie jamais eue à parcourir sans eau a été de 28 lieues, c'est-à-dire trois étapes; alors j'utilisais, pour ma première journée de marche, l'eau du bivouac que je quittais, et voici comment : Je n'en partais pas le matin, je dis : je n'en partais pas parce que, le matin, les chevaux boivent peu ou point, l'air est frais, ils n'ont pas soif, ils flairent l'eau ; à midi, après avoir mangé du drin, ils buvaient, et ils buvaient copieusement. Après avoir fait boire, je faisais donner encore un peu de fourrage ; pendant ce temps, la grosse chaleur passait et nous nous mettions en route.

A dix ou onze heures du soir, nous arrivions au bivouac et on distribuait, aux hommes seulement, de l'eau des tonneaux. Le cheval avait bu avant de partir, il souffrait peu de la privation.

Le lendemain, la colonne levait le camp de bonne heure. A la grande halte, on humectait le palais du cheval avec une gamelle d'eau des tonneaux, et à l'arrivée au bivouac, on l'abreuvait avec celle des mêmes tonneaux, qu'on ne consommait jamais en entier.

Le troisième jour, on partait de très-bonne heure et l'on atteignait, dans la journée, le bivouac où se trouvaient les puits, on s'y abreuvait.

Vous voyez que nous avions fait trois étapes sans eau et que les chevaux, sans souffrir de privations, n'avaient absorbé qu'une ration d'eau des tonneaux.

L'équipage d'eau doit être, de la part du chef, l'objet d'une sollicitude constante.

Je suppose que le procès longtemps pendant entre la peau de bouc, l'outre et le tonneau, procès victorieusement gagné par le tonneau, ne s'est pas renouvelé.

Nous avions des adversaires, nous, les souteneurs du tonneau, les hommes de la barrique.

L'arabophile plaidait pour la peau de bouc, se basant non sur ses qualités, mais sur son origine ; l'autoritaire soutenait l'outre, parce qu'elle était envoyée par le ministre.

Le tonneau avait bien des partisans, mais son origine de cabaret lui nuisait fort ; on lui reprochait d'être rond comme une futaille et d'incommoder, par sa forme sans gêne, l'animal qui le portait. Je ne sache pas qu'on ait consulté là-dessus le chameau, mais je suppose qu'il aurait opiné pour la peau de bouc, par patriotisme d'abord, et parce qu'il a toujours été impossible d'empêcher celle-ci de fuir et que le porteur devait être partisan du coulage, comme procédé d'allégement.

La peau de bouc offre de grandes difficultés pour être ouverte et fermée.

La mieux constituée a des parties faibles. Si elle est vide, le soleil la sèche, elle se casse.

L'outre offre les mêmes inconvénients, sauf la fermeture, et elle coûte trop cher pour ce qu'elle vaut et ce qu'elle dure.

Quoique beaucoup plus solide que le reste, le tonneau exige des soins journaliers. Il ne faut pas l'abandonner à lui-même. La bonde doit être entortillée de laine, elle éraillerait, sans cette précaution, la partie du bois contre laquelle elle frotte.

Toutes les fois qu'on trouve un peu d'eau, il faut en mettre dans les tonneaux vides.

Ils doivent être tous visités au bivouac, et ceux qui ont la plus petite atteinte remis à deux tonneliers qui suivent avec un attirail complet de douves, de bondes et de cercles et tous les outils de la profession.

Les deux tonneaux qui composent le chargement doivent être placés le plus haut possible sur le bât afin de ne pas faire de pression sur les flancs de l'animal.

J'ai demandé souvent qu'on construisît exprès pour l'équipage, des tonneaux de 60 et de 50 litres sur le modèle de ceux de l'ambulance et du génie, avec des chaînettes, un côté plat, une excellente ferrure et une double couche de peinture à l'huile. On m'a répondu que cela pourrait se faire; mais l'équipage n'a jamais été composé que de tonneaux en service, achetés au commerce, toujours tenus en état par une surveillance active mais difficile.

Un mot sur les marches forcées.

Il faut user très-modérément de la marche forcée, qui éreinte, et de la marche de nuit, qui fatigue trop. Nous avons la marche forcée féerique, celle qui s'écarte des règles de la nature, comme le conte des bottes de sept lieues. J'ai ouï dire qu'une troupe à pied avait fait 75 lieues en deux jours et demi, avec quelques galettes de biscuit, de la mauvaise eau et pas de sommeil du tout, par 45 degrés à l'ombre, dans un pays où il n'y a que du soleil; j'avoue que je commençais à ne pas être persuadé, parce que cela n'est pas à la portée de tout le monde, quand on m'a rappelé ces paroles de Napoléon : « Le mot *impossible* n'est pas français. » A ce souvenir du grand homme, j'ai salué et j'ai cru.

La marche échevelée consiste à marcher, marcher toujours jusqu'à ce que l'on tombe sur l'ennemi ou que l'on tombe de fatigue, c'est le cas le plus fréquent. Dans cette pointe, on ne s'occupe jamais de ce qui reste en arrière. Sur 800 hommes qui partent, il y en a 60 qui arrivent sur les fuyards, et si le coup de main semble impossible, on le remet à un autre jour ; on en est quitte pour avoir éreinté une colonne, perdu des effets, des vivres, avoir préparé des hommes pour l'hôpital, tué des chevaux, des bêtes de somme, éparpillés ses soldats sur une longueur de plusieurs lieues, si bien qu'un ennemi embusqué, tombant sur les flancs et sur les derrières de la colonne, eût pu assommer chaque troupier, isolément et sans difficulté ; on connaît des généraux à qui cela est arrivé et qui ne s'en sont pas vantés.

Tout ceci n'a rien que de simple et on n'en parle pas. Ce mouvement stratégique a été très-usité à une époque ; c'était la spécialité de quelques grands hommes du moment.

Voyons la marche forcée raisonnable et faite dans de bonnes conditions, les moins mauvaises du moins.

Pour aller fort et longtemps, pour sacrifier le moins d'hommes et le moins d'animaux possible, il faut s'arranger pour que le soldat goûte un peu de sommeil, mange autre chose que du biscuit et fasse des haltes. Pendant ces haltes, le soldat fait le café, il prend de l'eau aux sources ou aux tonneaux, portés par les plus vigoureux chameaux marchant toujours à hauteur de la colonne.

La cavalerie fait boire chaque fois qu'elle rencontre de l'eau, et sur un si long parcours on en trouve toujours ; si elle n'en trouve pas, elle s'abreuve aux tonneaux pendant une halte.

L'infanterie a toujours son sac sur les chameaux, pour deux jours de vivres sur elle, roulés dans la partie de tente qu'a chaque soldat ; le cavalier, pour deux jours de vivres aussi et trois repas d'orge dont il ferait quatre au besoin. Trois rations de vivres et deux d'orge pour toute la colonne sont portés par quelques bons mulets qui suivent la troupe de tout près ; des hommes désignés chaque jour pour la distribution de viande et pour faire la soupe, font la route sur les mulets, les cacolets, sur les chameaux ou sur les chevaux du goum, parce que, la nuit suivante, ils veilleront pendant que les camarades dormiront.

A onze heures de la nuit, on s'arrête comme on est, dans l'ordre de marche, sans camper ; chacun s'étale et dort [1] ; les cuisiniers allument le feu, vont chercher la viande et font la soupe ; elle se fait en deux ou trois heures, mais elle est mangeable. A trois heures, réveil [2] ; le soldat mange la soupe et conserve sa viande pour la grande halte.

Il reste donc, pour la marche, dix-sept heures pleines sur vingt-quatre, pendant lesquelles le soldat peut faire dix-huit lieues ; il soutiendra ce train pendant trois ou quatre jours, et à l'arrivée il aura conservé assez d'énergie pour le coup de main, s'il est nécessaire [3].

---

[1] Assez généralement, chacun tombe de sommeil à ce moment-là.

[2] Ces sortes de colonnes ne doivent être suivies que de moutons ; cet animal soutient mieux la marche que le bœuf ; il trouve dans le Sud de quoi manger ; les bêtes qui tombent pendant l'étape sont tuées et placées sur les chameaux pour être distribuées le soir.

[3] Il ne faut pas oublier de faire porter, en tête de colonne, par un cavalier, dans les marches de nuit, un fanal donnant beaucoup de clarté ; il est tenu haut au moyen d'une perche.

L'arrière-garde est formée par les spahis et les goums qui prennent en croupe les éclopés.

Dans les expéditions de ce genre, il faut être avare de sonneries, elles empêchent de reposer, il faut travailler sans tambour ni trompette[4].

---

[4] Dans les colonnes ordinaires, la sonnerie la plus utile est celle qu'on ne fait pas, une sonnerie pour abattre la tente : il y a toujours des officiers qui se tâtent le pouls pour quitter le lit de cantine ou la peau de mouton, l'abattage forcé de la tente coupe court aux hésitations, on ne résiste pas à ce croc-en-jambe. Il importe aussi qu'avant le réveil l'officier des affaires arabes aille presser les convoyeurs, que le capitaine faisant fonctions de sous-intendant militaire ou un officier d'ordonnance aille hâter les préparatifs des comptables. A l'ambulance, et surtout aux subsistances, il y a toujours du tirage au départ.

LETTRE LXVI.

ÉQUIPAGE DE CHAMEAUX DU BEYLIK (DE L'ETAT).

Le chameau est l'animal du Sahara par excellence, le Sahara est sa sphère, son domaine, il n'est bien que là ! Dans les montagnes de la Kabylie il serait déplacé, les plateaux du Tell, où il ne vient qu'accidentellement ne font pas son affaire, surtout quand il y tombe de la neige. C'est au désert, là où il y a absence d'eau et de subsistance, que le voyageur est heureux de trouver un animal qui vit sans boire ni manger, un être qui conserve avec soin de l'eau dans les cavités de son estomac pour que, dans un moment de détresse, l'homme qu'il porte sur son dos aille l'y chercher en lui déchirant les entrailles ; pour que cet homme, qu'il ne connaît souvent même pas, puisse se sauver la vie en lui arrachant la sienne.

Il n'y a qu'au désert qu'on trouve des animaux dont le dévouement fait pâlir celui des hommes, éclipse celui des Décius, des Curtius, de ces Romains qui étaient des exceptions dans l'espèce, tandis qu'ici l'espèce entière est animée du même sentiment d'abnégation. Vous ne voudriez pas croire cela, cher compatriote; mais c'est connu de tout le monde.

Les voyageurs n'ont pas toujours eu le chameau pour traverser le désert. Les Numides, les Carthaginois, ne l'ont pas connu, car ils s'en seraient servi.

Cependant, le chameau n'est pas une production nouvelle : Sémiramis, Xercès, Antiochus-le-Grand s'en sont servi comme cavalerie ; les Parthes en possédaient et les utilisèrent dans leur guerre avec Macrin, assassin et successeur de Caracalla. La Palestine était dotée de cet excellent animal, et après la destruction de Jérusalem par Titus, les émigrations juives en amenèrent dans la Cyrénaïque (partie est du pachalik de Tripoli); mais c'est surtout, dit-on, l'invasion arabe qui les répandit dans le Sahara et le Mogheb[1] ; c'est de cette invasion que date l'apparition du mehari.

Qu'est-ce donc qu'on avait avant le chameau pour traverser ces immensités sans eau? Rien peut-être.

---

(1) Cependant il y avait déjà beaucoup de chameaux en Afrique avant cette époque. Procope raconte que du temps de Belisaire, les indigènes insurgés contre les Romains garnissaient leur front, quand ils craignaient une attaque, de plusieurs lignes de chameaux et d'une ligne de bœufs; le poète Corippus, qui a chanté les exploits en Afrique de Jean Troglita, général de Justinien, relate le même fait.

Je reconnais que le chameau est un animal indispensable dans certaines conditions de lieux et de climats ; mais je prétends qu'on exagère ses qualités et ses moyens ; notez que je ne parle pas de ses sentiments.

Que le vulgaire croie là-dessus des choses absurdes, il n'y a là rien d'étonnant, on les a écrites, il les a lues ; mais quand on a vu souvent et de près le chameau, quand on l'a fréquenté, quand on a vécu dans son intimité, on se voit forcé d'abandonner bien des illusions à son endroit.

On dit qu'il reste huit jours sans boire ; c'est possible, s'il ne fait rien ; mais s'il fatigue, il ne résiste pas à ce régime-là. Je ne parle ici que de ce que j'ai vu ; mais dans nos expéditions, les chameaux obligés de rester plus de quatre jours sans boire se trouvaient considérablement incommodés, ils ralentissaient la marche et s'abattaient. Or, aux yeux de celui dont il porte le bagage, le chameau qui tombe à chaque pas et ne peut mettre un pied devant l'autre équivaut à un chameau mort.

On assure qu'il porte des poids énormes. Au Hodna, le pays le plus plat du monde, où les tribus possèdent de beaux chameaux, bien nourris, l'Arabe charge ces animaux de 4 et 5 quintaux de blé, de paille óu d'herbe ; mais il n'exige d'eux ce service que pendant quelques jours, pour rentrer les moissons, par exemple, pour aller au Tell vendre des céréales, pour changer de campement.

Mais si vous voulez qu'un chameau marche bien et longtemps, ne le chargez guère plus qu'un mulet, et vous ne vous trouverez pas mal de cette modération de procédés à son égard.

Croit-on aussi qu'il soit aussi robuste de tempérament qu'on le dit? C'est encore une erreur, le chameau est relativement délicat ; s'il est piqué par certaines mouches, toute son organisation en est bouleversée, il se trouve étourdi, presque fou ; s'il fait un long séjour là où sont ces mouches, il n'y résiste pas.

Il est très-sujet à la gale, une gale qui ne se guérit qu'avec du goudron, ce qui finit par coûter cher.

Ses membres sont fragiles, les chutes occasionnent des fractures assez fréquentes. Dans les parages humides des lacs salés, je n'entendais parler que de glissades ayant *cassé* un chameau : leurs longues jambes se brisent comme du verre.

Le chameau est aussi très-sensible au froid.

Je parlerai peu de ses avantages extérieurs, c'est le type de la laideur et de la difformité. Son col arqué, sa petite tête, ses gros yeux bêtes qui semblent vouloir en sortir, son gros ventre, ses cuisses plates, ses jambes minces, sa vilaine petite queue, tout est, chez lui, sans grâce et sans proportion, rien ne donne l'idée de la vigueur. Si seulement, comme certaines personnes nées laides, il rachetait ces vices de traits et de formes par la douceur, l'intelligence, l'aménité du caractère ! mais non, il n'en est rien. C'est l'animal le plus maussade, le plus bougon que je connaisse, il n'a jamais l'air content ; quand il est accroupi et qu'on le charge, on ne sait par quel bout le prendre, il crie avant d'être battu, tourne en se balançant lourdement la tête à droite et à gauche, il vous regarde comme s'il voulait vous avaler, en criant, en ouvrant la bouche, en y remuant sa grande langue dont il semble ne savoir que faire.

Il n'est question ici que du chameau ; je ne parle pas du mehari qui lui est supérieur en tout : hauteur, force, vitesse et résistance dans la marche ; le mehari qu'on monte beaucoup, qu'on charge peu, qu'on traite avec soin et qui coûte beaucoup plus cher, mais qui, d'ailleurs, est en si petit nombre dans nos possessions, qu'on peut dire qu'il n'y existe pas.

La mortalité des chameaux, suite de fatigue, fut grande dans nos premières colonnes du Sud ; les réquisitions ne nous fournissaient que des bêtes faibles. Quiconque avait un animal mauvais, une rosse, cherchait à le fourrer dans un convoi, il y mourait ; or, il existait alors, dans l'intérieur des tribus, un usage assez patriarcal : on convenait, en djemâa (en conseil), que les pertes de chameaux morts en colonne seraient supportées par la tribu tout entière. Les fractions faisaient cela entr'elles, nous ne nous en mêlions pas ; plus tard, lors de l'apparition du budget des centimes additionnels, cette bonne vache à lait à laquelle on en tirait pour tant de choses et par tant de pis qu'on finissait par l'épuiser sans utilité pour quoi que ce fût, il fut alloué des indemnités pour pertes de bêtes de somme en expédition ; elles ne furent jamais suffisantes.

Impatientés de voir les réquisitions fournir tant d'animaux qui ne tenaient pas debout, nous prîmes un moyen qui réussit : les bêtes, pour les convois, furent réunies dans la tribu même, sous les yeux d'agents du bureau arabe, qui faisaient de suite changer les mauvaises ; nous eûmes alors des convois marchant bien ; il mourut moins d'animaux, mais on perdit encore trop.

Les troubles du Sud devaient naturellement faire

songer à se servir du chameau comme moyen de locomotion pour le militaire à pied ; ajouté à la cavalerie et à l'infanterie que nous avions déjà, un peu de chamellerie ne pouvait pas nuire. Un essai de ce genre avait été tenté quelques années auparavant, mais en petit et dans des conditions bien moins favorables que celles où nous nous trouvions.

Un jour, je me souviens de ce jour-là comme si c'était hier, nous étions en excursion et en séjour dans le Mahaguen, il y eut au camp une première représentation qui tira à tout le monde des larmes de rire, on s'en tenait les côtes ; c'était une comédie de circonstance, ascension et marche de fantassins à dos de chameaux. Elle ne réussit pas, la pièce tomba, les fantassins aussi, ce fut à refaire. Cependant les précautions étaient prises ; les cent meilleurs chameaux avaient été extraits du convoi, 50 zéphirs et 50 turcos extraits des rangs, et chacun d'eux devait se jucher sur un des animaux bossus, comme bien des gens que je connais, mais pas spirituels comme eux. On avait affublé chaque soldat d'un burnous blanc ; pendant l'ascension, le conducteur de l'animal masquait à ses regards le guerrier qui le prenait d'assaut par surprise. On ne put éviter une panique, elle fut provoquée on ne sut par quoi, la malice peut-être. Les animaux partirent égarés dans toutes les directions, chacun d'eux emportant son fantassin ; il y en a qui furent emmenés si loin qu'ils crurent que c'en était fait d'eux, que l'animal allait les perdre dans les terrains arides du Sahara ; ils pensèrent à leurs familles, à leur maîtresse qu'ils ne devaient plus revoir ; quelques-uns tombèrent au début de l'action, d'autres tentèrent de se laisser glisser et parvinrent à

gagner le sol. La plupart des cavaliers cherchaient à tenir
bon et se cramponnaient à leur monture à cause des
secousses qui leur faisaient prendre des positions grotes-
ques ; on eût dit des singes comme ceux juchés sur des
chameaux qu'on promène sur les quais de France et
qu'on montre comme curiosité. Les turcos ne se com-
portaient guère mieux que les joyeux (zéphirs) ; c'étaient
des Qabyles ou des Tellia, et les chameaux semblaient
n'avoir d'égards ni pour leur qualité de musulman, ni
pour leur nationalité. Enfin, on finit par faire rentrer
les chameaux au camp ; quatre à cinq d'entre eux y
revinrent sans cavaliers, et, comme ils ne pouvaient
dire ce qu'ils en avaient fait, on les chercha et on les
trouva dans des touffes d'Alfa. Il fut difficile de les faire
lever ; se trouvant mieux là que sur le chameau, ils se
déclaraient satisfaits de leur position et ne voulaient pas
en changer.

Le lendemain on recommença l'essai, on fit appel aux
hommes de bonne volonté, et, ce qui ne doit pas étonner
quand on connaît le soldat français, il s'en présenta un
nombre plus grand que la veille, dans lequel se trouvaient les victimes de la première catastrophe.

Cette fois, les choses allèrent beaucoup mieux, et deux
jours après, cent fantassins, perchés sur autant de bons
chameaux, firent plusieurs lieues sans le moindre désordre ; mais il leur avait été enjoint de ne pas chercher
à conduire leurs animaux, dont le groupe fut dirigé par
quelques spahis du pays ou des chameliers montés sur
de bons chevaux. Placés à l'arrière et sur les flancs, ils
firent admirablement marcher cette masse qui offrait
véritablement un curieux coup-d'œil. Ce procédé me

semble le meilleur pour la conduite des chameaux montés par la troupe. Dans le cas où le groupe serait trop
nombreux, on peut le scinder en deux ou trois pelotons
marchant séparés. Hélas ! pourquoi voulut-on pousser
les choses plus loin ? Il fallait en rester là, perfectionner
tous les soldats dans ce genre de gymnastique pendant le
cours des expéditions, au moyen des chameaux du convoi,
et les monter sur des chameaux de tribus dans les cas
pressés, mais rares. Malheureusement on eut plus tard
l'idée d'acheter des chameaux pour le compte du gouvernement et de se créer un équipage du beylik, idée
absurde qui, je l'avoue, ne me parut pas telle au premier abord, elle me séduisit même au début. Je ne me
rendis pas compte des difficultés, des embarras, des désagréments de toute espèce que cette création devait occasionner ; je me passionnai pour cette organisation qui
devait faire merveille et nous conduire au Soudan, rien
que cela. Mais je fus vite dégrisé ; si cela avait continué,
les chameaux m'auraient tourné la tête, je serais mort
d'une indigestion de chameau.

L'acquisition des animaux bâtés et munis de leurs sacs
et d'une corde de laine fut une opération facile ; chaque
année, la connaissance plus approfondie des ressources,
l'étude de la statistique, la rentrée de tentes venant de
Tunis ou d'autres lieux, où l'anarchie et les discordes
intestines les avaient forcées de s'exiler, tout cela permettait d'augmenter l'impôt progressivement et insensiblement sans léser les indigènes. Il parut donc très-
simple de demander par fraction un bon chameau, en
lui tenant compte au versement de l'impôt du montant
de sa valeur ; elles le fournirent avec son bât, ses deux

sacs ou grara, sa corde en poil de chameau et son en-trave.

Voilà que cela commence, il faut un magasin pour ce harnachement; nouveau soin, nouveau tracas pour le bureau arabe.

Comme il eût été trop coûteux d'entretenir un per-sonnel de chameliers, l'équipage fut confié à tour de rôle à des chefs arabes dévoués, et comme nos tribus regorgent de chefs dévoués, c'était à qui se présenterait et crierait : « Ia sidi, donne-moi du chameau, du chameau ou la mort ! » Le bureau arabe était embarrassé, il délibéra et remit les chameaux au premier venu.

Le chef dévoué se servit des chameaux et n'y veilla pas, car ils maigrirent et on en vola. Les particuliers retrouvaient les chameaux qu'ils perdaient, ceux du beylik n'étaient jamais retrouvés, sans doute parce qu'ils étaient marqués plus visiblement que les autres. On accu-sait naturellement de ces vols les Ouled Sahnoun, tribu qui fait profession de vols de chameaux ; ils avaient bon dos, mais ils ne s'en fâchaient pas, et cette nouvelle accu-sation ne pouvait nuire à leur réputation.

Il mourut quelques animaux, et le chef dévoué pré-tendit qu'ils avaient quelque chose dans le corps au moment de l'achat, un vice rédhibitoire, et qu'on pouvait en rendre la peau au moyen d'un qadhi, n'importe lequel, et de deux experts qui forceraient le vendeur à le remplacer.

Si, par hasard, il tombait un peu de pluie, les sentiers devenaient glissants, et il était rare qu'un chameau ne se *cassât* pas ce jour-là ; les jours de pluie étaient marqués par des fractures de chameau.

Enfin la gale arriva, elle fit invasion sur l'équipage comme le choléra, tomba dessus comme la grêle. D'épidémique et contagieuse, elle passa à l'état permanent et endémique ; elle avait le caractère le plus malin, on n'avait jamais vu de gale comme celle-là ; l'équipage fut séquestré, cordon sanitaire, défense à tout chameau de fréquenter ceux du beylik. Alors les chefs dévoués demandèrent du goudron au bureau arabe ; une peau de bouc de goudron y passait comme une lettre à la poste, puis on en demandait encore, toujours, le marché de Bousadah n'y suffisait plus ; le bruit courut qu'on voulait goudronner les tribus. J'allais voir les chameaux : dans quel état ils se trouvaient, pauvres bêtes ! Galipotées de la tête à la queue inclusivement, comme les cordages d'un vaisseau, comme un navire en carêne, ils paraissaient honteux de se trouver dans cet état-là. C'est qu'aussi on avait tant consommé de goudron que je me demandais si on ne leur en faisait pas boire.

Dans le principe, on maintenait l'équipage au complet, on remplaçait les morts, et aussitôt qu'un chameau était acheté, quoiqu'on mît à part les nouvelles bêtes, son premier soin était d'attraper la gale et le chef dévoué venait redemander du goudron.

Quand nous avions besoin de l'équipage, il se trouvait toujours moitié des animaux indisponibles, il fallait recourir à l'ancien moyen, la réquisition ; d'ailleurs, il fallait toujours louer des chameliers pour l'équipage, et le khammès désigné pour ce service se regardait alors comme homme du Makhzen ; au lieu de venir avec ses vivres comme ceux des tribus, il comptait sur le beylik et n'apportait aucune provision : ennui pour le commandant.

La distribution des bâts, sacs et cordes se faisait avec l'ordre qui distingue les indigènes ; le bureau arabe donnait à son chaouch l'ordre de distribuer tout cela ; on ouvrait le magasin, les chameliers s'y précipitaient, chaviraient, retournaient, prenaient ce qu'ils voulaient ; au retour, la réintégration se faisait avec les mesures d'ordre et de précaution usitées au départ, exactement les mêmes. Les carcasses de bât se cassaient, les sacs se trouaient, les cordes s'usaient, et les déficits... Oh ! les déficits, on n'en parlait pas. Bientôt on se décida à ne plus combler les vacances faites par la mort, l'équipage fondait ; les chameaux dépérissaient ; la division demanda des explications, des rapports : ils conclurent à la nécessité d'arrêter les frais, il y avait urgence. Enfin, un beau jour, parut, à la satisfaction générale, une décision du gouverneur ordonnant la vente de ce qui restait de l'équipage. Une commission fut nommée, la vente se fit aux enchères et elle ne rendit pas le tiers du prix d'achat, sans compter le loyer des chameliers, l'achat du goudron et tous les autres frais.

Ainsi disparut le fameux équipage du beylik, qui n'avait rendu aucun service et coûté beaucoup plus que la réquisition.

L'Afrique est le pays des écoles, et si toutes celles qu'on y a faites n'avaient pas eu de conséquences plus graves que celle-là, il n'y aurait pas lieu de trop se plaindre.

LETTRE LXVII.

SITUATION DES AFFAIRES EN 1852. — BRUITS QUI CIRCULENT SUR LE CHÉRIF ET SUR SES PROJETS.

L'année 1852 s'annonça assez mal pour nos affaires du Sud. Le chérif, quoiqu'il ne fît rien de ce qu'il avait annoncé, se faisait chaque jour plus de partisans dans les tribus éloignées; sa réputation grandissait, on ne parlait que de lui, son nom était dans toutes les bouches, ses lettres inondaient le pays, elles étaient toutes les mêmes, disaient toutes la même chose, c'était une circulaire qui avait eu plusieurs éditions; puis son cachet était flamboyant, étincelant, éblouissant, il fascinait l'Arabe. Il n'existe personne au monde sur qui le cachet opère autant que sur ce bipède; l'Afrique est le pays du cachet, et s'il y a enfanté des merveilles, il y a engendré bien des sottises, des turpitudes. Les émissaires de Mohamed ben

Abdallah parcouraient les tribus; on les recevait bien partout, on les bourrait de kouskoussou et de dattes, ils ne vidaient jamais la place avant d'avoir empli leur estomac et se promettaient de revenir; on leur faisait volontiers l'aumône. C'était un assez bon métier.

Enfin on croyait au chérif presque partout : c'était le mouley Sâa, le maître de l'heure. On avait d'abord envoyé les marabouts le reconnaître, ils étaient revenus, disant que c'était bien lui, ils l'avaient reconnu; cependant ils ne l'avaient jamais vu; mais tous les jours, dans la vie, on reconnaît des gens qu'on n'a pas vus?

Malgré les symptômes peu favorables à la paix, les grandes fractions ne bougeaient pas, le chérif ne faisait que quelques recrues individuelles; cela tenait d'abord à ce qu'il était trop loin, puis il habitait des lieux où hommes et bêtes fussent morts de faim et de soif, et comme il annonçait qu'il viendrait dans le pays, se présenterait dans nos postes et nous exterminerait, il n'était pas nécessaire d'aller le trouver; les Arabes désiraient le voir faire toutes les belles choses qu'il promettait d'accomplir tout seul d'abord, pour se joindre à lui ensuite.

Il ne se passait pas de jours sans que quelque chikh zélé ne vînt m'apporter des lettres du chérif avec ce cachet étoilé comme le ciel, grand comme la lune; il me rendait compte de l'arrivée d'agents du chérif, me signalait ceux de ses administrés qui s'entendaient avec lui, et si je l'avais écouté, j'aurais arrêté un tiers de la tribu, et ce tiers-là eût été composé de rivaux du chikh, d'hommes ayant eu maille à partir avec lui, ayant eu à se plaindre de lui, ayant réclamé contre lui; d'un seul coup tous ses ennemis personnels eussent disparu de la fraction. C'était assez adroit.

A Bousadah, notre affaire était claire : c'est par nous que le chérif commencerait, nous n'avions pas longtemps à attendre. Les Bousadiens sont en relations continuelles avec les Ouled Nail qui pour des moutons, qui pour des femmes, car le Bousadien donne beaucoup dans la Naïlia et l'épouse assez volontiers. Il fallait entendre ceux qui revenaient des tribus, rapporter tous les bruits qui y circulaient et surtout voir leur mine en racontant ; c'étaient des gens convaincus. Le vieux qaïd Bel Gomri me redisait tous ces contes-là. Le chérif devait arriver avec sa troupe jusqu'au défilé d'El Aneg, tout près de la ville, caché à tous les yeux derrière un énorme troupeau de chameaux ; là il devait démasquer, tomber sur la ville comme la foudre ; alors la redoute s'enfoncerait en terre avec toute la garnison, sa place redeviendrait nette comme la main, l'œil le plus exercé ne devinerait pas qu'on eût jamais bâti sur son emplacement. Puis sorti- rait de terre le sommet du minaret d'une superbe mos- quée qui se dégagerait doucement, insensiblement du sol, comme la lune sort majestueusement d'un nuage, et quand elle serait tout entière débarrassée de la poussière, le chérif s'y installerait, et là il recevrait les hommages des populations empressées.

Bel Gomri, en me racontant cela, ne paraissait pas du tout rassuré pour nous, et quoiqu'il affectât un sourire d'incrédulité, qu'il appelât les Arabes stupides, il y croyait comme eux, et au fond, en sa qualité de bon musulman, il était bien certainement charmé d'être bientôt débarrassé des Roumis.

Quant à nous, il ne nous restait plus qu'à recommander notre âme à Dieu, nous n'en avions pas pour longtemps à vivre; et pour nous étourdir, nous donnions aux odalisques un peu tannées des Ouled Nail des bals non masqués, peu parés et presque pas habillés.

Mais les bals étaient interrompus par de fréquentes sorties; nous passâmes dehors presque tout l'hiver, visitant les tribus, les rassurant et protégeant les mouvements qu'elles étaient parfois obligées de faire au sud de la montagne.

LETTRE LXVIII.

AFFAIRE BRILLANTE DE MELLILI. — CHASSEURS D'AFRIQUE. — LE LIEUTENANT-COLONEL COLLINEAU. — LE LIEUTENANT ANDRIEU.

Revenons à Ouargla. Nous avons dit que le chérif avait exploité l'affaire de Tougourt dans ses discours ; mais ses conclusions étaient toujours les mêmes : mêmes menaces contre nous, mêmes promesses de nous anéantir. Or, pour anéantir une armée, il faut la rencontrer, se trouver face à face avec elle ; on ne persuadera jamais au plus naïf des humains que le moyen de la bousculer c'est de tout faire pour l'éviter, de lui tourner le dos, de la fuir comme la peste ; eh bien, depuis son entrée en scène, le chérif ne faisait pas autre chose ; c'était sa tactique, cela sautait aux yeux.

Instruit par de bons espions des mouvements de nos

colonnes, leur apparition subite le faisait rentrer dans
sa coquille comme un escargot. « Voilà l'instant de
nous montrer, cachons-nous! » telle semblait être sa
devise.

Je suis donc porté à croire que cette manœuvre finit
par paraître si extraordinaire à ses gens qu'on le poussa
à la modifier. Des amis, des personnes ayant leur franc-
parler avec lui, durent lui en faire l'observation. Les
chérifs ont, comme les souverains, des intimes, des
proches connaissant les ficelles et devant lesquels ils se
déboutonnent; on me permettra même de penser que
lorsqu'ils sont ensemble, loin du public, descendus des
tréteaux, ils ont souvent, comme les anciens augures,
bien de la peine à se regarder sans rire. Il est probable,
disais-je, que l'ami dit au chérif : « Il y a bien longtemps, sidi, que nous nous amusons aux bagatelles de
la porte. La razzia sur les tribus devient chaque jour
plus rare, plus difficile et moins lucrative, il est temps
de changer de système ; si vous ne voulez pas vous démo
nétiser, il faut faire quelque chose ou renoncer au métier de chérif, qui n'allait pas mal dans le commencement. Vous promettez toujours de faire un hachis de
l'armée française et vous ne hachez rien du tout; au
contraire, devant ses colonnes vous vous sauvez comme
un beau diable, l'apparition d'une d'elles vous fait rentrer sous terre ; si on ne savait pas bien qu'un vrai chérif
comme vous n'a peur de rien, on se figurerait que vous
avez peur de tout; si vous aspiriez à la réputation de
poltron, vous n'auriez pas à vous y prendre autrement ;
mais, il faut bien vous le dire, on commence à jaser, on
voudrait vous voir en finir d'un seul coup. Depuis le

temps que vous le dites, ce devrait être fait ; on trouve que cela traîne, et si vous ne trouvez pas le moyen de fermer la bouche aux causeurs, nous ne répondons plus de rien. »

Il faut qu'il se soit passé quelque chose comme cela dans l'intérieur du chérif, et je ne puis expliquer d'une autre manière l'idée qui lui vint de faire subitement une pointe sur les Zibans avec tous ses combattants, pointe qui fut faite si secrètement, si rapidement, si habilement, que le commandant supérieur de Biskra, le colonel Collineau, que personne ne pourrait accuser d'avoir manqué de vigilance, n'eut pas vent de sa marche ; il ignora son arrivée à l'oued Iettel, où il avait l'habitude de s'arrêter, et ne fut averti de son arrivée dans le Zab el Guebli, à quelques lieues de Biskra, que quand ses éclaireurs s'y montrèrent. Rien n'avait transpiré de ses projets, et sa troupe même ignorait où il la conduisait. Les officiers du bureau arabe sont quelquefois mal renseignés ; où est le crime? Eh bien, si vous leur dites cela, ils ne prennent pas toujours bien la chose ; c'est un travers. Petits sultans, ne sont-ils pas, comme les grands, entourés de gens qui les trompent?

Biskra n'avait à ce moment, pour toute garnison, qu'un peloton de chasseurs d'Afrique du 3ᵉ régiment et quelques compagnies d'infanterie. Le jour même de l'arrivée du chérif, le peloton de chasseurs avait été relevé par un autre du même régiment et commençait son mouvement de retraite sur Batna (c'était le 21 mai 1852) ; il avait déjà atteint El Outaia, sa première étape, quand il fut rappelé en toute hâte par un ordre du colonel Collineau. Dire avec quelle promptitude ils repiquèrent sur Biskra, c'est inutile, on sait comment se conduisent les chasseurs quand cela va chauffer.

Pendant ce temps, Mohamed ben Abdallah installait son camp à sept lieues de Biskra, sur la rive droite de l'oued Djedi, en face de l'oasis de Mellili, située sur la rive gauche et dont les derniers palmiers touchaient à la rivière. Les fanatiques et les gens du lieu, qui comprenaient la portée des évènements, le conjuraient de passer l'oued et de se jeter dans les palmiers d'où il eût été impossible de les déloger avec la petite garnison de Biskra ; alors la révolte avait le temps de grandir, de se développer, de s'étendre à tous les Zibans. C'était un nouveau siége à faire, plus d'un peut-être, une guerre sérieuse, de grands embarras, une très-grosse affaire sur les bras du Roumi ; mais Mohamed ben Abdallah n'osa suivre ce conseil, il eut peur, oui, il eut peur. Il se vit cerné, peut-être pris dans l'oasis ou tué comme Bouzian, et, tenant plus à sa peau que cet énergique marabout qui la sacrifia à la cause qu'il soutenait, il aima mieux voir toujours grande ouverte en se retournant la porte du Sahara. Triste homme ! Bref, il resta sur la rive droite, en pays ras et sans accident, trouvant que là il respirait plus à l'aise et qu'il pourrait plus facilement se sauver à l'occasion.

A peine la division de chasseurs d'Afrique (une division se compose de deux pelotons) fut-elle réunie sous les ordres de son chef, M. le lieutenant Andrieu, que le colonel Collineau se porta avec elle dans la direction de Mellili, en se faisant suivre par les seules compagnies d'infanterie disponibles à Biskra. Arrivé là, il ne fallut pas longtemps au lieutenant Andrieu pour juger de la

position de l'ennemi, du point par lequel il fallait l'attaquer ; quant à sa force, pour lui c'était un détail, les
chasseurs ne s'occupent jamais de ces choses-là.

Ils se ruèrent comme des tigres sur cette masse compacte de combattants qui avaient 2,000 fusils à leur
opposer. Les fantassins, stupéfaits, ne perdirent pourtant
pas la carte ; descendus de leurs gigantesques meharas,
Is s'en servirent comme d'un rempart, ils firent de cette
position un feu nourri sur les chasseurs. Le choc fut
rude, la charge de notre vaillante division admirable ;
elle fit de larges et cruelles brèches dans ce rempart
vivant. La trouée, renouvelée quatre fois avec la même
vigueur, la même énergie, porta à la fin dans la troupe
du chérif un trouble si grand, une terreur si profonde,
qu'elle s'ébranla en désordre, cédant et fuyant de toutes
parts. La déroute commença, il y eut un sauve-qui-peut,
la défaite était complète, notre succès assuré. Notre cavalerie se retira ; il eût été inutile, imprudent, impossible
de lancer la division décimée, épuisée, à la poursuite
d'un ennemi qui ne demandait pas son reste et ne songeait pas à un retour offensif ; il était terrifié, et ses
pertes trop grandes.

Notre vaillante division de chasseurs, avec son brave
chef, rentra donc dans Biskra, ensanglantée, diminuée
des deux tiers de son effectif, mais couverte de gloire et
fière d'avoir arraché le pays à un danger sérieux et ajouté
une belle page à l'histoire du 3e chasseurs d'Afrique, déjà
bien riche en beaux faits de guerre.

L'Afrique est le pays des engagements partiels, les
grandes affaires y sont fort rares ; il en résulte que des
actions d'éclat isolées, faites par des officiers aussi intré-

pides que modestes, n'ont pas eu le retentissement qui les eût suivies si elles avaient été accomplies dans une grande expédition, sous les yeux d'un général en chef.

Dans cette circonstance, les goums du chikh El Arab furent faibles, mous et timides ; je l'aurais deviné, le goum pille, mais ne se bat pas. Il n'en fut pas de même du peloton des cavaliers du Makhzen commandés par le chikh Dheina, d'El Outaia ; électrisés par l'exemple des chasseurs, ils attaquèrent bravement l'ennemi et secondèrent de leur mieux les efforts de nos braves cavaliers.

M. le lieutenant Andrieu avait exécuté son coup de main avec tant de promptitude que les compagnies d'infanterie expédiées de Biskra sur les derrières, malgré toutes les diligences qu'elles firent en prenant, chaque fois qu'il fut possible, le pas gymnastique et de course, étaient encore à quelque distance du théâtre de l'action quand elle fut terminée.

Le chérif n'avait permis à personne de s'enfuir avant lui, non pas qu'il eût donné des ordres pour cela, mais parce qu'il avait eu soin d'être prêt avant les autres pour cette manœuvre qu'il exécuta pour son compte, sans s'occuper des siens. Il ne faut pas lui en faire un reproche, il paraît que les choses se font ainsi entre les chérifs et leurs gens, c'est l'usage : derrière au moment où l'on attaque, devant quand on fuit, voilà la place d'honneur que leur accorde la coutume, et, doués d'une modestie rare, ils n'en réclament pas d'autre ; il n'y a rien à dire à cela. Mohamed était étourdi, abasourdi, il voyait toujours briller les lames des chasseurs, dont le moulinet l'avait ébloui, et n'osait se retourner, craignant d'apercevoir mille pointes dirigées sur son corps. Il croyait avoir eu affaire à des démons, il lui paraissait impossible à des hommes de se trémousser de la sorte, il fuyait, fuyait, fuyait, et il est probable qu'il courrait encore, si son cheval avait pu continuer ce train-là. Il ralentit, parvint à gagner l'oued Jettel, et là, les cavaliers Larba, moins peureux que lui et laissés en arrière par Ben Chourah pour surveiller les manœuvres de la troupe française, vinrent l'avertir qu'elle était rentrée à Biskra et qu'il n'avait pas à craindre sa poursuite. Tous les contingents du chérif se rejoignirent peu à peu, on se remit, on se compta ; il y avait bien des manquants à l'appel. On se regarda... quel nez ! Le chérif ne parlait pas, on respecta son silence ; personne ne l'interrogea, ce qui le dispensa de répondre ; mais sa contenance en disait assez. Ce revers lui nuisit beaucoup dans l'opinion publique ; les parents des morts, au lieu de se montrer heureux de savoir leurs proches au Djennah et la bénédiction répandue à flots sur leur famille, eurent le mauvais goût de laisser voir leur chagrin et se permirent des suppositions et des propos déplacés. Ils se demandaient si Mohamed ben Abdallah n'était pas un faux chérif et tout simplement un homme qui mettait les autres dedans. Toujours est-il qu'ils se retirèrent de la partie et qu'ils résolurent de le laisser travailler tout seul pour le moment, sauf à l'aider plus tard si le cœur leur en disait.

Ainsi donc, la troupe du chérif se trouva sensiblement diminuée ; à l'exception des Larba et du peloton de coquins qui ne savaient où aller, il lui resta peu de monde. Cependant le dogme de la fatalité et le fanatisme produisent de si étonnants effets chez les Arabes, les leçons de l'expérience laissent si peu de traces sur leur esprit, ils professent pour le chérif un goût si prononcé, enfin celui-ci donna aux évènements passés une explication si extraordinaire, si merveilleuse, si stupide et si incroyable, qu'il finit par entraîner de nouveau à sa suite un chiffre assez rond d'imbéciles.

LETTRE LXIX.

Le combat de Mellili n'avait pas impressionné aussi
défavorablement qu'on pourrait bien le croire les tribus
du sud de la province. Naturellement, les gens qui y
avaient assisté en avaient été désagréablement affectés ;
mais complètement défigurée dans les relations qu'on en
fit en la colportant de douar en douar, cette affaire
changea de tournure aux yeux des populations. Elle
devint un succès pour le chérif, et, en exagérant nos
pertes, on finit bientôt par croire qu'il ne faudrait pas
beaucoup d'actions comme celle-là pour nous forcer à
repasser la mer. On disait aussi « que si le chérif n'avait
» pas poussé en avant, c'est que cela n'avait jamais été
» son intention ; il avait ses raisons et il ne devait de

» comptes à personne. On n'aurait pu l'empêcher d'avan-
» cer ; l'ennemi, en cherchant à se mettre à l'abri, lui
» avait laissé ouverte la route de Biskra ; mais il avait
» seulement voulu nous montrer comment il s'y prenait ;
» il était écrit qu'il n'irait pas plus loin cette fois, et que
» ce serait pour un autre jour. »

Vous ne vous étonnerez donc pas, cher compatriote, de voir une grande tribu du cercle de Biskra, les Ouled Sassy, faire défection. Les Ouled Sassy ont toujours été assez mal famés, remuants et difficiles à manier. Ils avaient toujours eu des idées très-confuses sur le tien et le mien ; sachant qu'il existe plusieurs moyens de devenir propriétaire d'objets, ils avaient classé le brigandage au nombre de ces moyens, et ils étaient imbus de ce principe : « Ce qui est bon à prendre est bon à garder. »

Qui pourrait dire le nombre de caravanes dévalisées par eux à l'heureuse époque de liberté illimitée qui a précédé l'occupation française? Longtemps l'Oued Djedi fut le théâtre de leurs exploits, ils trouvaient cette existence-là très-agréable. Ce n'est pas sans peine qu'ils y ont renoncé et ils ont toujours conservé du goût pour les aventures. Il y avait de rudes champions parmi eux, et on citait dans le nombre des gens qui avaient quitté la tribu pour joindre le chérif, des noms illustres dans l'art de déshabiller les voyageurs et d'envoyer de suite ceux qui n'avaient pas l'air d'être contents là où ils seraient toujours allés plus tard.

Or, voilà les Ouled Sassy, à qui les envoyés du chérif promettaient plus de beurre que de pain et mettaient le feu sous le ventre, les voilà qui refusent de payer au beylik un reliquat de compte et annoncent à leur chikh qu'ils vont lever le pied et que, pour peu que le cœur lui en dise, il n'a qu'à faire comme eux, sinon au revoir.

Le qaïd resta seul, la tribu fila, impossible de la retenir ; elle piqua dans l'Ouest et se plaça au sud du Boukahil, dans le lit tourmenté et accidenté de l'oued Djorf, dont les Ouled Sassy connaissaient les nombreuses grottes, anfractuosités et cavernes. L'oued Djorf s'échappe par un défilé très-difficile des derniers contreforts du Boukahil. Une fois là, ils ne voulurent plus entendre parler ni des qaïds, ni du bureau arabe, ni du commandant militaire et signifièrent aux cavaliers du Makhzen qu'on leur envoya, qu'ils avaient le droit de passer à côté ou de retourner, mais que, quant à venir leur communiquer des ordres, ils étaient invités à s'en priver, s'ils tenaient à s'éviter des désagréments.

Le commandant de la subdivision de Batna, M. le colonel Desvaux, depuis général, s'adressa à la division pour faire diriger sur les O. Sassy la colonne de Bousadah, qui se trouvait le poste le moins éloigné de l'oued Djorf. Elle était dehors, toute formée, avec l'escadron de spahis de Sétif au complet et la compagnie entière des tirailleurs de Bouariridj. M. le colonel Desvaux ne perdit pas un instant pour m'avertir de la démarche qu'il faisait près de la division et me renseigner de la manière la plus exacte sur la position des Ouled Sassy. Sa lettre m'était apportée par le qaïd des Ouled Sassy lui-même, qui était arrivé avec la rapidité d'une flèche, et avait crevé son cheval en route.

Il était évident que la division ne pouvait refuser le

concours de notre colonne, la seule qu'on eût toute formée, toute prête et relativement à proximité de l'ennemi ; d'ailleurs, c'était toujours un excellent procédé, surtout alors, en Afrique, de lancer sur une tribu insoumise d'une subdivision quelconque une colonne formée dans une autre subdivision. Les Arabes ont des idées souvent tant soit peu confuses sur les relations des commandants français entr'eux ; ils raisonnent par analogie et se figurent souvent, comme vous le voyez, qu'ils échapperont au chef de leur territoire, en passant sur celui du voisin ; ils croient que la jalousie nous divise comme eux.

A l'époque dont je parle, nous n'avions pas de télégraphe, et si, dans une circonstance comme celle-ci, la privation de cette invention diabolique se faisait sentir, il y en avait bien d'autres où le télégraphe eût été pour nous une entrave, car il nous eût privé de la liberté de manœuvres si nécessaire alors, dans des lieux où se passaient des évènements qui pouvaient ne pas être bien appréciés à distance. Attendre un ordre qui ne pouvait arriver que par la correspondance, c'était perdre un temps précieux. Le qaïd, furieux contre les Ouled Sassy, me priait d'agir de suite, me pressait ; il n'y avait qu'un moyen de suppléer à la transmission télégraphique de l'ordre, c'était de s'en passer ; et comme il était sûr qu'il arriverait, comme mes raisons pour ne pas perdre de temps étaient les meilleures du monde, je résolus de partir sans attendre avec 250 hommes d'infanterie, zéphirs et tirailleurs, 80 chevaux des spahis et un goum de 50 chevaux des Ouled Madhi, de l'oued Chellal, qui se trouvaient alors tout près de Bonsadah.

Je vous avoue, cher compatriote, que, malgré la diligence que je voulais faire, je n'espérais que médiocrement joindre un ennemi qui avait sur moi une avance de vingt lieues. Je me disais : « nous allons en être pour une course de plus; » mais en fait de courses, il y avait longtemps que nous ne comptions plus. Chez les Ouled Hamed, j'appris que les Ouled Sassy avaient fait un petit mouvement en arrière, toujours dans l'oued Djorf, et massé tous leurs douars dans un coude que fait la rivière qui, à cet endroit, a ses rives à pic et historiées de cavités et de ravins. Ce mouvement, qui datait de deux jours, n'était pas motivé par notre sortie; il n'annonçait pas moins l'intention de se fortifier momentanément dans une position convenable, mais où ils ne pouvaient rester longtemps, car ils avaient à y craindre les eaux torrentielles en cas d'orage, ce que les Arabes appellent la hamla.

A Ain Rich, où ma troupe arriva fatiguée, je lui donnai tout le repos dont elle avait besoin ; je me débarrassai de tous les *impedimenta* ; sur les mulets, je juchai mes fantassins deux par deux et j'arrivai le deuxième jour, dans la soirée, après avoir traversé l'exécrable défilé du Noug, dans le Boukahil à un terrain plane qui se trouve au sud de la montagne, entre le défilé d'où je sortais et celui par lequel l'oued Djorf s'échappe des derniers contreforts. J'appris que les Ouled Sassy, laissant leurs tentes dans l'oued Djorf, s'étaient avancés en armes vers le défilé et en étaient maîtres ; j'avoue que cette audace, sur laquelle je ne comptais pas, me parut si extraordinaire et si en dehors des habitudes des Ouled Nail, qu'il fallait y reconnaître le fait de gens à tête montée et décidés à se défendre

vigoureusement. Je conçus quelque inquiétude, basée sur
la faiblesse numérique de l'infanterie et les chances que
donnaient les accidents du pays aux Ouled Sassy pour
m'empêcher de passer ; heureusement je connaissais parfaitement la conformation du défilé que j'avais exploré
précédemment ; je savais qu'il n'était très-difficile qu'à
un seul endroit ; c'était là que serait la force de la résistance ; brisée là, elle devenait impossible ailleurs. Je
connaissais aussi le lit de l'oued Djorf ; enfin il fallait,
comme on dit, risquer la balle, il n'y avait pas de milieu.
La gauche du défilé était formée par une hauteur à pic et
inaccessible ; s'il nous était impossible de l'occuper, la
chose n'était pas plus facile à l'ennemi, et quand bien
même il l'eût occupée, le fond du défilé eût été défilé de
son feu. Ce fond était formé par une rivière dont le lit
était encombré de roseaux et de buissons assez épais pour
permettre de s'y embusquer. Les Ouled Sassy n'avaient
pas manqué de s'y loger. Sur la droite de la rivière se
trouvait un chemin étroit et ne permettant le passage
qu'à un seul cavalier de front ; il conduisait à un petit
plateau, sorte de plate-forme, sur lequel devait être réuni
un gros de tirailleurs ennemis, c'était indubitable. On ne
pouvait quitter le plateau par le sud qu'en escaladant
une petite bande de roches qui le barrait de ce côté, ou
en prenant le lit de la rivière ; au-delà, le défilé s'élargissait. Enfin, la droite du défilé était formée par une
hauteur accessible par le nord, par conséquent, pour
nous ; la hauteur était occupée comme le plateau et
le lit de la rivière. Il s'agissait donc, comme disent les
matelots, de nous patiner sous nos basses voiles, il y
aurait du grabuge. Les zéphirs, commandés par le capi-

taine Boeto, passé depuis dans la gendarmerie, furent chargés de balayer le lit de la rivière ; les tirailleurs, commandés par le capitaine Le Bustier, furent lancés sur les hauteurs de droite, et les spahis enfilèrent un à un le chemin longeant la rivière à droite. S'ils ne pouvaient trouver le moyen de charger l'ennemi, ils devaient mettre pied à terre et renforcer ou les zéphirs ou les tirailleurs, ceux enfin qui auraient besoin de leur secours. Le goum était au dernier plan, dans le 5e dessous ; s'il n'y avait à recevoir que des coups de fusil, je savais qu'il ne demanderait pas à changer de place et se trouverait très-bien comme cela ; s'il y avait à piller, je savais aussi qu'il serait impossible de le retenir ; il concourrait à augmenter la déconfiture et les pertes de l'ennemi. La résistance fut opiniâtre partout ; mais les officiers, chefs des divers détachements, mirent à accomplir leur mission tant de ponctualité et de vigueur, que les Ouled Sassy furent bousculés, retournés comme une omelette, débusqués de partout. Le capitaine Boeto les chassa, avec ses joyeux, des embuscades de la rivière ; il eut fort à faire, éprouva des pertes et fut lui-même blessé.

Le capitaine Le Bustier et le lieutenant Méric, avec leurs turcos, enlevèrent, non sans efforts, le sommet des hauteurs de droite, et ce ne fut pas, je vous prie de le croire, sans y laisser des plumes de leurs ailes. Enfin, le capitaine Pelletier, aujourd'hui colonel du 2e chasseurs, rencontra un gros peloton d'ennemis réunis sur le petit plateau auquel aboutissait le chemin ; ils lui lâchèrent une bordée de mousqueterie, mais il ne leur donna pas le temps de se reconnaître ni de recharger, s'élança sur eux comme l'éclair aussitôt qu'il put réunir une partie des spahis ; il en larda une certaine quantité, renversa, chavira les autres comme de vrais capucins de carte ; il leur tailla, en un mot, des croupières si bel et si bien, qu'ils eurent grand peine à escalader la petite bande de rocher ou à se glisser dans la rivière, en enlevant les hommes tués ou les blessés ne pouvant se soutenir. Il ne fallait pas chercher à continuer la charge, la bande de rocher la limitait là naturellement ; mais c'était fini, l'affaire était toisée, les Ouled Sassy n'en voulaient plus ; de tous côtés ils avaient disparu, ils s'étaient éclipsés par les ravins, les fentes de rochers qu'ils connaissaient comme le capuchon de leurs burnous. Le clairon réunit bientôt tous nos petits détachements à un lieu où le défilé s'élargissait ; on fit l'appel, on se reforma, et les spahis et les goums furent immédiatement lancés à la recherche des troupeaux ; on pouvait compter sur eux pour les retrouver. L'infanterie s'avançait pour les soutenir.

L'affaire avait été chaude et nous avait coûté quatre tués et dix-huit blessés ; nous avions pris plus de cinquante fusils aux Ouled Sassy. Je partis en razzia avec les spahis, et voyant tout bien tourner, je fis arrêter l'infanterie pour faire le café et prendre du repos, car il fallait retourner le même jour au nord de Boukahil, c'était urgent. Les spahis ramenèrent de nombreux troupeaux de chameaux et de moutons, des bourricos, une quantité de tentes, des tapis ; et presque tous les cavaliers du goum firent de très-belles prises qu'ils enlevèrent, chacun pour son compte, en les emmenant par des chemins détournés ; mais les Ouled Sassy en rejoignirent plusieurs et leur reprirent ce qu'ils avaient ramassé ; c'était leur droit, il n'y avait qu'à en rire, et quand j'appris cette nouvelle, elle me causa une satisfaction que je ne dissimulai pas.

La retraite avec mes morts et mes blessés au milieu du jour, par une chaleur de 45 degrés, fut une des plus difficiles opérations que j'aie jamais faites. Je ne manquais pas de moyens de transport, mais mon matériel d'ambulance se réduisait à très-peu de chose : de la charpie, des bandes, du cérat, de l'ammoniaque, c'était à peu près tout. Je n'avais pas de chirurgien et le personnel se composait de deux infirmiers qui étaient très-mal ensemble, n'étaient jamais d'accord et se battaient souvent. Le passage du défilé d'Ain Noug fut pénible, long ; j'ai cru que nous n'en sortirions jamais ; heureusement l'ennemi était hors d'état de nous inquiéter sur nos derrières, les spahis chassaient devant eux la razzia ; nous ne fûmes hors de la montagne que vers le milieu de la nuit. Il fallut prendre de la nourriture, du repos, nous étions sur les dents.

Arrivés à Ain Rich, nous enterrâmes nos morts, et le surlendemain nous appareillâmes pour Bousadah ; quelques jours après, M. le général Bosquet, voulant annoncer à la subdivision la nouvelle d'une razzia importante opérée par M. le général de Mac Mahon sur la frontière de Tunis, profita de cette occasion pour faire aussi connaître mon combat chez les Ouled Sassy. Il n'était pas homme à négliger une occasion de mettre en évidence les services, quelque faibles qu'ils fussent, rendus par ses inférieurs. Vous allez lire la copie de cet ordre.

« Province de Constantine, subdivision de Sétif, N° 8.

» ORDRE DE LA SUBDIVISION.

» Le général s'empresse de porter à la connaissance de

la subdivision les heureuses nouvelles qui arrivent à l'instant de l'Est et du Sud.

» Le général de Mac Mahon a atteint, le 13 du courant, sous le pic de Calâa, une partie des Hanninchas en émigration, leur a fait éprouver une perte de trois à quatre cents hommes, a fait piller 1000 à 1200 tentes et ramené au camp un troupeau de 15,000 moutons, 800 bœufs, 50 chameaux ; nous n'avons eu que quatre hommes tués et dix blessés. Au reste, toutes les populations demandent l'aman.

» Le capitaine Pein, commandant le cercle de Bousadah, a surpris, le 15, les Ouled Sassy, de Biskra, qui avaient pris parti pour le chérif du Sud. Son attaque, très-audacieuse, a eu un très-beau résultat ; l'ennemi a perdu plus de cinquante hommes et laissé entre nos mains des fusils, 400 chameaux, 4,000 moutons, 100 tentes et un riche butin.

» Ce brillant succès nous a coûté quatre tués et dix-huit blessés, parmi lesquels le capitaine Boeto, du 3ᵉ bataillon d'Afrique, trois chevaux tués.

» Le capitaine Pein avait, lui, 200 hommes d'infanterie, bataillon d'Afrique et tirailleurs indigènes montés sur des mulets, 70 spahis et un goum arabe bien choisi.

» Sétif, le 19 juillet 1852.

» Le général commandant la subdivision,

» *Signé :* BOSQUET.

» Pour copie conforme :

» Le capitaine aide-de-camp,

» *Signé :* LALLEMAND. »

Vous voyez, cher compatriote, combien il est heureux qu'on puisse bien connaître le pays sur lequel on opère ; il est évident qu'un autre, connaissant le terrain comme je le connaissais, eût opéré de la même manière, car les mesures à prendre se présentaient naturellement ; il ne pouvait en venir d'autres à l'esprit, la forme du défilé les indiquait.

LETTRE LXX.

AFFAIRE DE L'AGHA SI CHÉRIF AVEC MOHAMED BEN

ABDALLAH METLILI.

Vers l'équinoxe d'automne 1852, le chérif fit ostensiblement les préparatifs d'une expédition nouvelle ; il ne cachait à personne ses intentions hostiles. A ce moment-là, les Larba, quoique toujours ses alliés, étaient campés dans les environs de Metlili, au sud-ouest du Mzab. Sy Mohamed ben Abdallah courait la campagne, remuait ciel et terre pour entraîner du monde à sa suite. Il prenait les uns par la douceur, effrayait les autres par les menaces. Bref, il avait fini par voir s'accroître un peu le nombre de ses partisans. Il était clair qu'il allait faire quelque chose ; on ne savait pas quoi, il ne le savait peut-être pas lui-même ; mais il était certain qu'il occuperait ses gens, c'était le seul moyen de les tenir réunis.

Or, son objectif devait être les Ouled Nail comme toujours, les pauvres Ouled Nail toujours mis dedans et toujours imprudents, jamais corrigés.

L'ar'a du Djebel Sahari, Sy Chérif, était renseigné sur ses faits et gestes. Or, Sy Chérif n'avait jamais porté à Sy Mohamed ben Abdallah une vive affection, tant s'en fallait ; le chérif s'était toujours montré l'ennemi d'Abd el Qader, que Sy Chérif avait servi en ami dévoué ; puis l'Agha avait sa petite part d'ambition tout comme un autre, et il se disait que, s'il arrivait à démolir le chérif et sa bande, un tel succès ne pourrait pas lui faire de tort dans l'esprit du gouvernement français, déjà assez bien disposé en sa faveur. Il demanda donc l'autorisation de courir sus au chérif, et on la lui accorda. On fit plus, et même on fit trop, on donna l'ordre à Chikh Ali, fils du khalifat d'El Ar'ouath, et à Djelloul, du Djebel Amour, de le rejoindre, le premier avec les gens de la ville, l'autre avec le goum de ses tribus. Or, Chikh Ali, jeune homme sans expérience, était peu capable de commander en guerre, surtout à des faubouriens assez disposés à ne pas l'écouter. Quant à Djelloul, au lieu de marcher lui-même, il envoya à Sy Chérif son frère Eddin pour le remplacer. Il est dans les habitudes des chefs arabes placés à distance de n'exécuter que la moitié des ordres qu'on leur donne, et il ne leur est rien fait pour cela ; il est vrai que ceux placés plus près de nous ne font pas autrement, et ils encourent les mêmes peines. Ceci vous explique pourquoi tout marche si bien en affaires purement arabes.

Sy Chérif n'avait pas demandé tout ce monde, et si on avait bien pensé, on l'aurait laissé agir seul, et à coup sûr, s'il ne s'en fût pas tiré mieux, il ne s'en fût pas tiré plus mal, d'autant qu'il savait pertinemment que le chérif, en mettant les petits pots dans les grands, était incapable de lui opposer deux mille combattants.

Voilà donc notre Agha qui se rend à Berrian avec toute la clique à laquelle il se voyait forcé de commander, mais qui ne se croyait pas tenue de lui obéir ; aussi, pour qu'un ordre fût exécuté, il fallait qu'il ne contrariât personne, et on n'en connaît pas de ce genre-là.

Je vous laisse à penser comment tout cela devait marcher ; cependant Sy Chérif se plaçait avec ses troupes près de Berrian, pendant que le chérif concentrait les siennes près de Metlili.

L'Agha ayant appris, je ne sais trop comment, que le chérif était bien décidé à ne pas commencer l'attaque, résolut d'entrer le premier en danse, et il s'en suivit une affaire qui devint générale. Sy Chérif commandait au centre, ses deux acolytes aux ailes ; il débuta par un avantage marqué obtenu sur le chérif, et il est certain que, s'il eût été soutenu, l'ennemi aurait eu du fil à retordre, car tout d'abord il avait plié ; mais la bataille, assez bien engagée, ne tarda pas à passer à l'état d'embrouillamini universel ; chacun des chefs en sous-ordre voulut opérer pour son propre compte ; chaque homme voulut travailler à sa manière, disant que c'était la bonne ; il y en avait qui se battaient isolément, d'autres qui ne se battaient pas du tout ; un grand nombre de farceurs se retiraient à l'écart pour juger les coups, l'instant du pillage et saisir le moment favorable pour se livrer à cette manœuvre intelligente.

Sy Chérif abandonné, méconnu, se retournait comme

il pouvait et sentait qu'il faudrait plier ; il appelait de son côté Chikh Ali, qui ne tenait pas à entendre Djelloul, qui se gardait bien de répondre ; aussi la partie du chérif devint belle : profitant de cet accord touchant de ses ennemis pour une opération commune, il lança sur eux ses meilleurs goums, leur tua 200 hommes, leur prit tentes, butin, chevaux, tout ce qui lui plut ; il n'avait qu'à se baisser pour en prendre ; enfin il les étrilla si bien que les survivants ne l'oublièrent jamais ; le coup de brosse fut rude, on n'a rien vu de mieux dans le genre.

Voilà où peuvent conduire la mésintelligence des chefs arabes et leur incapacité ; la jalousie les ronge et ils ne savent pas combiner leurs mouvements pour une action commune. Une manœuvre pourtant, dans cette circonstance, fut exécutée avec un ensemble remarquable, on se plaît à le reconnaître, c'est la retraite aux allures vives.

Le désastre eut encore une autre cause qui vient s'ajouter aux premières ; je le tiens d'un officier, l'obligeance même, qui a bien voulu m'apprendre les détails de l'affaire et connaît très-bien les chefs qui y ont joué ce triste rôle. Cette cause, c'est le mauvais esprit des Ouled Sy Hamed, qui sont des Djouads, des fils de familles nobles militaires et qui rongeaient leur frein de se voir obligés d'obéir à Sy Chérif, un marabout né d'une famille religieuse des Ouled El R'ouini. Voilà pourtant comment les choses se passent dans le peuple arabe.

Je suis entré dans quelques détails sur cette affaire, parce qu'elle fut immédiatement suivie de l'insurrection des Beni El Ar'ouath dont elle a sans doute été une des causes. Je vous en parlerai dans ma première lettre.

LETTRE LXXI.

QUELQUES MOTS SUR LE SIÉGE D'EL AR'OUATH.

Partout les affaires prirent une tournure inquiétante dans les derniers mois de 1852; les Ouled Sidi Zyan, tribu de marabouts du cercle, nous refusèrent l'obéissance, comme avaient fait les Ouled Sassy; mais ils ne s'éloignèrent que fort peu de leur pays. J'espérais les y ramener et je venais de demander des instructions à Sétif, lorsqu'El Ar'ouath aussi s'insurgea. Je ne suppose pas que vous teniez beaucoup à savoir pourquoi; le poëte qui a dit en latin, parce que c'était sa langue, « heureux qui peut connaître la cause des évènements, » me semble s'être trop avancé; je ne vois pas qu'il soit toujours nécessaire d'être si curieux. Qu'importe au pauvre voyageur qui tire la langue et meurt de soif que l'eau qu'il aperçoit là-bas soit tombée du ciel ou ait jailli de terre?

Que m'importe de savoir pourquoi je suis malade, si cela ne peut me guérir ? Pourquoi El Ar'ouath s'est-il insurgé ? Je n'ai pas recherché les causes du soulèvement, je crois que les troubles du Sud sont du nombre. En Afrique, les révoltes ont, sauf de rares exceptions, la même origine.

Le *sof* (le parti) d'un chef nommé par nous se trouve naturellement placé dans nos intérêts ; celui de son rival (un chef a toujours un rival), négligé par nous, est dans un camp opposé. De là intrigues, cabales des mécontents ; si elles se manifestent quand il se trouve près de là un monsieur qui prêche la guerre sainte, les mécontents recrutent les fanatiques ; ils sont suivis par ceux qui se fourrent partout sans savoir pourquoi : voilà la tribu entraînée. J'ai dit qu'il n'entrait pas dans mon plan de correspondance de rechercher les causes de l'insurrection d'El Ar'ouath ; et puis on est souvent dans l'erreur sur ces choses-là ; on croit savoir, on ne sait rien du tout, il y a au fond du sac de vieux secrets qui y restent.

Or donc, voilà une partie des Beni El Ar'ouath qui se figurent éprouver le besoin de se révolter, ce qui ne fait pas l'affaire d'une autre partie de la population qui professe un grand dévouement à la France, parce qu'elle aime le repos et la bonne nourriture et qu'elle ne pourra plus continuer à vivre en bons bourgeois. Elle trouva donc la facétie d'assez mauvais goût et fit des observations auxquelles les turbulents répondirent « qu'ils » croyaient avoir de fortes raisons pour se soulever ; que » quelques-uns, il est vrai, n'en étaient pas bien sûrs, » mais que l'insurrection était toujours un devoir, et

» que, si ce n'était pas leur avis, c'était fâcheux et peu
» honorable. » Aussi les gens paisibles, voyant que les
choses se gâtaient, se mirent en devoir d'emballer leurs
frusques et leurs effets et d'aller ailleurs. Les mutins ne
tenaient pas à les garder et les laissèrent circuler, ils
avaient bien autre chose à faire ; il s'agissait de monter
la machine et d'attirer chez eux le chérif dont la présence
dans le Sahara leur avait troublé la tête. Une insurrection
sans chérif, c'est un corps sans âme, une lampe sans
huile, un estomac vide, un navire sans gouvernail ; avoir
un chérif, c'est la condition *sine quâ non* d'une affaire
bien emmanchée.

Quelques pingres objectaient qu'un chérif en pension
coûtait cher ; les autres répondirent qu'ils ne prétendaient pas l'avoir pour rien, qu'en pareille circonstance
il fallait savoir payer et surtout ne pas marchander ; le
prendre au rabais devait produire un effet détestable,
c'était s'exposer à ne rien avoir et à faire manquer l'entreprise.

Leur ami Ben Chourah, sans qui la fête n'eût pas été
complète, fut chargé des négociations ; il y eut des pourparlers, on finit par s'entendre sur les conditions, et le
chikh des Larba se fit fort de décider à venir dans la
ville le chérif, dont il était le bras droit et qui suivait
assez ses conseils, excepté pourtant quand il prenait
ses jambes à son cou pour échapper aux chasseurs
d'Afrique.

Ben Chourah réussit ; il l'amena à El Ar'ouath et le
présenta aux habitants : « Prenez mon ours. »

Voilà donc l'affaire en bon train, la révolte bien organisée, tout enfin sur un pied respectable, rien n'y

manque. Iuzuf arrive, les Beni el Ar'ouath font une sortie, on se cogne; Iuzuf voit que ce n'est pas une plaisanterie, qu'il ne faut pas se brûler le nez à la bougie, qu'il serait dangereux d'aller imprudemment se butter contre des murs sans avoir de quoi les démolir; il rend compte au gouverneur, qui donne l'ordre au général Pélissier de se porter de la province d'Oran sur El Ar'ouath avec une forte colonne et de l'artillerie de campagne.

Or, je recevais dans le même temps des ordres pour sortir de Bousadah avec une colonne et me porter sur la limite ouest du cercle. Ce qui me surprenait, c'est que l'on me prescrivait de ne pas m'éloigner dans le Sud et de laisser les O. Sidi Zyan tranquilles, s'ils n'étaient pas dans l'Ouest. J'ignorais à ce moment où en étaient arrivées les affaires d'El Ar'ouath; j'avais seulement entendu dire qu'elles n'allaient pas très-bien, et les instructions qu'on me donnait me prescrivaient d'obéir aux injonctions du général Iuzuf, s'il avait besoin de ma colonne. J'étais, à cette époque, chef de bataillon.

La troupe placée sous mon commandement se décomposait ainsi :

Quatre compagnies du 3ᵉ bataillon d'infanterie légère d'Afrique, commandées par le capitaine Butet, aujourd'hui colonel commandant la place d'Oran;

Une forte section de tirailleurs indigènes;

Un escadron du 3ᵉ chasseurs d'Afrique, commandé par le capitaine Digard, aujourd'hui colonel de spahis;

L'escadron des spahis de Sétif, commandé par le capitaine Pelletier, aujourd'hui colonel du 2ᵉ chasseurs de France.

Le capitaine Butet eut le commandement de l'infanterie, et le capitaine Pelletier celui de la cavalerie.
J'avais, de plus, personnel, matériel d'ambulance et
200 chevaux de goum du Hodna, les mieux choisis.

Comme je n'allais pas m'enfoncer dans le Sud et que je
voulais que mon convoi fût le plus restreint possible, je
n'avais pas pris l'équipage d'eau entier et m'étais contenté
d'une partie de tonneaux. Le lendemain du départ,
j'arrivais à Ain Melah chez les Ouled Hamed, à quarante
kilomètres du point de départ; j'avais décidé que la
colonne y coucherait, parce que je devais attendre là des
gens qui me renseigneraient sur la position actuelle des
Ouled Sidi Zyan, persévérant dans la désobéissance. Le
camp était déjà formé, les tentes dressées, et nous nous
livrions à l'opération du déjeûner, opération qui,
pour être sans cesse répétée, n'en est pas moins agréable
pour cela, quand il m'arriva une lettre du général Iuzuf.
Il m'annonçait la ferme résolution des Beni El Ar'ouath
de soutenir un siége, une affaire sans résultat qu'il avait
eue avec eux, l'entrée dans leur ville du chérif des Larba
et d'autres contingents, et la prochaine arrivée du général
Pélissier dont il attendait la colonne. Le général terminait
sa lettre en m'enjoignant de le rejoindre en toute diligence.

J'informai les officiers des nouvelles et de l'ordre
contenu dans la dépêche; — l'effet en fut électrique, les
visages s'animèrent, une expression de joie remplaça l'air
sérieux qui les assombrissait; c'est qu'aussi, il faut
l'avouer, une colonne d'observation est une triste chose.
Après quelques jours d'une expédition de ce genre, on
se demande si cela ne finira pas bientôt, et cela ne finit
jamais, quoique souvent on n'ait rien observé du tout.

Une telle colonne a peu d'attraits, on aimerait mieux autre chose ou rien.

Tout changeait de face, un avenir prochain promettait de la besogne, on allait avoir à en découdre, et cela allait chauffer. Chacun, en se frottant les mains, courait instinctivement s'apprêter à partir avant que l'ordre de se mettre en route ne fût donné, ce qui ne tarda pas, car il importait de profiter du reste du jour pour aller coucher à Ain Rich. Les soldats refaisaient leur sac, un zéphir disait à un autre : « Il y a du nouveau, mettons not' hausse-col ! » Le hausse-col du soldat, c'est son sac.

Je vous ai dit, dans une lettre précédente, de quelle manière nous arrivâmes en trois jours d'Ain Rich à El Ar'ouath, ou plutôt à El Assafia, où nous couchâmes en arrivant. Les sacs de l'infanterie étaient sur des chameaux, l'arrière-garde était fournie par une division de spahis et soixante des meilleurs cavaliers du goum, chargés de ramasser et de prendre en croupe les traînards, ainsi nommés parce qu'ils ne peuvent plus se traîner. Aussitôt que la nuit arrivait, un fanal allumé, attaché à une grande perche, était porté haut par un spahis marchant en tête de colonne.

Nous fîmes donc ainsi 43 lieues en trois jours, et, comme il avait été possible de dormir au moins quatre heures chaque nuit, nous arrivâmes en état de travailler, si nous avions trouvé de la besogne au débotté.

Le général Pélissier ne devait atteindre El Ar'ouath que quatre jours après nous ; aussi, me suis-je demandé pourquoi le général Iuzuf nous avait tant fait allonger le pas, puisque la chose n'était pas nécessaire et que, sans doubler les étapes, nous arrivions encore trop tôt. Le raisonnement, le calcul et les combinaisons étaient choses auxquelles il mordait médiocrement.

Le général fondit d'abord ma petite colonne dans la sienne et la campa sur une de ses faces; mais le 2, à son arrivée, le général Pélissier lui fit donner un emplacement particulier; il voulut que la troupe de chaque province eût son camp, quel que fût son effectif, et comme le mien avait des proportions microscopiques, il le fit augmenter d'un escadron de spahis, un escadron du 2ᵉ chasseurs d'Afrique et de deux compagnies du 2ᵉ bataillon d'Afrique.

Le 3, dans l'après-midi, le général en chef mit les colonnes en branle (on voit qu'il savait combien le temps était précieux), et fit reconnaître le marabout de Sidi El Hadj Aissa, placé sur une hauteur à l'ouest de la ville, qui lui semblait une excellente position pour la batterie de brèche. La reconnaissance ne se fit pas sans coup férir; les assiégés firent un feu de possédé sur les troupes qui furent obligées d'approcher des murs. Un officier de la colonne de Bousadah fut tué et 14 soldats blessés dans cette affaire. Je ne me rappelle pas les pertes des colonnes principales.

Le soir, veille de l'assaut, il nous fallut aller passer la nuit au sud des murs pour surveiller les abords de la place, faire des rondes continuelles de cavalerie, afin d'empêcher qui que ce soit d'entrer dans la ville ou d'en sortir de ce côté. Il ne fut pas possible de fermer l'œil; mais on ne tira pas sur nous de la ville, qui retentit toute la nuit de cris assourdissants. Il paraît que les habitants se battaient les flancs pour l'exercice du lendemain, et puis, c'était la joie d'une noce : le chérif se mariait. Les habitants, par politesse, l'avaient prié de prendre quelque chose chez eux : il avait pris une femme.

Le 4 au matin, branle-bas général du combat. La colonne d'Oran devait entrer par la brèche que faisait, dans une grande et épaisse muraille, l'artillerie de Sidi El Hadj Ayssa ; celles d'Alger et de Constantine, entrer par le côté est de la ville, en pratiquant à la pioche des ouvertures dans les murs, qu'on savait de ce côté peu épais et en assez mauvais état, mais qu'on ne pouvait atteindre qu'en escaladant une bande rocheuse très-élevée et si abrupte que si la troupe parvenait sans encombre à en atteindre le pied, elle se trouvait défilée du feu et personne ne pouvait plus l'empêcher de gravir.

Le général avait espéré pouvoir exécuter ce mouvement, grâce à la grande diversion produite par l'ouverture de la brèche, qui devait forcer l'ennemi à dégarnir le côté Est. Il ne s'était pas trompé ; l'escalade et les trouées dans les petites murailles se firent avec tout le bonheur possible et ne coûtèrent que des pertes relativement faibles. Mais, entrés en ville, nous fûmes forcés de prendre maison par maison, ce qui fut long et assez difficile ; nous y arrivions comme les chats, par les toits ; mais comme nous n'étions pas doués de l'agilité de ce quadrupède, cet exercice gymnastique nous eût paru souvent dangereux sans le secours de l'équipage des échelles, qui fut le sujet de bien des plaisanteries dirigées contre Iuzuf, son organisateur et auteur, et qui pourtant nous rendit faciles bien des ascensions et des descentes impossibles autrement.

Je ne prétends pas faire le tableau de toutes les phases du siége, je ne m'appesantis que sur les détails que j'ai vus par moi-même, les endroits où je me suis trouvé, les affaires auxquelles j'ai participé.

Le carnage fut affreux, les habitations, les tentes des étrangers dressées sur les places ; les rues, les cours furent jonchées de cadavres. Une statistique faite à tête reposée et d'après les meilleurs renseignements à El Ar'ouath, après la prise, constate un chiffre de 2,300 hommes, femmes ou enfants tués ; mais le chiffre des blessés fut insignifiant, cela se conçoit : les soldats, furieux d'être canardés par une lucarne, une porte entrebâillée, un trou de la terrasse, se ruaient dans l'intérieur et y lardaient impitoyablement tout ce qui s'y trouvait ; vous comprenez que, dans le désordre, souvent dans l'ombre, ils ne s'attardaient pas à établir des distinctions d'âge et de sexe : ils frappaient partout et sans crier « gare ! »

Entré dans la ville, le général en chef se plaça sur la terrasse de la grande mosquée ; là, il se faisait présenter tous les chefs de détachement arrivant au rendez-vous général, chacun après l'accomplissement de la mission dont il avait été chargé, et les embrassait avec effusion. Il était rayonnant, et certes quiconque ne l'a vu que dans ce moment-là n'eut jamais l'idée de cet air rébarbatif, de ce sourcil froncé qui effrayèrent maintes personnes dans des moments où il se montra et moins accessible et moins gracieux. Tout le monde a ses défauts.

La ville prise, tout n'était pas fini, la population avait disparu ; mais elle n'avait pas été toute passée à la baïonnette, ni tuée par le feu ; elle n'avait pas non plus gagné

la plaine, car, au début du siége, toute la cavalerie avait
été appelée à former un cordon de ceinture autour de la
place ; il fallait donc qu'elle fût quelque part, et c'était
évidemment dans les jardins. Il fallut les fouiller,
deuxième opération qui fut longue, mais coûta moins
qu'on ne l'aurait cru ; elle fut faite par quelques petites
colonnes commandées par les officiers supérieurs et lancées dans les longs chemins sur lesquels donnaient les
portes des jardins. On opéra comme pour les maisons,
jardin par jardin ; on entr'ouvrait la porte doucement,
manœuvre qui attirait naturellement, de la part des gens
qui s'y trouvaient, quelques coups de feu auxquels on
s'attendait, qui étaient mal dirigés et ne faisaient pas
grand mal. Les soldats entraient alors précipitamment ;
mais là, au grand jour, moins animés, moins furieux, ils
se contentaient généralement de mettre sur les Arabes
les cinq doigts et le pouce et de les faire prisonniers ;
aussi, l'opération finie, on amena sur la place une population pressée et bigarrée d'êtres de tout âge et de tout sexe.

. Le siége d'El Ar'ouath fut une affaire brillante, admirablement conduite et dont le succès fut complet ; les
récompenses qui la suivirent de près furent nombreuses ;
mais, comme on dit : « il n'est pas possible de faire une
omelette sans casser d'œufs, » et elle nous coûta cher :
c'est là que trouva la mort le chevaleresque général
Bouscarin. Je l'ai vu étendu sur le dos, sous la tente,
pâle, souffrant, mais gai ; la cuisse brisée, suspendue sous
une peau de bouc dont l'eau coulait sur la plaie ; il
chantait une chanson dont le refrain était : *Vive la
France !* je l'ai entendu. Il mourut après une amputation
tardive.

C'est là que tombèrent des officiers portant les noms illustrés sous l'Empire : le commandant Morand, le capitaine Bessières et d'autres, braves et brillants comme eux. Et le chérif? car enfin, cher compatriote, je me suis donné la modeste tàche de narrateur de ses mésaventures, et non le rôle hors de ma portée d'historien d'un des plus glorieux faits d'armes de l'armée d'Afrique. Le chérif?... il paraît qu'il perdit la tête et jugea prudent de se dissimuler... Le pauvre homme !

Le chérif?..... Il paraît qu'il échappa à la fouille des jardins, caché dans une espèce d'auge, sous de la paille et de vieilles peaux de bouc..... Le pauvre homme !..... Le chérif?..... Il paraît qu'on le fit évader pendant la nuit, par un sentier bien connu des habitants seulement, qui trompèrent la surveillance, ce qui n'est pas très-difficile, quand il ne s'agit que d'un individu isolé à cacher. Le pauvre homme !..... Le chérif?..... Il paraît qu'une fois dans la plaine, il ne demanda pas son reste et retourna à Ouargla, exactement dans les mêmes conditions que le jour où, à Metlili, l'éclat des lames des chasseurs d'Afrique l'avait ébloui, troublé et terrifié..... Le pauvre homme !.....

On reconnut le doigt de Dieu dans cette évasion miraculeuse du saint homme, qui était évidemment dans la manche de la Providence jusqu'au coude.

LETTRE LXXII.

LE MARÉCHAL PÉLISSIER.

Pendant que les premières colonnes approchaient d'El Ar'ouath, le gouverneur général n'était pas resté inactif; connaissant les difficultés qui peuvent surgir de l'attaque des oasis, il avait organisé dans les trois provinces et lancé dans la direction de la ville insurgée des colonnes de réserve, et dans le cas où des complications imprévues eussent provoqué la réunion de toutes ces colonnes sous les murs d'El Ar'ouath, il se tenait prêt à marcher à la tête de cette armée. On n'avait donc à redouter rien de pareil à ce qui arriva à Zâatcha, les mesures étaient bien prises; d'ailleurs, l'affaire était dans de bonnes mains. Comme on l'a vu, Pélissier n'eut besoin de personne pour s'en tirer, il la mena avec heur et vigueur, selon son habitude, et la termina avec une rapidité véri-

tablement désespérante, par un brillant fait d'armes qui
ajouta encore à la gloire de nos armes et à la réputation
du vaillant homme de guerre qui devait, trois ans plus
tard, triompher de l'armée russe aux champs de la
Crimée.

On a si peu épargné en paroles ou dans des écrits le
maréchal Pélissier, que tout le monde ne le connaît pas
bien ; aux yeux de bien des gens, c'est un homme féroce ;
leurs petits enfants en parlent comme d'un ogre ; cela
vient de ce que la presse, jugeant avec une sévérité
outrée un fait qui, aux yeux des gens connaissant le fond
des choses, ne méritait pas le blâme si sévère qu'on a
déversé sur son auteur, a encouragé la haine des ennemis qu'il se faisait par les plaisanteries et par l'irascibi-
lité de son caractère. Pétillant d'esprit, le maréchal ne
savait pas résister au plaisir de décocher à quelqu'un un
trait malin, qui souvent emportait la pièce ; il cédait aussi
à des emportements fâcheux, et, dans ces moments-là, il
rudoyait son monde. Or, quel que soit le mauvais effet
que produisent ces sorties, les blessures faites à l'amour-
propre par une piquante ironie sont souvent les plus
difficiles à guérir ; les gens susceptibles sont en grand
nombre et ne pardonnent pas.

On ferait un vocabulaire de tous les bons mots qu'on
attribue au maréchal ; il s'en trouve dans la collection
beaucoup qui ne sont pas de lui. Comme spécimen, je
vous en dirai un seul qu'il aurait fait à la fin de sa car-
rière, ou qu'on mettait sur son compte dans la province
de Constantine ; je me garderai bien de garantir l'authen-
ticité de son origine, mais je garantis que bon nombre
de gens ne le mettaient pas en doute, parce qu'il

caractérisait à merveille « le maréchal. » On assurait que, se trouvant un jour sur le pont de son bateau, en vue de Djijelli, il faisait répéter le nom de cette ville à sa petite fille adorée qu'il tenait dans ses bras ; puis, s'approchant d'un personnage important, un conseiller d'Etat chargé d'une mission par le gouvernement et qui voyageait avec lui, il demanda à l'enfant, en lui indiquant du doigt la ville : « Qu'est-ce que cela, Ninie? — Jigeli, balbutia la petite. — Eh bien, vous le voyez, monsieur le conseiller, lui dit-il, voilà Ninie qui en sait autant que vous sur l'Algérie. »

Toutes les particularités de ce genre ont aiguisé contre lui les traits de la calomnie. On a accusé son cœur, quand la tête seule était coupable, et ils ne le connaissaient pas ceux qui en ont fait un méchant ; les gens qui le voyaient de près ne l'ont-ils pas surnommé le bourru bienfaisant? Combien de fois ne l'a-t-on pas vu regretter d'avoir choqué des inférieurs et chercher à réparer le mal dont il était la cause involontaire? Ceux qu'il avait maltraités ont été souvent ceux à qui il a fait le plus de bien. Il sut inspirer une profonde affection aux personnes de son entourage, et cet entourage il sut le composer d'officiers tels que MM. Cassaigne, Renson et autres, hommes de tact et de bon sens, obligeants pour tout le monde et qui prenaient à tâche de cicatriser les plaies faites par la vivacité de leur général.

Enfin on ne peut nier que ses défauts ne fussent effacés par ses qualités, pas plus qu'on ne peut refuser l'intelligence, la valeur, les talents de l'homme de guerre au héros de Sébastopol, au grand capitaine qui sut porter si haut le drapeau de la France.

LETTRE LXXIII.

UN EXEMPLE DE FATALISME.

Je sais, cher compatriote, que vous n'êtes pas fataliste,
mais vous pourriez l'être ; il y a des hommes très-distin-
gués qui le sont, comme il en est qui craignent d'être
treize à table et qui ne se mettraient pas en route un
vendredi, quand bien même il s'agirait d'une affaire très-
importante ou simplement de revoir leur épouse vingt-
quatre heures plus tôt. Quant à moi, je ne suis pas toujours bien sûr de ne pas donner dans la fatalité ; c'est,
du reste, un moyen d'être poli en parlant à des gens dont
la maladresse a amené une catastrophe. « Que voulez-
vous, leur dit-on, c'est arrivé parce que cela devait
arriver. » Le fatalisme est d'un grand secours quand on
est gêné pour expliquer quelque chose. On a vu de hauts
personnages se servir de cet expédient en parlant à de
grandes assemblées.

Or, écoutez une petite histoire qui pourrait rendre fataliste quelqu'un qui ne l'est pas, surtout s'il se trouve dans le pays classique du mektoub (ce qui est écrit). Je reviens un peu sur mes pas.

Nous étions à la veille du jour où, d'après les ordres du gouverneur, je devais me porter avec une colonne légère chez les O. Nail et la mettre à la disposition du général Iuzuf qui opérait dans les environs d'El Ar'ouath, si toutefois il la requérait, ce qui eut lieu ; le général nous appela sous les murs de cette ville insurgée.

Une section de tirailleurs indigènes du bataillon de Constantine faisait partie de la colonne, et comme elle se trouvait depuis quelque temps sans officier français pour la commander, j'avais écrit à M. le général Bosquet à ce sujet et j'en attendais un. Il rejoignit la veille du départ. C'était un très-bon officier dont je connaissais l'énergie ; aussi fus-je charmé de le voir arriver, tout en trouvant un peu étrange qu'on m'envoyât, pour commander la première section détachée, le lieutenant dont le poste était à Bordj Bouariridj, puisqu'en l'absence du capitaine il commandait la compagnie qui se trouvait là. Mais j'étais dans le coup de feu des préparatifs, je crus que le commandant Jolivet avait ses raisons pour m'envoyer cet officier, et comme en Afrique on ne fait pas tout comme ailleurs, je ne pensai pas plus loin.

Nous partîmes pour Ain Rich où je devais attendre les instructions du général Iuzuf ; elles m'arrivèrent à Ain Melah, chez les Ouled Hamed, d'où je me dirigeai à marches forcées sur El Ar'ouath ; vous savez tout cela.

Le lieutenant commandant la section de turcos, très-bon soldat, combattit vaillamment avec ses tirailleurs à

Sidi el Hadj Ayssa. Il fut blessé dans cette affaire d'une balle au bas-ventre, et lorsqu'à la rentrée de la colonne au camp on le déposa dans sa tente, il souffrait beaucoup. Le docteur ne le quitta pas. Dans la nuit, le courrier de Sétif me parvint; j'y trouvai une dépêche du général Bosquet, qui contenait le libellé d'une grosse punition infligée au lieutenant, parce qu'il avait quitté le commandement de sa compagnie qui devait le retenir à Bouariridj, pour venir prendre à la colonne de Bousadah le commandement d'une section. Le moment eût été bien mal choisi pour informer de cette punition le pauvre diable qui avait vaillamment combattu et expiait cruellement sa faute sur un lit de douleur. Je ployai donc la dépêche et je venais de la fourrer dans un carton, quand le docteur, entrant chez moi, m'annonça, la larme à l'œil, que le malheureux officier venait d'expirer. Quand de tels faits se passent sur une terre qui exhale partout le parfum du fatalisme, dans une atmosphère imprégnée de son odeur, il est difficile de résister à son influence, et si après mon récit vous ne la subissez pas, c'est que vous y mettrez de la mauvaise volonté; mais je ne vous en voudrai pas pour cela.

Je me suis laissé dire qu'en route un de ses camarades, le plaisantant sur les suites que pourrait avoir sa petite supercherie, lui avait dit : « Ton affaire est claire; à El Ar'ouath, la première balle sera pour toi. »

LETTRE LXXIV.

RAZZIA SUR LES OULED TOBA.

Pendant que nous campions sous les murs d'El Ar'ouath, le général Bosquet m'expédiait lettre sur lettre pour me recommander de rentrer dans la subdivision aussitôt que tout serait fini à El Ar'ouath. Il me disait de faire observer au général en chef que tout n'était pas tranquille dans le sud de la division de Constantine. Le général Bosquet en parlait comme si c'était une chose toute simple que de faire une observation au général Pélissier ; il y avait des précautions à prendre. Il n'était pas sans danger de chercher à le faire changer d'avis, et il avait décidé que les colonnes ne se sépareraient pas avant la fête qui aurait lieu pour la reconnaissance de l'Empire. Mon départ était donc fixé au 13 décembre.

On fit la fête ; or, on sait ce que c'est qu'une fête au

camp ; en voici le menu : revue longue et peu récréative,
voilà pour le matin, à moins qu'elle ne soit compliquée,
quand il se trouve là un homme noir, d'un *Te Deum* qui
n'en augmente pas le charme. Le soir, un punch détestable, un spitch qu'on n'écoute pas et que l'on n'entend
jamais ; enfin un feu d'artifice composé de quelques
fusées très-difficiles à allumer et de pétards qui effraient
les chevaux, lesquels cassent leur corde et portent partout
le désordre.

A peu de chose près, voilà à quoi se bornent les amu-
sements.

Deux jours avant mon départ, le général Iuzuf m'avait
fait appeler et m'avait informé que, quoique les soumis-
sions arrivassent de tous côtés, il y avait encore quelques
tribus de récalcitrants, entr'autres celle des Ouled Toba,
qui s'était logée dans le Djebel Korobtit, à peu de distance
au sud des ksours de Demed et Mssâad ; les Ouled Toba
ne voulaient pas arriver à la botte.

« Ils sont sur votre route, ajouta le général, votre
colonne est suffisante pour les attaquer ; la montagne est
difficile, mais de peu d'étendue, il faudra tâcher de les
pincer ; pour cela, vous ferez bien de vous diriger sur le
sud du Korobtit. — Y trouve-t-on de l'eau ? — Pas une
goutte ; mais vous avez des tonneaux et je vous donne
quatre cents peaux de bouc. » — Ce mot me fit frisson-
ner : des peaux de bouc ! je connaissais cela.

Deux ou trois heures après cet entretien, des Arabes
les déposaient près de ma tente ; elles rendaient, en tombant à terre, un son sec comme de vieilles semelles ;
c'était raide, c'était dur comme le cœur d'un vieil avare.
Je les fis plonger dans l'eau du ruisseau pour leur rendre

la souplesse qui caractérise une outre présentable ; on les remplit. Hélas! je m'en doutais, elles étaient si malades qu'elles ne pouvaient rien garder dans l'estomac ; c'étaient des tonneaux de danaïdes, et nous n'avions pas les danaïdes pour nous consoler du contre-temps ; il s'en trouvait de percées, dont on avait bouché les trous avec des petits morceaux de bois, selon le procédé arabe. Certainement si nous étions forcés de nous embarquer pour le Sud avec cela, notre affaire était claire.

J'allai trouver le général. « Eh bien ! me dit-il, vous avez vos outres ? — Oui, mon général. — Avec cela, vous pouvez aller ? — Oui, mon général ; mais quant à boire, pas possible, dis-je en moi-même. — Rien ne vous manque plus ? — Au contraire. » Le général entendait bien raison : si on lui prouvait clairement qu'il était préférable de prendre la route du Nord, il ne devait pas s'y opposer. Voilà ce que je me permis de lui faire observer.

Une marche par le Sud pouvait donner aux Ouled Toba l'idée de se jeter dans le Boukahil, de s'y disperser dans les ravins et les fourrés et de chercher à échapper de cette manière à une colonne trop faible pour parvenir à opérer une fouille en règle dans un si gros pâté. En me voyant prendre par le Nord, c'est-à-dire par la route naturelle de Demed et de Bousadah, il est probable que les Ouled Toba penseront que je retourne sans m'occuper d'eux aux lieux d'où je suis venu, et ils ne bougeront pas ; d'ailleurs ce n'est qu'à la dernière extrémité qu'ils se jetteront dans des parages où ils ne trouveraient pas d'eau et où ils courraient risque de mourir de soif. Cette extrémité peut amener leur soumission.

Après m'avoir entendu, le général me donna liberté de

manœuvre, et il mit en route d'excellents reggueb qui allèrent explorer les abords du Korobtit et devaient me rejoindre à Demed et Mssâad pour me renseigner sur la position des insurgés.

Tout marcha selon mes désirs; l'ennemi ne quitta pas le Korobtit de Demed où nous prîmes du repos; je tournai brusquement sur cette montagne, mes guides connaissaient bien le pays et m'indiquèrent un sentier qui conduisait, par le côté sud, du pied de la montagne au plateau supérieur, où ils m'assuraient que les Ouled Toba s'étaient tous réfugiés. C'était un chemin fait pour les chèvres, et encore..... il était raide comme une échelle de moulin et d'une grande difficulté, ce qui n'empêcha pas le capitaine Butet, suivi de l'infanterie, d'en opérer l'escalade en peu de temps. Ce plateau était abordable du côté de l'Ouest par une pente moins rude; c'est le chemin dans lequel j'engageai toute la cavalerie, car il pouvait m'arriver d'avoir besoin de tout mon monde, et malgré la longueur de la route, malgré les fourrés, les buissons et les plus détestables petits cailloux, les chasseurs et les spahis, suivant à l'envi les capitaines Pelletier et Digard que n'arrêtait aucun obstacle, arrivèrent là-haut quelques minutes à peine après que l'infanterie avait engagé la fusillade. Le feu ne dura pas longtemps; les Ouled Toba, surpris, résistèrent peu; un brigadier de spahis tué et quelques blessés, voilà à quoi se réduisirent nos pertes, et il ne fallut pas courir longtemps pour prendre tous les troupeaux que nous trouvâmes entassés sur le plateau.

On ne fait pas tous les jours des ascensions de cette qualité-là, et si, pour gagner le Ciel, l'escalade est de cette nature, il est des gens qui y renonceront.

Ce n'était pas tout, nous étions montés, mais il fallait redescendre avec la razzia ; c'était le plus délicat. On fit une pause, maréchaux et aides-maréchaux, tout le monde se mit à la besogne, les coups du brochoir résonnaient à la droite et à la gauche, il ne restait pas un fer intact. Ce ne fut qu'à la nuit noire que nous atteignîmes le pied nord de la montagne, où nous trouvâmes des r'dirs pleins d'eau du ciel, près desquels nous campâmes dans le plus beau désordre.

Au jour, les divers membres de la colonne se retrouvèrent ; une petite partie de la razzia avait disparu, et avec elle un bon nombre de cavaliers du goum. Il est probable aussi que les Ouled Toba purent reprendre quelques troupeaux, mais ce qui fut ramené à Demed ou Mssâad, où nous avions laissé nos impedimenta et où nous séjournâmes pour nous refaire, constituait pour eux une perte immense.

LETTRE LXXV.

RAZZIA SUR LES OULED SIDI ZYAN. — LE PREMIER DE L'AN A L'OUED CHAÏR. — RENTRÉE A BOUSADAH, DÉJEUNER CHAMPÊTRE, FÊTE.

Maintenant que nous avions travaillé pour les autres, il s'agissait de nous occuper de nos affaires ; mais la besogne diminuait, nous allions bientôt en être réduits à la promenade, exercice qui a des charmes pour un propriétaire dans son jardin, mais n'en a guère pour une colonne.

Cependant la fraction des Ouled Sidi Zyan n'avait pas fait sa soumission, elle était en retard, c'était la seule du cercle qui continuât de vivre dans l'insoumission. Ces marabouts étaient, pendant notre absence, rentrés dans leur pays ; ils sont, comme les Ouled Khaled et les Ouled Hamed leurs voisins, beaucoup moins nomades que le reste des Ouled Nail, parce qu'ils possèdent des terrains de culture dans le haut de l'oued Chaïr, des bœufs et des mulets. Le Sahara n'est pas leur élément, ils y avaient fait des fugues depuis quelques années, parce qu'en leur qualité de marabouts, ils ne pouvaient pas rester en dehors de la guerre sainte ; aussi avaient-ils envoyé à Zâatcha un contingent qui fut décimé par nos balles. Ils étaient aussi dévorés par l'amour de la liberté, la liberté du vol, et les temps de troubles étaient bien favorables à leurs aspirations. Ainsi le fanatisme et les goûts d'indépendance leur avaient tourné la tête ; ils avaient perdu le sens moral, car notre retour, au lieu de faire naître en eux le désir de se soumettre, quand l'occasion était si belle, les fit au contraire retourner au sud du Djebel Tamer et du Tefegnan.

Ce n'est qu'à Saad ben Mahiris que je sus qu'ils décampaient ; la diligence que je fis ne me suffit pas pour les joindre ; mais quand j'arrivai chez eux, leurs troupeaux, à qui ils n'avaient fait quitter qu'à la dernière heure les pâturages qui leur convenaient, n'avaient pu encore franchir le défilé difficile de Kharoub, et je les y trouvai escortés seulement des bergers et de quelques cavaliers qui s'enfuirent à notre approche et les laissèrent entre nos mains.

Je n'en demandai pas davantage, et ne pouvant me lancer dans le Sahara, je tournai bride, emmenant ma razzia. Deux jours après, les Ouled Sidi Zyan demandèrent l'aman, nous conjurant aussi de leur rendre leur bien ; il leur fut répondu que, s'ils tenaient à en posséder de nouveau, ils feraient bien de chercher à s'en procurer ailleurs. L'année suivante, ils en possédaient autant qu'on leur en avait pris ; la richesse qui consiste en troupeaux se recompose vite quand les années sont bonnes, et il existe chez les Ouled Naïl un usage très-philanthropique, une sorte de société de secours mutuels qui refait vite celle des gens razés. Quand une fraction a vu ses troupeaux enlevés, toutes les autres se cotisent pour lui venir en aide ; on estime la perte, et chaque douar contribue à la réparer en donnant aux victimes de la razzia un certain nombre d'animaux fixé au prorata du nombre des tentes du douar. Cet usage s'appelle *el aoun*.

Nous étions alors à l'Oued Chaïr, et notre expédition, à dater de ce moment, se borna à des promenades insignifiantes et peu récréatives, de là au Mahaguen *et vice versâ*, observant ce qui se passait chez les Ouled Naïl, chez qui il ne se passait rien du tout, et manœuvrant dans un pays battu tant de fois par nous, que nous commencions à en avoir assez. J'avais étudié l'effet produit sur les populations par le sac d'El Ar'ouath qui les avait assez vivement impressionnées ; il y avait aussi à régler, entre fractions, de grosses affaires, depuis longtemps pendantes et qu'on ne pouvait terminer que sur les lieux. Ce métier-là finit toujours par devenir fastidieux quand il ne commence pas par là ; commencée sous les auspices de Mars, l'expédition finissait sous celles de Thémis. Il est vrai que, comme il n'y avait pas d'accidents à redouter, la chasse était permise et les amateurs ne s'en privaient pas, le capitaine Digard, adroit tireur et capable de trouver du gibier où d'autres ne parvenaient pas à faire lever un oisillon, nous gratifiait souvent d'excellents lièvres et de magnifiques perdrix rouges.

Nous célébrâmes le premier jour de l'an 1853 à l'Oued

Chaïr avec du barbeau en masse, un feu de joie, de l'eau-de-vie brûlée, qu'il eût été impossible d'avaler sans l'avoir passée au feu, et des chansons. La colonne fit une pêche effrayante ; un trio d'officiers, dont je faisais partie, prit à la ligne, dans les trous de la rivière, 40 kilos de poisson. Qu'on vienne donc, après cela, parler de la pêche miraculeuse ! Racontez donc cela, cher compatriote, aux amateurs champenois, qui vont passer leur journée du dimanche sur les bords de la Marne et sont aux anges quand ils en reviennent avec un petit sac rempli d'ablettes qui peut entrer dans leur poche ; le lendemain, ils le racontent à tout le monde, on cite cette pêche au café.

Le parfait-amour de Cosaque de la cantine fit les frais du punch ; le feu de joie se composa des gros tamaris de la rivière, entassés les uns sur les autres par les troupiers, à une hauteur de huit mètres, et les chansons remplacèrent avantageusement le spitch d'un général quelconque. Nous fûmes obligés de rester chez les Ouled Naïl encore quelque temps après cette fête, malgré la rigueur du temps qui, à cette époque, n'est pas toujours gracieux au nord de la montagne ; puis nous rentrâmes.

La rentrée était toujours une fête ; ce jour-là avait lieu le déjeûner en famille, à la dernière grande halte, avant d'arriver à Bousadah. On mettait, l'une au bout de l'autre, toutes les tables à X des officiers ; il arrivait de la ville du pain frais, quelques pâtés faits par un zéphir pâtissier, des jambons, de la salade, des œufs durs ; on y ajoutait des boîtes de sardines, restant de l'expédition, et d'excellent champagne d'ami des Perrier frères ; on collait tout cela pêle-mêle, à la Russe, sur la longue surface accidentée de la table en dix morceaux. Ce jour-là, toute la population de Bousadah attendait au lieu habituel, sur la route, à Oulguimen, et se livrait à une fantazia ébouriffante, à pied ; les espingoles des Beni Mzab de la ville remplaçaient l'artillerie, sans parler de la musique arabe qui brochait sur tout cela avec des accords que les arabophiles trouvent parfaits ; c'était assourdissant, mais c'était, je vous assure, bien gai et bien original. Puis au dessert, pendant qu'on prenait le café et qu'on fumait le cigare, huit à dix artistes femelles des Ouled Nail, les plus jolies, les plus convenables, exécutaient leur danse nationale avec les bras et le ventre, sur des tapis moëlleux que le fils du qaïd Bel Gomri avait eu soin d'apporter. Mohamed Bel Gomri, jeune et bel homme, avait un goût très-prononcé pour la Nailia ; je vous ai dit qu'elle dansait avec le ventre, et je ne m'en dédis pas. Vous ne connaissez pas cela ; vous vous êtes figuré jusqu'à présent qu'on ne pouvait danser qu'avec les jambes, c'est une erreur ; les Ouled Nail se servent peu des jambes, le ventre et les bras font tout. Leur nombril possède la spécialité d'un va-et-vient si accéléré qu'il m'est arrivé de le confondre avec la rotation.

Je ne dis pas qu'il ne soit pas plus difficile de danser sur les pointes, mais à coup sûr, c'est moins original ; je savais le ventre capable de bien des choses, mais je ne pensais pas qu'il pût se plier à cet exercice.

Quand nous avions assez fumé et joui de la danse, nous nous remettions en selle et nous rentrions à Bousadah, toujours précédés par la musique arabe et les coups d'espingole. J'appris en arrivant ma nomination d'officier de la Légion-d'Honneur.

Le soir, le lendemain même, la garnison était vent
dessus, vent dedans, puis tout rentrait dans l'ordre ; les
travaux du génie reprenaient le 3ᵉ jour, comme s'ils
n'eussent pas été interrompus.

———

LETTRE LXXVI.

FUGUE DES OULED EL AKHAL. — COMMENT M. PHILEBERT, OFFICIER CHARGÉ DES AFFAIRES ARABES, TOMBE DANS UN DOUAR D'INSOUMIS. — RAZZIA.

L'année 1853 ne fut signalée, dans la partie du sud où nous nous trouvions, par aucun fait bien intéressant; mais la situation des affaires dans le Sahara ne s'était pas améliorée. Mohamed ben Abdallah aurait dû trouver à El Ar'ouath ce qu'avait trouvé Bouzian à Zâatcha; on avait compté là-dessus et on l'avait tué d'avance; sa mort suffit pour éteindre la bougie de l'insurrection. Le chérif retranché, elle ne pouvait pas se rallumer pour le moment, c'était le résultat espéré. D'ordinaire, les places de chérif restent longtemps vacantes, parfois les sujets manquent, il faut attendre qu'il s'en présente. Vous avez vu le nôtre sauvé par miracle, et nous le retrouvons à

Ouargla rendu à ses femmes, à sa maison, à ses amis, un peu décimés, assez dégrisés, mais profondément imbus de cette idée que seul le bras d'Allah, le bras du Dieu fort l'avait pu soustraire aux baïonnettes et aux balles des fusils à tige ; ce ne pouvait être qu'un ange, pour le moins, qui l'avait tiré de la bagarre, comme on tire les marrons du feu ; un simple homme y serait resté. Cette opinion très-répandue, assez adroitement exploitée, devait lui ramener la vogue et remonter un peu ses affaires ; ces coquins de chérifs sont comme les chats, ils retombent toujours sur leurs pattes.

Cependant ses actions avaient un peu baissé, ce n'était plus le même entrain, le même enthousiasme pour son service ; le temps des grands coups de main était passé ; le populaire n'obéissait plus à la baguette, il rechignait contre les fatigues, les privations ; le chérif ne pouvait plus travailler en grand, l'ouvrage manquait, il lui restait à peine de quoi vivoter.

Cependant ses excursions reprirent ; il montrait son nez à l'Oued R'tem et à l'Oued Djedi, mais il se retirait et fermait la porte sans avoir rien vu.

Il se promenait de Tougourt à Metlili des Chambas, mais il ne trouvait que peu de douars à surprendre, car il ne touchait pas au Mzab et passait à côté. Il ne jugeait pas prudent de se butter sur des murs ; il connaissait l'histoire de ces marchands cultivateurs, il savait que lorsqu'Abd el Qader les sommait de se soumettre à lui, les menaçant de faire écorcher leurs frères répandus dans ses petits Etats, ils lui avaient répondu : « Si l'envie t'en prend, préviens-nous, nous t'enverrons du sel pour saler leurs peaux. » On ne se frotte pas à des gaillards de cette trempe-là, quand on ne s'appelle que Mohamed ben Abdallah.

Autre chose. Le Mozabit est musulman, mais il est peu fanatique, pas tout-à-fait orthodoxe, il ne ferait pas de sottises pour son bon Dieu, vu qu'il tient moins que les autres à lui être agréable ; ses coreligionnaires du Nord, les fidèles ferrés à glace, les croyants à double semelle, le voient avec mépris, l'accusent de traiter la religion par-dessous la jambe, de ne valoir que le cinquième (*khoms*) d'un musulman pur-sang. Il n'est pas facile de faire vibrer chez ces gens-là la fibre religieuse, elle ne rend pas ; on a beau la pincer à grande volée, elle résonne peu. Le chérif y avait renoncé, pensant que ses discours seraient peu écoutés au Mzab et que, s'il s'en tirait sans recevoir à la tête quelque chose de plus dur que les pommes cuites, il aurait une chance qu'il valait mieux ne pas courir ; et puis des villes, des villages, des murs, des jardins, il ne fallait pas s'engager là-dedans ; et des puits d'une profondeur effrayante : rien de plus simple que d'y descendre, mais en remonter, c'est autre chose.

Mohamed ben Abdallah en était donc réduit à courir la campagne avec une troupe réduite des quatre cinquièmes, pour des opérations de brigandage de détail. Ce n'était plus le chef de contingents armés, combattant, razzant, rançonnant les populations, c'était un chef de bandits, un voleur de grand chemin, un détrousseur de voyageurs ; mais sa présence dans le Sahara suffisait toujours pour effrayer les Ouled Naïl, car il ne leur est pas possible de se réunir pour vivre, de s'entendre pour résister. Il en résultait que nous filions l'existence en colonne d'observation. D'observation, quel mot ! il possède quelque chose qui abrutit, qui endort. Je le demande à ceux qui ont fait des colonnes d'observation, colonnes dont on a abusé; quand bien même elles offriraient quelque chose à observer, ce qui n'arrive pas toujours, elles sont toujours d'une monotonie désespérante. Rien de sérieux à l'horizon, étapes à faire et à refaire dans des sentiers battus et rebattus, repos de huit, quinze, trente jours, dans des lieux arides et sans ressources. Quiconque n'éprouve pas pour le double-six une passion profonde ou n'est pas amateur effréné du loto ou du jeu d'oie, ou encore possédé de la monomanie du bézigue ou du jacquet, doit se dessécher dans une colonne d'observation. La colonne d'observation est tout au plus bonne pour les gens qui ont des chagrins domestiques, fuient le foyer comme une peste et sont toujours mieux ailleurs que chez eux. Nous passâmes dehors une partie de l'hiver de 1853 à 1854, sans tirer un seul coup de fusil, si ce n'est sur les gangas, les poules de Carthage, les outardes, les perdreaux et les lièvres dont nous n'étions jamais privés.

Dans l'été de 1854, une tribu du cercle d'El Ar'ouath, les Ouled El Akhal, les enfants noirs, épithète qui ferait supposer à tort qu'ils ne sont pas blancs, firent ce qu'avaient fait bien d'autres avant eux, envoyèrent paître leur qaïd, quittèrent leur pays et se jetèrent dans le Boukahil, à hauteur d'Ain Rich, avec l'intention de ne pas rester en si bon chemin.

Vous voyez que tous les insoumis exécutent la même manœuvre ; qu'ils soient de l'Est ou de l'Ouest, ils commencent déjà par se diriger sur la partie sud de mon cercle. C'est que c'est là qu'est le pâté du Boukahil, le nœud de ses contreforts, la réunion des défilés qui débouchent sur le Sahara ; voilà pourquoi il tombait sur nous une pluie d'insoumis des subdivisions voisines ; je ne m'en suis jamais plaint.

La fugue de cette tribu me fut signalée et me mit sur pied ; je mis toutes voiles dehors et m'embarquai avec la colonne pour voguer vers ces parages qu'avait tant de fois sillonné mon esquif.

J'avais fait partir d'avance l'officier chargé des affaires arabes, qui avait la mission d'aller reconnaître le passage des Ouled El Akhal à l'horizon et flairer la piste de cette tribu.

Cet officier était M. Philebert, lieutenant au 8e de ligne ; c'était l'homme qui convenait à une pareille mission. Cavalier solide, dur à la fatigue, actif et point sybarite, il n'avait pas l'habitude de se plaindre quand il ne trouvait pas ses aises dans ces lieux privilégiés où on ne les trouve jamais et qu'il arpentait journellement par état.

Il arriva sur les flancs du Boukahil suivi d'un seul spahis, son fidèle El Madani, escorte un peu mince pour la saison. Le jour baissait, et c'est vite fait dans un pays où le crépuscule dure si peu, où la nuit se ferme comme une boîte. Il aperçut dans l'ombre un douar, un assez gros douar ; une fumée légère s'élevait de l'intérieur des tentes. Philebert avait l'estomac vide, le corps rompu par la fatigue ; il soupirait d'aise à cette vue, car il prenait cette nezelat (douar) pour la smala du chikh des Ouled Mahamed el Embark qui lui était nécessaire pour souper et dormir ; il croyait déjà sentir le fumet d'un kous-koussou réparateur, quand il s'aperçut qu'il était dans l'erreur : c'était un douar des Ouled el Akhal, un douar de révoltés, un douar de gens qui devaient avoir le Roumi en horreur, qui pouvaient être heureux de trouver l'occasion d'en couper un en morceaux, sans qu'il y parût ; il y avait là de quoi leur attirer la bénédiction du Ciel. Le moucheron qui se prend dans la toile d'araignée n'est pas plus mal avisé que ne l'était dans ce moment le lieutenant Philebert. Que faire ? S'il allait prendre à ces gaillards l'envie de lui faire passer un vilain quart d'heure, qui pouvait les arrêter ? N'avaient-ils pas jeté leurs bonnets par-dessus les moulins ? n'étaient-ils pas sur la route de Tombouctou ? La situation était grave. Fallait-il tourner bride et s'enfuir ? c'était leur suggérer une mauvaise intention dans le cas où elle ne leur serait pas venue ; la nuit était sombre, le pays fourré, le galop impossible, et s'il prenait envie aux chiks de faire enfourcher sept ou huit chevaux entravés dans le douar pour fouiller les halliers, Philebert était *réguisé*, comme dirait Chauvin. Une minute de réflexion suffit pour le décider à payer de toupet. Fort de la connaissance qu'il avait du Naili, de sa qualité d'officier étranger au cercle d'El Ar'ouath, il s'avança résolument vers le douar, en fit appeler le chikh, lui dit qui il était et, feignant d'ignorer la position délicate des Ouled el Akhal, il le pria de lui indiquer où se trouvait la smala du chikh des Ouled Mahamed el Embark qui, soi-disant, l'attendait pour souper. Le bonhomme, qu'on avait réveillé et qui se frottait encore les yeux, lui répondit sans penser à mal et lui apprit qu'elle était près de là, dans un lieu bien connu d'El Madani. M. Philebert en prit le chemin et le fit heureusement. Il coucha chez le chikh demandé et rejoignit, le lendemain, la colonne sortie de Bousadah, qui fut rejointe par celle d'El Ar'ouath, laquelle raza les insoumis et s'en retourna là d'où elle était venue.

LETTRE LXXVII.

LE GÉNÉRAL DESVAUX.

A l'époque où nous sommes arrivés, la subdivision de Batna était commandée par le colonel Desvaux, devenu général de division. Le général Desvaux est une personnalité qui a trop marqué en Algérie pour que je ne vous en dise pas quelques mots. Je vous donnerai donc mon opinion personnelle sur son compte, sans prétendre faire son portrait.

Il a gagné sa première épaulette en combattant aux journées de Juillet 1830, pour la cause de la liberté.

Homme honorable, actif, studieux et capable, il connaît bien l'Algérie où il a dirigé les affaires arabes d'une province, commandé une subdivision et une division ; mais il a, pour les personnages militaires et religieux indigènes, une prédilection que je redouterais, si je le voyais devenir gouverneur du pays. Il y a cependant fait de bonnes choses, entr'autres son avancement ; mais on ne peut pas l'accuser de n'avoir songé qu'à lui.

Dans le commandement, il ne sait pas assez laisser à chacun de ses subalternes la petite part d'autorité qui lui revient, et on ne le verra pas adopter une bonne idée, si elle vient d'en bas.

Raide, glacial, son abord commande le silence et arrête l'expansion ; ses inférieurs recherchent les lieux où il n'est pas.

Il est sensible aux protections, et la faveur d'un personnage des hautes sphères ne nuit à personne dans son esprit.

Je le crois bon au fond, je ne connais personne à qui il ait cherché à faire du mal, j'en connais trop à qui il a fait du bien ; mais il enlève au bien tout son prix par la manière dont il le fait, de même qu'il ôte à une parole flatteuse tout son charme par la manière dont il la dit. Il n'est pas sympathique, il ne sait pas être naturel.

Il est des gens que sa parole a choqués, sans qu'il s'en aperçût peut-être ; l'amour-propre blessé ne pardonne pas, c'est peut-être là qu'il faut chercher la cause des infâmes calomnies dont il a été l'objet, calomnies absurdes dont les gens sérieux et sensés ont instantanément fait justice, mais qu'ont accueillies les malveillants et les gens superficiels, et l'espèce de ces derniers domine dans notre adorable société.

Son exactitude enfonce tous les chronomètres, il fait tout par poids et par mesure. Il pose pour les mœurs et la décence carabinée ; cependant, à table, en petite société, il lui arrive de pincer la gaudriole et il la module avec

beaucoup d'esprit ; mais qu'un inférieur s'avise de commencer le feu..... le baromètre passe au temps couvert,
ciel nuageux.

J'oubliais...... le général ne boit que de l'eau.

LETTRE LXXVIII.

ZAOUIA DE SY MOHAMED EL AID A TEMACIN.

M. le colonel Desvaux, qui se demandait souvent comment se terminerait cette fâcheuse histoire de l'Oued
Rir', ne négligeait rien pour savoir ce qui s'y passait ;
il s'était fait un ami d'un marabout de grand renom dont
la zaouia se trouvait près de Temacin. C'est un vaste établissement fondé sur la fin du dix-huitième siècle seulement et qui forme, à lui seul, un village ; cette résidence
se nomme Tamelhalt. La mésintelligence qui existait
entre les deux sultans de Tougourt et de Temacin avait
tourné au profit de Sy Mohamed el Aid (c'est le nom de
notre marabout) ; son influence religieuse s'exerçait sur
les deux États, et il avait pris sur le chikh de Temacin
un tel empire que rien ne s'y faisait plus que par son
ordre ; partant la petite guerre avait cessé entre les deux
petits princes.

Il est nécessaire que je vous fasse connaître Sy Mohamed el Aid, mais il est bon que je vous dise auparavant
quelques mots des ordres religieux qui existent en Algérie. Je ne parle que des ordres anciens et bien reconnus,
car il y a du fretin. Chaque jour des pantins comme le
chérif du Sud se donnent le genre de fonder un ordre,
un ordre de pacotille, un ordre de contrebande.

Ces ordres religieux ont pour fondateurs des marabouts
de grand renom, de saints hommes qui, en mourant, ont
désigné pour successeurs, comme chefs de leurs ordres,
d'autres marabouts dans leur genre, et ainsi de suite.

L'usage n'exige pas que le successeur soit toujours
pris dans la famille du défunt, et il semble, en cela, que
les fondateurs des ordres aient sagement prévu le cas où
il ne se trouverait que des coquins dans leur famille.
Ils prennent toujours un homme marquant, un marabout
répandu, vénéré et influent. Ces emplois sont très-enviés,
très-respectés ; il s'agit d'exploiter la piété, le fanatisme,
ce qui rapporte gros.

Les affiliés de ces ordres religieux s'appellent khouans,
c'est-à-dire frères. Il existe fort peu d'indigènes qui ne
soient khouans d'un ordre quelconque ; certains de ces
ordres affilient des femmes. Je dis donc qu'à l'exception
des véritables sacripants, presque tous les Arabes sont
khouans, et encore y a-t-il beaucoup de sacripants qui
le sont, parce que leur bon Dieu n'y regarde pas si près
que le nôtre.

Pour être reçu khouan, il faut avoir fait son premier
ramdan. Le ramdan est le mois pendant lequel on
jeûne depuis le lever jusqu'au coucher du soleil ;
quand il tombe dans la canicule, c'est assez rude, car

il est défendu au musulman d'avaler même une goutte d'eau. L'el ouard, qui veut dire, en arabe, la rose, et que nous traduisons par le mot ordre, est donné par le chef de cet ordre ou par un de ses moqaddem. Le moqaddem est un délégué, car le grand chef ne peut être partout et faire tout, naturellement.

Le jeune homme qui veut se faire d'abord initier va trouver le saint homme qui l'envoie se laver, c'est-à-dire se purifier, faire les ablutions prescrites aux musulmans. Il lui explique ensuite ce qu'il désire ; le saint homme lui demande s'il a apporté quelque chose, et comme le jeune homme a été informé que, si l'on veut être reçu, il faut toujours arriver les mains pleines, il a apporté son offrande qui n'est jamais refusée, car le marabout reçoit même les écus rognés et les pièces retirées de la circulation ; mais la plupart des initiés paient en nature : moutons, laine, beurre, grains, etc., etc., tout leur est bon, ils font feu de tout bois et ne se plaignent pas, excepté pourtant quand il n'y a pas assez. Quand c'est payé, l'initiation commence, le grand chef attire le néophyte à lui, demeure seul avec lui, lui prend les mains dans les siennes et lui indique les règles de l'ordre, les prières qu'il doit réciter à certaines heures, lui prescrit des jeûnes à certaines époques, et surtout des aumônes. Oh ! il ne tarit pas sur les aumônes, et il a soin de lui faire comprendre qu'elles n'auront, aux yeux de Dieu, leur efficacité pleine et entière, que s'il les fait entre ses mains. Après cela, il lui passe au col un chapelet en bois, qui vaut quatre sols, et le congédie, en lui recommandant de venir le plus souvent faire visite à la zaouia, et surtout de ne jamais oublier d'y apporter quelque chose.

Comprenez-vous, cher compatriote, ce que peut avoir de formidable, en cas de guerre sainte, un réseau religieux comme celui de la khouanerie, qui englobe le fanatisme de toute la population d'un grand pays.

Notez que toutes les grandes zaouias sont riches, les dons qu'on leur fait sont considérables. Il y a peut-être, en Algérie, 500,000 familles qui, chacune, portent, chaque année, des présents à la zaouia du chef de l'ordre dont elle fait partie. Le présent se compose d'ordinaire d'un mouton, une toison de laine, un pot de beurre, une mesure de grains ; c'est le cadeau courant du peuple, c'est comme le denier de saint Pierre. Les riches, les grands, donnent bien davantage et plus souvent ; et les chefs militaires eux-mêmes, qui affectent de mépriser les marabouts parce qu'ils ne manient pas le mousquet, ne négligent pas de se tenir au mieux avec eux au moyen de riches présents ; il est vrai qu'en retour, ces marabouts donnent très-grandement l'hospitalité. Il y a, chez eux, table ouverte ; mais soyez tranquille sur leur compte, ils ne mangent pas tout, et ce qui leur reste est assez coquet.

Il est impossible de se figurer tout ce qu'il y a d'objets précieux d'enfouis dans cette énorme zaouia de Tamelhalt : tapis, bijoux, effets de toute sorte.

Là, comme dans les qasbah et les grandes demeures, les diverses parties des bâtiments sont enchevêtrées sans goût, sans ordre, on n'y comprend rien, la description en est impossible.

La mosquée est immense, richement ornée, le marbre y abonde ; elle ressemble, par sa forme, à une salle de théâtre. Le tombeau du chef de l'ordre est dans une grande salle carrée, dallée ; il est entouré d'une grille en fer doré et recouvert de tapis et d'étoffes de soie à fleurs d'or.

On remarque, dans la maison, une chaise à porteurs, ressemblant exactement à celles dont se servait chez nous la noblesse à l'époque où l'usage des carrosses était encore peu répandu.

Sy Mohamed el Aid est un gros monsieur à figure cuivrée, aux grosses lèvres, ayant quelque chose du mulâtre insignifiant, ne parlant presque pas et doué d'un air bête qui, à ce qu'il paraît, ne nuit pas dans l'état ecclésiastique du pays.

En 1798 mourut Sy Hamed ben Salem el Tedjini, chef de l'ordre des Tedjana, qui désigna pour son successeur Sy el Hadj Ali, père de Sy Mohamed el Aid. Sy el Hadj Ali a fondé la grande zaouia de Tamelhalt à Temacin, ce qui vous fait voir qu'elle n'est pas ancienne. Sy el Hadj Ali mourut en 1825 et laissa la survivance de son emploi à Sy Mohamed el Sr'ir el Tedjini, fils de Sy Hamed ben Salem, et c'est ce Mohamed el Sr'ir qui soutint, en 1837, à Ain Madhi, sa résidence, un siége de neuf mois contre son ennemi juré, Abd el Qader, qui ne put entrer dans la ville que par la plus infâme des ruses, en assurant qu'il ne voulait que prier à la mosquée.

Le saint homme, ce descendant des Tedjana, accepta franchement notre autorité ; il tint toujours avec nous une conduite droite et fut digne des égards que nous eûmes pour lui, égards dus à sa grande position religieuse. Son ami et serviteur fidèle, Sy Mohamed el Aid, suivit son exemple. Quand nous nous étendîmes de son côté, il fut le premier à nous offrir ses services ; son influence sur les tribus du Sahara s'exerça toujours en notre faveur, il ne broncha pas, traita assez mal le chérif Mohamed ben Abdallah et nous informa de ses desseins, chaque fois qu'il en eut connaissance ; mais comme le chérif ne disait presque jamais ce qu'il voulait faire, les projets ne circulaient pas d'avance et la bonne volonté de Sy Mohamed el Aid, à notre égard, fut souvent en défaut. Son intervention, les renseignements qu'il donna sur l'esprit des populations, ses conseils aux gens sur lesquels il avait de l'influence, furent pour beaucoup dans l'heureuse tournure que prirent, en 1854, les évènements dans l'Oued Rir'.

C'est dans cette année de 1854 que mourut Sy el Tedjini d'Ain Madhi, qui ne jugea personne plus digne de lui succéder, comme chef de l'ordre, que Sy Mohamed el Aid. Ainsi, l'ordre de Tedjini a deux capitales où sont pris alternativement les chefs de l'ordre, Temacin et Ain Madhi, où se trouvent encore aujourd'hui deux fils de Mohamed Sr'ir el Tedjini ; c'est l'un d'eux sans doute que Sy Mohamed el Aid à sa mort choisira pour lui succéder comme chef de l'ordre.

Sy Mohamed el Aid est très-bien en cour à Tunis, le bey le tient en grande estime, il va souvent le visiter et en revient chargé de magnifiques présents : c'est toujours la grosse affaire. Quand nos colonnes allaient à Tougourt, après la prise de la possession, le colonel Desvaux réunissait les officiers supérieurs de la colonne pour aller faire la visite au marabout, qui nous donnait des déjeûners splendides. Un jour, il nous fit servir des oranges dans un énorme pot de chambre en faïence ; mais c'était un vase tout neuf et qui n'avait jamais servi, acheté sans doute sur le conseil d'un malin qui avait dû lui dire qu'il ferait preuve de bon goût et de chic exquis en nous servant un vase de forme élégante, extrêmement répandu dans la bonne société roumie.

Sy Mohamed el Aid a des frères : l'un, Sy Mohamed el Habib, passe sa vie à manger, à boire, à divorcer et à se remarier ; il fait une étrange consommation de femmes et de comestibles, ce qui prend tout son temps.

L'autre, Sy Mammar, est une forte tête, un homme de bonne humeur, très-porté aussi sur le plaisir des sens ; il en prend partout, le sexe n'y fait rien. Comme il y a entre Temacin et Ain Madhi de nombreuses alliances, il est chargé d'aller y chercher ou d'y conduire des femmes, y porter ou en rapporter des cadeaux ; tous ses instants sont absorbés par ses voyages. Si jamais l'un de ces deux gaillards devenait chef de l'ordre, je crois qu'il finirait par en trafiquer, après avoir bazardé la zaouia avec sa mosquée et son tombeau.

LETTRE LXXIX.

TROIS COLONNES LÉGÈRES, AUX ORDRES DU COLONEL DES-
VAUX, SE DIRIGENT SUR TOUGOURT. — COMBAT DE
MGARIN. — TOUGOURT NOUS OUVRE SES PORTES.

Nous étions arrivés à l'automne de 1854, les affaires
du Sud ne marchaient pas, ce qui signifie qu'elles marchaient mal. Tougourt était toujours aux mains de Selman, qui n'avait pas l'air de s'y trouver mal et paraissait
disposé à attendre qu'on l'en chassât. Or, du train dont
allaient les choses, il pouvait bien avoir encore du temps
à y rester ; il s'entendait toujours bien avec le chérif et
avec Ben Chourah. Si, à ce moment-là, vous aviez
demandé au gouverneur ce qu'il était dans l'intention de
faire de ce côté, il vous aurait probablement répondu
que cela ne vous regardait pas ; d'abord parce que c'eût
été assez juste, et puis parce que c'est la meilleure

réponse à une question à laquelle on ne peut pas en
faire.

En tout cas, s'il ne savait pas ce qu'il ferait, le gouverneur savait très-bien ce qu'il ne ferait pas, et il n'était
pas le moins du monde disposé à mettre en route une
forte colonne avec un attirail de siége pour aller en faire
un ou deux peut-être, plus ou moins, dans une oasis, au
milieu des palmiers et à plus de 500 kilomètres de la
côte.

M. le colonel Desvaux, qui commandait la subdivision
de Batna, était le seul qui connût à merveille la situation
et l'étudiait tous les jours. Il correspondait avec le marabout de Temacin ; il savait que les Rouar'as criaient
famine, parce qu'ils ne pouvaient pas se procurer le plus
petit grain de blé ou d'orge, et qu'attribuant, comme il
était juste de le faire, tous leurs maux à Selman, leurs
véritables sentiments à son endroit auraient pu se tra-
duire par un vif désir de le voir accroché au plus élevé
de leurs palmiers. Les vœux qu'ils faisaient pour lui
allaient très-haut et ils étaient sincères ; de plus, comme
il n'est pas vrai toujours de dire que « ventre affamé n'a
pas d'oreilles, » les pauvres gens prêtaient attentivement
la leur à tout ce qui venait du Nord ; et il était plus que
probable que, si nous avions dirigé sur Tougourt une
expédition sérieuse, il n'est pas un seul habitant des
ksours qui aurait songé à prendre les armes contre
nous.

Quant à Tougourt, c'était une autre affaire et on ne
pouvait pas être certain que ce morceau-là passerait aussi
facilement avalé que le reste. Selman n'y était pas plus
chéri qu'ailleurs ; mais la terreur lui avait livré la ville,

la terreur l'y avait maintenu et la terreur pouvait lui permettre de s'y défendre. Il était probable qu'un homme de son caractère ne lâcherait sa proie qu'à la dernière extrémité, qu'il faudrait la lui arracher par la violence, qu'il ferait appel aux forces du chérif et s'y barricaderait.

Tougourt avait une enceinte, un fossé rempli d'eau ; à Zâatcha, un fossé moins large avait occasionné un échec, presque une catastrophe. Or, un siége étant dans les choses possibles, il s'agissait, si on voulait se porter sur l'Oued Rir', de ne pas s'embarquer sans biscuit, d'être paré à toute éventualité et d'emmener avec soi tout le matériel nécessaire pour surmonter toutes les difficultés ; or, c'était lourd, c'était gros et surtout c'était loin, et, comme je l'ai dit, le gouverneur avait assez de siéges comme cela et il n'entendait pas de cette oreille-là.

Sur ces entrefaites, on réorganisa la colonne mobile de Bousadah, qu'on privait, pendant les grandes chaleurs, de la cavalerie française, et à qui on ne laissait, pendant l'été, avec l'infanterie, qu'une division et souvent même un peloton de spahis [1].

---

[1] On ne faisait pas, à Bousadah, de gros approvisionnements de fourrage, quoique la proximité des cultures du Hodna le permît. D'ailleurs, la cavalerie ne nous eût pas embarrassés, car les environs étaient couverts d'halfa, et on sait que la racine d'halfa, bien épluchée, est goûtée par le cheval. la moelle qu'elle renferme est très-nutritive ; cependant il ne faut pas en abuser, et donnée au cheval en quantité et sans interruption, elle finit par agir sur la vessie ; mais si on l'emploie avec modération, elle n'a, pour lui, aucun danger. Donner au cheval de l'halfa

On nous envoya de Sétif un escadron du 3ᵉ chasseurs d'Afrique, et je reçus l'ordre de prendre la campagne avec 250 baïonnettes, zéphirs et turcos, et 160 sabres, chasseurs et spahis.

L'infanterie était commandée par le capitaine de Ferrières, officier d'avenir, plein de cœur et de bons sentiments, qui fit à Bousadah un long séjour et que j'aurais voulu pouvoir y retenir davantage, car il m'avait inspiré une vive affection. Hélas! il est mort, dans toute la force de l'âge, des suites d'une affreuse chute de cheval.

La cavalerie était commandée par M. de Bernis, du 3ᵉ chasseurs. Je n'ai pas oublié le charme que j'ai trouvé dans la société de cet homme aimable et dans les relations de chaque jour que j'étais heureux d'avoir avec lui. M. de Bernis, quoique plus ancien que moi de quelques mois, avait cependant désiré faire cette expédition, sans y être forcé, et je crois me rappeler qu'il eut, à ce sujet, quelques petites discussions avec le commandant du régiment. Nous voilà partis et en marche sur la route de Tougourt; mes instructions me prescrivaient de la

---

pendant trois jours, de la bonne paille le quatrième jour, sans halfa, avec un barbotage de farine d'orge tous les jours, constitue un régime qui maintient la bête en bon état; la ration de paille sur quatre et le barbotage suffisent amplement pour neutraliser le principe échauffant de l'halfa. J'ai appliqué ce régime aux chevaux de spahis et aux miens pendant des années entières, et malgré les fatigues qu'ils avaient à supporter, ils ne dépérissaient pas. Pendant les grandes chaleurs, nous donnions, sur quatre jours, deux jours de la paille et deux jours de l'halfa, parce que, dans cette saison, la moelle de la racine d'halfa se dessèche un peu.

prendre, mais de m'arrêter à Mengoub et d'attendre là
des nouvelles de M. le colonel Desvaux. Le colonel, parti
lui-même de Batna avec une colonne, prenait aussi la
route et devait s'arrêter à El Bâadj.

On avait fait aussi sortir d'El Ar'ouath une petite
colonne dans le genre de la mienne, ne tenant guère plus
de place, ne pesant pas plus qu'elle ; cette colonne légère,
dont le chef était le commandant Du Barrail, se dirigeait
comme les autres sur Tougourt et devait s'arrêter à El
Alia. Vous voyez que tout le monde partait pour l'Oued
Rir, avec des ordres précis pour ne pas y arriver. Ce
triple temps d'arrêt nous satisfaisait médiocrement, et
dans l'opinion générale, cet accord sublime pour la halte
devait aboutir au demi-tour, mouvement simple et
connu, qu'on exécute quelquefois plus vite qu'on ne le
voudrait. Oui, tout le monde pensait machinalement à
Jean s'en retournant comme il était venu. Je recevais de
M. le colonel Desvaux des lettres qui ne me permettaient
pas d'espérer une bonne chance ; nous nous promenions,
nous mangions, nous nous couchions ; c'était bonnet de
coton, monotone. Le matin, on se rencontrait, on me
regardait dans le blanc de l'œil : « Quoi de nouveau ? —
Rien. — C'est triste. — C'est assommant. — Si nous
allions déjeûner ? — Cuisinier ! le déjeûner est-il prêt ?
— Tout de suite, mon commandant ; les biftecks sont
sur le gril, les pommes de terre frisent, ça va-t-être
prêt. » — On déjeûnait ; puis la journée d'aujourd'hui
était celle d'hier, et tout permettait de supposer que le
lendemain ressemblerait à la veille comme deux gouttes
d'eau. Nos chevaux, eux, avaient l'air de s'ennuyer
autant que nous : ces pauvres bêtes,

« L'œil morne maintenant et les têtes baissées,
» Semblaient se conformer à nos tristes pensées. »

Ils ne se ranimaient, en hennissant, qu'aux moments où ils entendaient sonner la botte, et pourtant il ne leur manquait rien ; leurs quatre kilos d'orge par jour ne leur faisaient pas défaut, et ils avaient de l'herbe à s'en dégoûter : le Sahara, avant notre départ, avait été inondé, les ravins, les bords des rivières, les daias, étaient couverts de chiendent, haut de soixante-quinze centimètres.

Chaque cavalier arabe du goum, qui revenait de chercher de l'herbe, était pris de loin pour un envoyé du colonel Desvaux, puis on le reconnaissait, et chacun s'en retournait à sa tente en disant : « Ce n'est que cela, malédiction ! » Un matin je reçus, au moment où je m'y attendais le moins, une lettre de M. le colonel Desvaux, qui me prescrivait de partir de suite et de me porter en toute hâte sur Mr'aier ; il allait lui-même se diriger sur cette oasis et s'arrêterait à trois lieues de ce point, jusqu'au moment où il apprendrait que je suis à quatre ou cinq lieues de lui.

Ah ! pour le coup, voilà qui fit à l'ennui une diversion énergique ; on fit des châteaux en Espagne, l'esprit vira de bord cap pour cap, et l'imagination, s'élançant dans le Sahara, le grand Sahara, le Sahara pour de bon, ne s'arrêta qu'à Tombouctou.

Vite je fis rassembler les goums et les muletiers qui étaient au pâturage, on chargea, on partit, et marchant toujours de la manière et suivant le procédé usité par moi dans les cas urgents, j'arrivai à trois lieues de la colonne du colonel qui n'avait pas supposé que je pour-

rais arriver là tout aussi promptement. Apprenant mon
arrivée, il se dirigea sur l'Oued Rir', où il allait entrer,
et me prescrivit de marcher toujours à une étape de sa
colonne que je devais remplacer chaque soir dans le lieu
qu'elle aurait quitté le matin.

Voici comment les choses avaient tourné.

Selman, qui n'était pas sans inquiétude, avait des
espions dans nos postes, et, dans le flot de vermine que la
chekaia poussait chaque matin sur le seuil du bureau
arabe de Biskra et de Batna, il se trouvait des insectes
rapporteurs chargés de transmettre au chikh de Tougourt
les bruits qui y circulaient sur nos projets.

A peine sut-il que des colonnes se dirigeaient sur
l'Oued Rir', qu'il écrivit au chérif pour réclamer son
secours. Vous croyez peut-être que le saint homme saisit
avec empressement et contentement cette occasion de
lutter contre nous? il n'en fut rien ; il n'y tenait pas et
la lettre de Selman fut pour lui quelque chose de très-
désagréable, un breuvage amer qui lui fit faire une grimace comme celle d'un troupier forcé d'avaler, sous les
yeux d'un docteur, cinq décigrammes de sulfate de qui-
nine dans une eau pure et limpide. Il était pourtant forcé
de marcher, sous peine de voir son prestige tomber, de
compromettre sa réputation déjà un peu ébranlée. Il se
recueillit, réfléchit vingt-quatre heures, et il lui vint
alors une idée gigantesque : forcé de donner son appui,
il résolut de le faire avec les plus grandes chances de
succès et de mettre tout en œuvre, de remuer ciel et
terre pour nous susciter de nouveaux ennemis; il répondit à Selman : « Non-seulement je suis heureux de marcher pour toi avec tout mon monde, et mon empresse-

ment sera égal à ma joie, mais encore je te ménage une
surprise ; sois tranquille, je ne te dis que cela. »

Les habitants du Souf, pays de ksours et de palmiers,
à 25 lieues à l'est de Tougourt, près de la frontière de
Tunis, n'avaient pas fait leur soumission ; nous ne l'exi-
gions pas, ils vivaient tranquilles sans rien nous payer,
parce que nous ne leur demandions rien. Très-voyageurs,
travaillant bien la terre, très-forts sur le petit commerce,
ils se rendaient dans nos villes du Tell et du littoral, où
les uns s'employaient comme les Kabyles, les Biskris, les
Marocains même, à porter des fardeaux sur les ports,
d'autres piochaient la terre, d'autres faisaient du commerce. On aimait à s'en servir, et le gouverneur, les
trouvant trop loin pour s'en occuper, les laissait vivre
indépendants, à leur aise. Ils pensaient bien que ce repos
ne durerait pas, mais ils profitaient du présent sans s'occuper de l'avenir, c'était toujours cela de gagné. Voilà
les gens que le chérif songea à soulever contre nous, et
chez qui il pensa lever un contingent pour nous combattre si nous osions entrer dans l'Oued Rir'. Ceci vous
paraît absurde et téméraire... vous ne connaissez pas
l'Arabe.

Il courut donc vers les Souafas, parcourut leurs villages, débitant exactement les discours creux qui étaient
un peu usés ailleurs et qui, pour eux, avaient le cachet
de la nouveauté.

Bref, il réussit chez eux, eut un succès de vogue, et le
croirait-on ? des gens si ménagés par nous, qui avaient
tous dans nos villes des pères, des fils, des frères pouvant
se trouver compromis par leur conduite avec le chérif,
ces gens, dis-je, donnèrent dans le panneau. Le chérif

leur monta la tête et ils lui confièrent un contingent de
1500 fusils et un convoi de bons et beaux chameaux et
meharas portant des vivres et des munitions comme s'il
en pleuvait ; le tout pour tâcher de nous faire passer un
vilain quart d'heure, si c'était possible. La reconnaissance
est une grande vertu, mais les Souafas n'en usent pas.

Le saint homme devait être ébahi, stupéfait, grisé de
se voir ainsi à la tête d'une grosse armée ; je suis bien
sûr qu'il n'avait pas espéré tant de chance et qu'il
conçut de son talent de persuasion et de son éloquence
une idée toute nouvelle ; il se crut un grand homme, et
je suppose que ces fumées d'orgueil et d'ambition furent
cause de l'affreuse boulette qu'il commit quelques jours
après et dont je vais vous raconter l'histoire.

Pendant que tout cela se passait au Souf, le colonel
Desvaux, comme vous allez le voir, n'avait pas trop mal
tiré ses plans ; sa mission était délicate, peu précise et
peu précisée, je le crois du moins, car dans ma petite
sphère, je n'étais pas associé aux mystères de la politique
algérienne ; mais la politique algérienne n'a rien de
sérieux, c'est de la politique pour rire, de la politique
d'enfants. A ce propos, permettez-moi une petite digression. Un jour un général, qui se portait bien et avait un
commandement en Algérie, visitait un des cercles sous
ses ordres ; c'était un des mieux administrés. Il demanda
d'un air grave au chef de ce cercle : « Et la politique ?
— La politique, répond l'officier ébahi et n'ayant pas
l'air de comprendre, la politique, mon général, nous
n'en avons pas ; la politique... inconnue dans le pays,
comme la politesse au bataillon. »

Le général tourna le dos à l'officier ; on n'a jamais vu

un général plus vexé. Pour lui, l'officier était un triste sire, un être ne comprenant pas, une huître.

Revenons à nos moutons. Je ne connaissais pas les instructions du colonel Desvaux, mais je suis bien sûr que cela n'était pas bien net, c'est pourquoi nous nous arrêtions.

Le colonel connaissait très-bien les idées des Rouar'as : ils avaient faim, c'était leur opinion politique. Il savait donc que, s'il entrait dans l'Oued Rir', il serait, non pas mangé, mais très-bien accueilli, et ses habitants devaient se montrer très-sympathiques à l'expédition. Il ne comptait pas sur leur aide : les Rouar'as sont des gens incapables de s'aider eux-mêmes, et par conséquent d'aider les autres ; mais il était certain qu'ils ne se tourneraient pas contre nous. Cependant, pour parler à coup sûr, pour ne plus conserver le moindre doute sur la situation des affaires et apprendre du nouveau peut-être, il fallait pousser une reconnaissance au cœur du pays ; mais comme on avait à craindre de se casser le nez contre les murs de Tougourt, le colonel Desvaux n'était pas libre de pénétrer dans l'Oued Rir', et il n'était pas homme à compromettre sa position, pas plus que ses colonnes. Il prit un biais, c'était assez dans ses idées ; le biais est dans les habitudes des hommes de guerre, des diplomates et des couturières ; il composa une forte avant-garde avec ses soldats indigènes et y ajouta un goum dont on retrancha les cavaliers connus pour s'en aller, quand il n'y avait que des prunes à attraper. Il en resta peu, mais c'était solide.

Le colonel confia cette troupe à M. le commandant de spahis Marmier, qu'il chargea de faire une pointe aussi avant que possible dans le pays. Personne ne convenait mieux que le commandant à cette mission, personne ne comprenait mieux que lui la situation : il connaissait la langue et les affaires arabes, joignait l'énergie à la prudence, et il avait, pour le seconder dans cette expédition, M. de Courtivron, capitaine de l'escadron de spahis, et M. Vindrios, capitaine commandant les tirailleurs, deux sous-verges sur lesquelles il savait qu'on pouvait compter pour tout et partout. Voici comment avait raisonné le colonel :

« Du moment qu'il n'est pas question de s'attaquer à des murailles, mais seulement de juger la situation, l'avant-garde de la colonne doit obtenir les mêmes résultats que la colonne elle-même ; les habitants seront pour le commandant Marmier ce qu'ils seraient pour le colonel Desvaux. En admettant qu'il soit attaqué, ce ne sera qu'en plaine, car il doit éviter les villages, les palmiers, et ne jamais quitter le pays découvert. Or, dans ce cas-là, il est assez fort pour lutter avec avantage et se retirer sans être entamé ; mais si on veut pousser la chose plus loin et supposer, par impossible, que le commandant éprouve un échec, on ne pourra jamais dire que les Français ont été battus ; leurs colonnes restent intactes et complètes, tout se réduira, dans l'opinion, à la défaite d'un gros d'Arabes lancés en reconnaissance ; or, pour les goums arabes, une fugue, une panique, une déroute, sont quelque chose de si ordinaire, de si simple, que personne ne s'en étonnera, et l'effet produit n'aura rien de funeste pour l'expédition en elle-même. »

Le colonel raisonnait juste. Il donna au commandant de sages instructions, lui prescrivit de s'avancer à pas comptés, à pas de loup, sondant les dispositions des populations. Comme le pilote, le plomb à la main, cherche à reconnaître les écueils afin de ne pas y briser son esquif et virer de bord à temps, de même le commandant Marmier devait rebrousser chemin dès qu'il soupçonnerait chez les Rouar'as des intentions mauvaises, dès qu'il verrait les affaires prendre une direction de nature à compromettre sa colonne. Vous allez voir comment tout cela tourna, et vous me direz ensuite, si vous ne pensez pas comme moi, que le colonel Desvaux avait, en quittant Batna, mis un peu de corde de pendu dans sa poche.

Le commandant Marmier entra dans l'Oued Rir' et y fut accueilli comme un sauveur ; il fut accablé de marques de sympathie auxquelles il n'était pas possible de se méprendre ; elles partaient plutôt de l'estomac que du cœur, mais elles n'en étaient que plus sincères et moins trompeuses.

Partout les femmes, courant sur son passage, chantaient à leur manière et produisaient des notes d'agrément en se frappant la bouche avec la main, comme cela se fait dans les fêtes *(izer'etou)* (elles chantent) ; les hommes l'accompagnaient des actions de grâces à leur usage *(el hamdou l'illah)* ; c'était une ovation non interrompue, de nature à affecter peu agréablement le cœur de Selman, s'il avait pu en être témoin. On eût dit que plus le commandant approchait de Tougourt, plus l'enthousiasme augmentait ; cependant, arrivé à Mgarin, à quelques lieues de Tougourt, le commandant, qui en avait vu assez comme cela et qui n'avait pas la prétention de s'emparer tout seul de Tougourt, où il apprit qu'on organisait la résistance, pensait qu'il était temps de retourner et de rejoindre le colonel Desvaux et s'apprêtait au demi-tour sur place, quand un évènement inoui, imprévu, inespéré, vint tout-à-coup changer la face des choses et prouver une fois de plus que l'homme propose et Dieu dispose.

Nous avons laissé le chérif sur la route du Souf, se dirigeant sur Tougourt à la tête de la plus grande armée des temps modernes qu'on ait vue conduite par un homme de sa profession.

Dans son opinion, il y avait là de quoi vaincre les colonnes françaises, et dans le cas où les évènements lui seraient contraires, ce qu'Allah ne pouvait pas permettre, il aurait tout le temps possible pour se sauver pendant que le Roumi travaillerait les côtes à tout ce monde-là. En apprenant son approche, Selman fut aux anges et il se hâta de monter à cheval avec ses cavaliers pour aller à sa rencontre. A peine l'eut-il rejoint qu'il descendit de cheval pour aller le saluer et baiser l'étrier du saint homme, qui disait en lui-même : « Baise, mon ami, baise. » Après qu'il eut baisé, il remonta à cheval et donna le signal d'une fantazia échevelée qui fut exécutée avec un entrain indicible ; la poudre parla, l'allégresse saisit tous les cœurs, excepté celui d'un cavalier qui reçut une balle dans la jambe, de deux autres qui, lancés à fond de train en sens contraire, furent jetés, par un furieux choc, l'un à droite, l'autre à gauche, et d'un quatrième enfin dont le cheval, piquant une tête dans un silos, imitait dans l'espace, avec les jambes de derrière, les signaux, passés de mode, du télégraphe aérien.

Ces incidents, légers et usités en pareille circonstance,

passèrent inaperçus, tout se termina à la satisfaction générale, et quand on fut saturé d'agrément, Selman s'approcha du chérif et lui exposa sa manière de voir sur le système de défense à opposer aux Français. Il consistait à s'enfermer tous deux dans l'enceinte de la ville avec les 1,500 combattants amenés du Souf et les 1,200 autres qui suivaient d'ordinaire Sy Mohamed ben Abdallah dans ses expéditions et qui l'attendaient, campés près de Tougourt.

Selman avait à peine formulé sa proposition que, sans le laisser la développer, le chérif, pris d'un frisson, chair de poule, prononça le mot *jamais* de ce ton énergique qu'on ne retrouva plus tard qu'une seule fois dans la bouche de M. Rouher, dévoré, ce jour-là, de la fièvre du pouvoir temporel.

Selman essaya en vain de combattre cette répugnance, de lui représenter que tout était préparé pour la résistance, que la ville regorgeait de vivres, de munitions, que les bâtiments du beylik, la mosquée même, en étaient remplis, qu'avec son fossé Tougourt était imprenable, tout fut inutile, le souvenir d'El Ar'ouath était là, devant ses yeux, droit comme un fantôme et faisait trembler comme une feuille le pauvre marabout.

Selman renonçait à l'entraîner et il l'avait installé près de Tougourt, quand on apprit l'arrivée à Mgarin du commandant Marmier. On tint conseil et il fut arrêté que, sans perdre un seul instant, sans laisser à l'ardeur des Souafas le temps de se refroidir, il fallait lancer inopinément sur la petite troupe du commandant la masse de monde dont on disposait et sous laquelle cette poignée d'hommes devait immanquablement être écrasée comme une punaise. On poussa un hourra de guerre et on s'élança dans la direction de Mgarin.

Malheureusement pour le chérif, il avait affaire à un homme qui avait pris ses précautions et qui, instruit de la présence près de lui d'un rassemblement dont il était loin cependant de soupçonner les projets, avait dressé ses batteries de manière à ne pas être pris au dépourvu. Il avait embusqué ses tirailleurs dans une bonne position, à un angle des jardins de Mgarin, placé ses spahis dans un terrain convenable et sous sa main, et organisé au loin une bonne surveillance; aussi, quoique surpris quand on lui annonça qu'une masse d'hommes se dirigeait sur son camp avec des allures ne pouvant laisser aucun doute sur leurs intentions, il était paré à recevoir le choc. Il fut rude, et si nous n'avions eu là que des goums, la partie eût été fort compromise; mais le capitaine Vindrios, qui, embusqué, réservait de sang-froid son feu pour une bonne occasion, leur cracha au visage, presque à bout portant, une grêle de pruneaux difficiles à digérer, qui les troubla très-fort et brisa leur élan. Ce fut alors que le capitaine de Courtivron enleva vigoureusement son escadron, et les spahis se jetèrent sur l'ennemi; leur exemple électrisa le goum qui, cette fois, fit carrément son devoir et chargea comme la troupe. Ils semèrent, dans cette foule compacte et peu commandée, le désordre et l'é-pouvante; alors, vous savez ou vous ne savez pas comment les choses se passent quand elles en arrivent là : plus il y a de monde, plus le succès devient facile et le pêle-mêle affreux. La déroute fut complète, le sauve-qui-peut généralement répété, et en peu d'instants la place fut nettoyée. Les Souafas se lancèrent sur la route de leur pays, le chérif s'enfuit pour son compte, on ne sait dans quelle direction, et si terrifié qu'il ne le savait pas lui-même. Selman rentra dans sa ville, mais très-inquiet sur les dispositions des habitants sur lesquels il ne pouvait plus compter, après un tel désastre, et vu le voisinage d'une colonne victorieuse suivie de plusieurs autres. Selman se cacha dans le fond de sa qasbah dont il barricada les portes, et profita de l'ombre de la nuit pour escalader la muraille comme un voleur, se glisser dans le fossé et gagner la plaine, déguisé sous des haillons.

Le lendemain matin, les clefs de la ville furent portées par les Kebars au commandant Marmier, qui y entra. Le colonel Desvaux l'y rejoignit, et quelques jours après les trois colonnes étaient réunies près de l'antique cité Saharienne. La dernière heure avait sonné pour la puissance des sultans de Tougourt, et sur le minaret de la qasbah, à la place du croissant renversé par nos armes, le glorieux drapeau de la France déployoit ses brillantes couleurs.

La première idée du colonel Desvaux fut d'avertir les tribus du Tell que la consigne était levée et qu'elles pouvaient apporter des blés dans l'Oued Rir'. Peu de temps après, des caravanes chargées de grains y entrèrent, ce qui ne contribua pas peu à accroître les bonnes dispositions des habitants à notre égard.

LETTRE LXXX.

COMMENT LES RAPPORTS OFFICIELS SUR LES EXPÉDITIONS
SONT SOUVENTS ATTAQUÉS DANS DES CAUSERIES PARTICULIÈRES
ET DES CORRESPONDANCES CLANDESTINES.

Je vous ai dit que l'affaire d'Elarouath avait été bien menée, c'était l'opinion générale ; celle de Tougourt ne l'a pas été moins bien, dans un autre genre.

A Elarouath, la situation était nette et dessinée : il fallait éviter toute perte de temps, bien choisir le point d'attaque, agir avec ensemble et frapper sec.

A Tougourt, il fallait avant tout bien connaître les affaires du pays, faire preuve de prudence, d'adresse même, tàter les dispositions des habitants, chercher des intelligences dans la place, ne rien compromettre ; il ne s'agissait pas de faire un siége, mais de manœuvrer pour éviter toute surprise et s'organiser pour repousser une attaque imprévue.

Ce qui prouve que dans les deux opérations il n'y eut rien à blâmer, rien à critiquer même, c'est qu'on ne blâma rien dans les causeries du bivouac, on ne critiqua rien, et, Dieu merci, d'habitude on s'en prive peu. Ne croyez pas qu'on se gêne pour gloser.

Nous avons l'officier sage, l'officier prudent qui ne dit rien et n'en pense pas moins ou peut-être pas plus; mais il y en a d'autres à qui il est impossible de retenir leur langue; il faut qu'ils parlent, qu'ils épluchent, qu'ils retournent tout, c'est pour eux un besoin, un bonheur, une passion.

Le diable ne les empêcherait pas; c'est même souvent lui qui les pousse.

Je ne sache pas non plus que des lettres particulières aient donné prise à la presse sur ces opérations.

Il a toujours été interdit aux officiers ou soldats de l'armée d'écrire sans l'autorisation du ministre; si c'est pour louer ce qui se fait dans son département, il est probale qu'il ne la refusera pas, il la donnerait plutôt dix fois qu'une; si c'est pour en critiquer quelque détail, on ne la lui demande pas.

Il y a eu de tout temps des militaires qui se sont plu à troubler le repos des généraux et du ministre, au moyen de quelques anecdotes curieuses, quelques faits inconnus, inédits, que l'officiel avait passés sous silence et que lesdits militaires ne craignaient pas de divulguer aux journalistes incapables de les trahir.

Tenez, sans qu'il soit nécessaire de remonter bien loin, rappelez-vous, cher compatriote, la dernière affaire du Maroc, l'expédition du général Wimpfen. C'est véritablement une expédition lointaine. L'Oued-Guir, sur la carte,

passe à quelque chose comme vingt lieues nord de Ta-
filet ; si nous suivons son cours sur celle de 1848, faite
d'après des données fournies par MM. Léon Roche,
Deligny et Baudouin, il nous conduira droit au Touat,
route impériale de Timboctou.

Vous avez eu connaissance de l'extrait des rapports
officiels faits sur les opérations de la colonne, vous avez
lu ce qu'en a dit la presse opposante; il n'y a pas accord
parfait entre ces renseignements divers.

Je ne connais ni l'ouest, ni ce qu'on y fait, vous comprenez pourquoi je ne puis me hasarder à lancer un seul
mot dans la question. Je ne suis ici que l'écho de ce qui a
retenti dans les journaux, ils ont nié l'opportunité de
l'entreprise, critiqué la manière dont elle avait été menée,
insinué que ses résultats seraient nuls.

Sur quoi s'est basée la presse périodique pour avancer
tout cela ? Sur une correspondance clandestine ? sur le
cancan colonial ?

Sur l'un et l'autre peut-être.

A en juger par la vivacité des attaques, il devenait clair
que la colonie n'y était pas étrangère.

L'expédition, d'après ce que m'ont dit des Africains, ne
fut jamais populaire. La partie éclairée de la population
blâmait l'entreprise, en niait l'opportunité ; les conditions
dans lesquelles elle était commencée lui mettaient la puce
à l'oreille. La colonie est sur l'œil, on le comprend. Doit-
on s'étonner qu'elle ne soit pas complètement rassurée
sur les intentions du gouvernement à son égard ; elle a
tant été bernée, tant ballottée comme un esquif sur la
cîme des vagues.

Elle voit faire des mouvements de guerre au moment où

sont à l'étude des modifications à l'organisation de l'Algérie, modifications qui doivent étendre les droits de l'administration civile et restreindre ceux de l'autorité militaire ; or, il paraît que la rivalité entre les deux pouvoirs n'a jamais été plus vive, leurs relations moins tendres qu'aujourd'hui, et, quoi qu'il arrive, croyez bien que cela n'est pas prêt de changer.

Les esprits se sont reportés aux évènements de 1864 ; on se rappelait que le ministre de la guerre les avait exploités pour proposer à l'Empereur des mesures réactionnaires, lancer des accusations contre la presse, déclarer qu'il était urgent de revenir sur le régime libéral, trop libéral, des années précédentes. De là, le décret du 7 juillet. Le maréchal qui l'a contresigné est maintenant coulé comme les autres dans l'esprit de la colonie, qui lui témoigna tout d'abord tant de sympathie.

C'est qu'en effet les évènements de 1864, qui se passaient dans l'extrême sud, n'ont jamais menacé l'existence de la colonie ; on a trouvé dans ces évènements un prétexte et non un motif sérieux pour confisquer quelques libertés qu'on regrettait d'avoir octroyées à l'Algérie.

Elle ne l'a pas oublié, aussi elle a craint que, comme ceux de 1864, les évènements de 1870 ne vinssent réagir sur les dispositions nouvelles que le gouvernement manifestait enfin à son égard ; on ne lui donne pas le change aussi facilement qu'à nos campagnards, elle n'a pas comme eux voté le plébiscite.

Cette fois pourtant la colonie je le crois, s'alarmait sans motif.

Personne ne songe à revenir sur les promesses qui lui ont été faites.

Elle a ses conseils électifs.

Elle aura ses députés, puisqu'elle y tient.

Dieu veuille qu'on ne lui donne pas plus de libertés qu'elle n'en demande.

Si l'apôtre du suffrage universel allait l'accorder à tous les Arabes !

Pauvre colonie !... espérons qu'on ne lui jouera pas ce tour-là.

Quoi qu'il en soit, l'opinion publique, comme je vous le disais, n'était pas favorable à l'expédition du général Wimpfen ; ses bénédictions n'en ont pas salué le départ, ni ses félicitations accueilli le retour, et le mot de l'énigme, c'est, à mon sens, ce que je vous en ai dit.

Ma digression m'a entraîné bien en avant de l'époque à laquelle se passaient les évènements que j'ai entrepris de vous raconter.

Il me faut rétrograder de seize ans environ.

Ce sera pour la prochaine lettre.

LETTRE LXXXI.

MISSIONS EN ALGÉRIE.

Après la prise de possession de Tougourt, les colonnes du Sud continuèrent leurs excursions, elles visitèrent toutes les parties du Sahara, on y envoyait des officiers chargés de missions. Un jour il arriva d'Alger, pour être attaché à l'une de nos colonnes, un capitaine chargé de fonctions spéciales ; ce n'était pas des fonctions d'état-major, ni de bureau arabe, ni de sous-intendance militaire, c'était plus scientifique, plus nouveau, plus original : le capitaine était muni d'un bon Lefaucheux, de poudre des princes et de plomb de divers numéros ; il avait pour consigne de tuer des oiseaux du Sahara, il devait s'y conformer avec toute l'adresse et les ménagements que les volatiles sont en droit d'attendre d'un chasseur habile à qui il était recommandé de ne pas défigurer ses victimes ; dans le cas cependant où il n'aurait pu éviter d'en écharper quelques-unes sans mauvaise intention, il ne lui était pas interdit d'en faire des brochettes et de se les faire servir sur sa table, en rôti ; au contraire, il devait faire tourner ces accidents au profit de la science et ils devaient provoquer, de sa part, des observations judicieuses sur le goût des chairs noires ou blanches.

Notre capitaine, au lieu d'enterrer ses morts, devait, on le comprend, les embaumer, les mettre en peau et plus tard les empailler. Je n'ai pas vu sa collection, mais ses coups de feu sur les flancs, en queue et en tête de la colonne, auraient pu parfois faire penser que nous avions des tirailleurs engagés, et comme ses amorces furent les seules brûlées dans cette expédition, j'en conclus qu'il dut emporter une assez belle collection d'oiseaux rares, vers le salon d'histoire naturelle d'Alger, section de l'ornithologie. Je ne sais s'il a pu se procurer le merle blanc, très-connu dans le Msâad où il occupe, dans la société nombreuse des merles noirs du pays, la place de la souris blanche, du lapin blanc, dans leur famille respective, de l'albinos, dans l'espèce humaine. Chez l'un comme chez l'autre, l'entière blancheur est produite par l'absence de *pigmentum nigrum*, matière qui colore la peau, les yeux, le poil, etc., ce qu'ignorent bien des gens qui se figurent que l'albinos appartient à une race particulière d'hommes blancs, comme le nègre appartient à une race particulière d'hommes noirs.

La mission de notre capitaine m'amène à vous expliquer, cher compatriote, comme quoi l'Afrique est la terre des missions. Rien n'est gentil, rien n'est coquet, rien ne vous pose comme une mission à la colonne d'un officier général, par exemple ; c'est un moyen de faire commodément une expédition intéressante, de jouir du coup-d'œil et même de profiter des suites. Il y a comme cela, à la disposition du gouverneur, une masse de sinécures temporaires de diverse nature, qu'obtiennent les favoris, les bijoux, les gens qu'on aime ; on ne donne pas de ces choses-là au commun des martyrs, aux croquants, il faut, pour en obtenir, être près du soleil ou caressé par ses rayons. Il y a bien un moyen d'en obtenir accessible à d'autres, c'est de tourmenter, d'impatienter, d'obséder, d'assommer le chef qui en dispose ; ce moyen a réussi plus d'une fois.

Je suppose qu'il se prépare, dans un coin de la contrée, une expédition qui promet un grand intérêt, une course qui doit ouvrir des horizons nouveaux ; vous êtes bien en cour et vous vous dites : « Diable ! comment faire pour aller là ? je ne peux pas me faire comprendre, dans le cadre du personnel, on n'a pas besoin de moi ; l'omnibus est plein, on me criera : complet ! Si je sollicitais une mission ! quelle mission ? géologie, botanique, numismatique ? tout cela n'est pas mon fort ; mais la question n'est pas là, il s'agit d'aller à la colonne, et puis, il ne faut pas être malin pour ramasser une pierre qui ressemble à une huître ; qu'est-ce qui ne ressemble pas à une huître ? pour mettre une plante potagère dans les pages d'un livre, pour reconnaître la figure d'un empereur sur une médaille qui ne ressemble à rien ? Allons, demandons. Vous demandez, vous obtenez, vous partez, vous revenez, vous reprenez votre poste où votre absence n'a même pas été remarquée, et vous vous trouvez satisfait. Tout ne se borne pas là : Vous désirez aller en France sans bourse délier, aux frais du Gouvernement, vous sollicitez la mission de conduire un chef arabe ou une bête féroce à la famille impériale.

En France, le Gouvernement distribue aussi beaucoup de missions pour l'Algérie, mais elles se donnent pour la plupart aux sommités de la magistrature ou de l'administration et de l'armée, à des sénateurs, des conseillers, des généraux voulant faire diversion à leurs ennuis, se distraire par un petit voyage qui ne leur coûte rien, vu que, s'ils ont des traitements considérables, ils ont généralement de la famille, et on doit songer à sa famille. Il est aussi des touristes bien en cour qui obtiennent des missions scientifiques, photographiques, fantasmagoriques et fantastiques. Il y a douze ou quatorze ans, une circulaire, adressée à tous les bureaux arabes du cercle, leur a demandé un rapport sur les gisements des chauves-souris ; d'où cela pouvait-il venir, sinon d'un savant ou d'un touriste qui, ayant appris par hasard, peut-être par une lettre particulière, l'existence en Algérie d'une chauve-souris microscopique, avait mission de l'étudier à l'œil nu ? Je m'étonnerais si le rat à trompe n'avait pas aussi servi, sans s'en douter le moins du monde, à faire voyager quelqu'un.

Il est heureux que tout cela se soit considérablement usé, l'Afrique est trop près de la France, elle a été visitée par trop de gens, le sac aux missions se vide, le procédé est vieux.

Pourquoi faut-il que nous ayions été forcés d'abandonner le Mexique ? Voilà bien la terre aux missions, s'il en fût ; il est des gens qui y ont songé et n'ont pas manqué le coche. On commençait à citer maint avancement plus ou moins scandaleux, dont la mission devenait le prétexte.

Les Etats-Unis ont joué un vilain tour aux gens à mission.

LETTRE XXXII.

LA CHASSE A BOUSADAH. — RAFLE D'ŒUFS DE PERDRIX
PAR ORDRE SUPÉRIEUR.

Quand nous étions en repos, en garnison, la chasse n'était pas négligée, comme vous devez le penser, cher compatriote, mais nous ne chassions pas pour le même motif que le capitaine en mission dont je vous parle dans ma précédente lettre ; nous n'avions pas pour mobile la science, mais l'appétit ; notre proie n'allait pas au musée, mais à l'office.

Notre popote était médiocrement approvisionnée, la viande n'était pas de qualité supérieure ; dans la saison qu'on appelle la belle saison, quand on ne l'a pas passée dans le sud, nous n'aurions pas fait pousser un légume avec toute l'eau du Rhône ; je me trompe, le légume poussait trop vite ; à peine sorti de terre, il passait à l'état de bois dur, le chameau était le seul être capable de s'en régaler ; impossible de hasarder là-dessus nos dents, elles auraient sauté en l'air, il y aurait eu explosion de mâchoire.

L'épicerie nous vendait ses fonds de magasin du littoral, quand je dis épicerie, je veux dire le commerce de denrées coloniales; cela s'appelle ainsi, depuis que le merlan appelle commis son garçon perruquier et clients ses pratiques.

Trente-cinq lieues de route, et non carrossable et infiniment peu fréquentée, nous séparait de l'établissement européen le plus rapproché ; partant, le prix des transports était excessif.

La chasse était donc pour nous d'une immense ressource, et je m'en étais occupé ; c'était d'ailleurs une récréation pour quelques-uns des officiers de la garnison, qui n'avaient pour ressource contre l'ennui que le jacquet et le bezi. Au cercle, ces jeux étaient en permanence, comme jadis, dans la capitale, le comité de salut public.

Je vais donc vous dire un mot sur nos chasses ; mais il faut que je vous prévienne : n'allez pas croire que vous trouverez, dans ce que je vous raconterai, un récit saisissant comme ceux du général Margueritte.

Les chasses du général appartiennent à la haute-école ; elles rappellent le temps où l'art de la vénerie et de la fauconnerie étaient en grand honneur dans la noblesse, où c'était l'éducation obligatoire du gentilhomme au moyen-âge ; il ne savait pas autre chose, mais cela lui paraissait suffisant pour ce qu'il avait à faire. Dans ces siècles heureux, où l'on ne rêvait que plaies et bosses, siècles de horions et de liberté où tout un chacun faisait ce qu'il voulait, pourvu qu'il fût le plus fort, c'est en chassant qu'on se reposait de la fatigue des combats ; il n'y avait pas jusqu'au gentillâtre qui, privé du faucon et de l'épervier que ses moyens ne lui permettaient pas d'élever, ne se promenât en tout lieu, portant sur le poing le misérable hobereau, ce faucon de pacotille dont on lui donna le nom.

J'ai suivi souvent la chasse au faucon des Moqrani, mais je ne me suis jamais permis cette sorte d'amusement ; pour mon compte, je ne me suis jamais embâté de tout l'attirail qu'il comporte.

Ne vous attendez donc à trouver rien de merveilleux dans nos chasses ; vous n'y trouverez pas de poésie, c'est une affaire de cuisine et de tourne-broche, des chasses de pleutres, de croquants ; mes tournées m'avaient nécessairement fait connaître les lieux dont le gibier faisait le plus particulièrement sa résidence.

Les halfas des terrains mamelonnés, au pied des versants du Djebel Msaad, étaient littéralement peuplés de lièvres ; on savait donc toujours où trouver ce quadrupède craintif que les anciens, je ne sais trop pourquoi, consacrèrent à Vénus qui n'était pas timide. Est-ce parce qu'il est de la famille des rongeurs ?

Il s'agissait de faire cinq lieues pour en trouver ; or, dans notre situation, cinq lieues c'était une promenade de marmot ; les nourrices, si nous avions eu des nourrices, auraient craint d'être grondées par leurs maîtres si elles leur avaient ramené leur moutard avec moins de cinq lieues dans le ventre.

Le Djebel Msaad était rempli de perdreaux ; on était sûr d'en trouver des bandes près des sentiers suivis par les Ouled-Nail se rendant au marché de Bousadah, d'où ils revenaient avec des blés dont quelques grains chaque jour s'échappaient des télés pour se répandre sur les chemins.

Dans le Lemra, chez les Ouled-Amer, se trouvait l'endroit le plus propice pour tirer les grives ; c'était un ravin en entonnoir boisé, au fond duquel coulait la seule fontaine qu'on pût trouver à quelques lieues à la ronde. En s'embusquant à certaines heures dans les buissons du ravin, on pouvait être certain d'abattre sa douzaine de grives en un clin-d'œil ; mais si vous tentiez de les poursuivre à découvert sous les genévriers des montagnes où elles abondent, les coquines se jouaient de vous, s'enlevaient à grande distance, vous échappaient en filant d'arbre en arbre, et vous mettaient sur les dents si vous vous acharniez à leur poursuite.

Mais ce que nous avions de plus considérable, de plus cher à la fois, c'était la chasse au gibier aquatique. Du gibier aquatique, allez-vous dire, dans des régions où la soif fait tirer la langue au voyageur, où l'on manque souvent d'eau, même pour se faire la barbe ? Permettez, vous avez oublié qu'au nord de Bousadah se trouve la région des Chotts, le Hodna. Dans tous ces lacs salés, ces *Sbaks*, comme disent les Arabes de la localité, les oiseaux d'eau abondent. Depuis l'oie jusqu'à la sarcelle, il ne manque pas une des variétés de l'espèce.

Depuis le Meif jusqu'à Zarès, soit dans des chotts comme à Baniou, soit dans certains barrages de l'oued Msilah ou de l'oued Chellal, on trouvait sept à huit positions merveilleuses pour la chasse aux canards ; on y tuait, sans se gêner, des tadornes, des siffleurs, etc., etc. ; nous appréciions principalement le col vert, et il n'en manquait pas. Sur chacun de ces points, les Arabes nous avaient construit des embuscades en branchages d'où nous tirions sur le lac ou sur la flaque, c'est-à-dire sur les hôtes qui s'y promenaient, et c'était à coup sûr.

Voulait-on un canard, deux canards, il fallait partir dans la nuit et aller s'embusquer avant le jour sur un des lacs; on était sûr d'en rapporter le canard demandé.

Le temps me manquait souvent pour chasser, et cela au moment où le besoin s'en faisait sentir; puis, pour abattre ma pièce, j'étais d'une force très-secondaire, j'avais commencé trop tard pour acquérir du talent; mais il y avait aux spahis un jeune naili qui chassait pour moi. Frappé un jour du goût et des dispositions vraiment peu communes qu'il tenait de la nature pour un art si justement apprécié et si utile à cultiver, remarquant en lui une vigueur de jarret que ne pouvait fatiguer la course à pied la plus longue, à travers le pays le plus accidenté, quand il se mettait à suivre un gibier quelconque, je lui fis comprendre que le tir à coup posé dans lequel il excellait était pour tout chasseur qui se respecte une ânerie, une mauvaise plaisanterie, et je le forçai à s'exercer au tir au vol, seul digne d'un chasseur de sa trempe; il s'y appliqua et y devint habile, ce qui augmenta sa passion pour la chasse. J'ai peu vu de coup-d'œil plus juste pour viser, de bras plus assuré, de plus véritable sang-froid quand il ajustait.

Il se nommait Mohamed ben Bekhaï el Ferdjaoui; son talent l'avait fait choisir pour Mokhali; tous les Mokhalis n'avaient pas pour le devenir des droits aussi nets que les siens.

Je lui avais confié un fusil double, mes munitions ne lui faisaient jamais défaut, aussi la plus grande partie du gibier de mes chasses était abattu par lui, et j'en ai fait ainsi de très-belles ; je tuais beaucoup plus par son intermédiaire qu'autrement. C'était exactement comme ce capitaine blessé deux fois dans la personne de son sergent-major.

Les Arabes nous apportaient aussi quelquefois du gibier, des perdreaux, de petits sangliers.

Dans le Msaad, quelques-uns d'entr'eux se livraient à un braconnage que mes efforts constants réussirent à entraver considérablement.

Voilà de quelle manière ils opéraient.

Dans un étroit ravin en cul de sac, ils disposaient, sur une assez longue ligne, des branchages épineux avec lesquels ils formaient un long entonnoir, dont le côté le plus évasé était tourné vers le haut du ravin ; le fond de l'entonnoir était obstrué par des épines ; des grains de blé semés à dessein dans l'intérieur de l'entonnoir y attiraient les perdrix qui, une fois entrées, ne pouvaient plus sortir et se laissaient souvent prendre en grand nombre à la fois.

Ce qui précède me remet en mémoire une petite anecdote entièrement inédite et des moins connues ; elle s'est passée en famille. Le fait me semble trouver naturellement sa place dans cette lettre, puisqu'il s'agit d'une chasse, mais d'une de ces chasses qui s'écarte des proportions ordinaires et qui se fit au même moment sur la surface de toute une contrée, une véritable chasse à n'y rien laisser ; elle était organisée pour tout prendre.

Il y a bien longtemps de cela, trop longtemps pour que j'en précise exactement la date ; on la retrouverait dans quelques archives, à Constantine ou Alger, mais l'important n'est pas là. Je sais qu'alors la République renversée expirait sous les étreintes d'un pouvoir beaucoup plus dans les goûts de la nation. Chacun a son goût, les nations comme les individus ; tous les goûts sont dans la nature : il existe des femmes qui tiennent à être rudoyées par leur amant, pourquoi n'existerait-il pas des nations aimant à être menées à la baguette par un maître ? Au moment où le pouvoir personnel s'essayait, où l'Empire faisait ses expériences, il nous arriva un ordre émané du gouvernement, prescrivant au commandant supérieur de faire rechercher dans le pays tous les œufs de perdrix et autre gibier à plumes qu'on pourrait y trouver et de les expédier au siége du gouvernement à Paris.

Ces œufs devaient être soigneusement emballés dans de la sciure de bois ou tout ce qui pouvait les préserver de la casse. On nous fit des recommandations en conséquence, c'était sérieux ; je ne dis pas qu'un œuf cassé eût compromis notre avenir, je ne le pense pas, mais on tenait à éviter les avaries.

Ces œufs devaient préalablement subir une épreuve, pas celle du feu, car le gouvernement ne voulait pas des œufs durs, mais celle de l'eau ; or, vous savez que, par cette épreuve, selon que l'œuf surnage ou va au fond, on arrive à savoir s'il est bon ou mauvais pour être couvé.

Le bureau arabe réunit les qaïds et leur donna ses instructions ; elles furent transmises aux chiks, puis aux chefs des douars, qui envoyèrent les hommes valides des tribus, peut-être même des vieillards et des enfants, courir le pays, chercher les nids et arracher impitoyablement les couvées à leurs mères ; on fouilla les ravins, les halliers ;

les indigènes connaissaient les allures du gibier, les lieux qu'il aime, les endroits où il niche ; je vous demande si la raffle dut être complète.

Aussi, pendant quelques jours, toute affaire cessant, le bureau arabe fut tout entier à ses œufs ; il les retournait, les reluquait, les palpait avec amour, c'était à faire croire qu'il voulait les couver. Il en pleuvait, il en arrivait de tous les points cardinaux, on n'en avait jamais tant vu sur le marché le plus considérable du monde connu ; on put supposer que l'Etat voulait en faire le commerce ; les 200,000 colons, en y joignant l'armée française, auraient mis du temps à dévorer toutes les omelettes qu'on eût pu faire avec la quantité d'œufs qu'apportèrent les Arabes ; figurez-vous 2 ou 300,000 de ces êtres-là lancés à la fois à leur recherche. Jugez de ce qui dut en être expédié, car il en partit des autres points, je le suppose ; je n'ai jamais eu l'habitude de me mêler de ce que faisaient mes voisins, de ce qu'on leur prescrivait ; mais je pense qu'ils reçurent les mêmes ordres que nous, je ne vois pas pourquoi on nous aurait donné la préférence ; il y a en Algérie beaucoup de points plus giboyeux que celui que nous habitions.

Où allaient tous ces œufs ? Quelle était leur destination ?

On prétendait, je ne l'affirme pas, qu'ils étaient destinés à une gigantesque couvée sur laquelle on comptait pour repeupler les parcs de ces châteaux d'abord royaux, puis de la République, puis impériaux, dont l'entretien est ruineux et dont on fait un si excellent usage qu'on ferait beaucoup mieux de les livrer au commerce ou à l'industrie, ou de les vendre aux enchères pour en mettre le produit à la disposition du ministre de l'instruction publique.

Qu'était-il donc survenu dans les parcs?

Leur gibier avait-il, en 1848, fui la France par attachement pour la famille déchue?

La République l'avait-elle effrayé ou avalé cru comme une caraïbe qu'elle était?

Avait-il été déporté pour opinions politiques?

Était-il mort d'une épidémie?

Ou plutôt voulait-on en augmenter la quantité, vu qu'on songeait alors à restaurer la charge de grand veneur, comme d'autres déplorables institutions d'un autre âge que la France allait voir refleurir après en avoir payé de son sang l'abolition une vingtaine d'années auparavant?

Toujours est-il que d'un mot on disposait de tout le gibier d'un grand pays.

La mesure, à mes yeux, frisait l'arbitraire; elle ne frappait que des familles d'oiseaux, mais ces oiseaux ont leur position dans le monde, établie et garantie par la loi.

On me dira que l'Algérie est soumise à une législation exceptionnelle et que, pas plus que ses habitants, ses perdrix ne sont naturalisées françaises.

Est-ce une raison pour troubler leur existence, leurs amours, briser leurs affections, les frapper dans ce qu'elles ont de plus cher, leur ravir leur progéniture, la transporter sur une terre d'exil dont le climat peut lui devenir funeste? Pourquoi donc les généraux en territoire militaire, les préfets en territoire civil, publient-ils chaque année des arrêtés pour la fermeture de la chasse?

Quoi qu'il en soit, le procédé me parut sans gêne, tant soit peu Louis XIV ; sur le moment, il me sembla qu'il nous reportait au bienheureux temps du bon plaisir, et depuis lors, je n'ai pas modifié mon opinion.

LETTRE XXXIII.

LES TOURISTES.

En dehors de la saison des rudes chaleurs, nous recevions des visites de touristes ; elles faisaient diversion à la monotonie de notre vie ordinaire, et c'était même une diversion fort agréable, car ces voyageurs étaient en général gens de bonne compagnie et de conversation agréable.

L'Anglais était en majorité, mais le Russe et l'Allemand ont aussi foulé nos sables ; je ne me rappelle pas avoir reçu des Italiens.

L'Italie était alors à l'état d'embryon et n'est pas encore à terme.

Il n'est jamais venu d'Espagnols.

Quant aux Français, ils étaient rares ; ils sont moins cosmopolites que les autres, l'or ne ruisselle pas dans leur bourse ; la France sait qu'en 1830 son armée a débarqué en Afrique et qu'elle l'occupe depuis ce temps-là, elle sait

qu'il s'y trouve des colons, mais elle ne sait pas bien ce
qu'ils y font, et ne tient pas à le savoir mieux.

Le pays a beaucoup plus d'attrait pour l'étranger que
pour elle. Ses artistes pourtant y viennent, parce que
l'artiste s'intéresse à quelque chose et cherche la nouveauté ; pour lui, voyager, c'est apprendre ; c'est s'abrutir
que de croupir chez soi.

Ces voyageurs arrivaient sans bagages ; tous leurs effets
eussent tenu dans une musette.

Les Anglais sont impayables. Le voyage est leur élément ;
ils n'ont pas de pays, ils sont nés en route, ils vivent en
route, ils meurent en route.

Des Anglais vous parlent de l'Inde et de l'Australie
comme si c'était à deux pas de chez eux ; ils parlent d'une
course à Calcutta comme un élégant de Paris parle d'une
promenade au bois.

Des jeunes gens de vingt ans des deux sexes vous
racontent qu'ils viennent du Bengale ou du Cap, et vous
disent qu'ils y retourneront un beau matin, si l'envie leur
en prend la veille au soir ; pour eux, la chose n'est pas
plus compliquée que cela.

Il n'y a guère d'Anglais qui soient restés chez eux ;
combien de Français n'en sortent pas !

Les touristes arrivaient bourrés de recommandations
du ministre, du gouverneur ou au moins du commandant
de la division ; munis de lettres du bureau arabe pour les
chefs arabes et les grands des douars. C'est ce qu'il y a de
plus utile dans un pays sans cabaret ; malheur au pauvre
diable qui voyage sans cet appui. Le cachet du bureau
arabe est un talisman ; avec cela dans sa poche, on se
passe du reste ; il tient lieu de tout, il change tout, l'aspect

des lieux, la nature des choses, l'air des physionomies, il
est capable des plus grandes métamorphoses, il opère des
prodiges ; ceux qui prétendent qu'on ne fait plus de
miracles n'ont pas vu travailler le cachet du bureau arabe.
Ce n'est que depuis cette invention que le mot impossible
n'est plus français.

La réquisition des bêtes de somme n'est permise que
pour le compte de l'Etat, qui se permet tout ; le règlement
l'interdit pour le commerce et surtout pour le voyage
d'agrément.

La lettre de recommandation prescrivait au bureau
arabe d'aider le touriste à traiter à l'amiable avec les
Arabes, s'il ne trouvait pas de bêtes à louer tout seul ; or,
il n'en trouvait jamais, vu qu'il se privait d'en chercher
et qu'il lui paraissait plus simple de s'adresser au bureau
arabe. Aux yeux du touriste, la première de ses fonctions
est de fournir des mulets ou des chevaux aux voyageurs ;
à leur sens, on n'a qu'à se présenter là pour avoir un
mulet, comme on se présente à un bureau de placement
pour avoir un cocher, une cuisinière ou une nourrice.

S'ils croient cela, il ne faut pas leur en vouloir, ils ont
été élevés dans ces idées-là ; on leur a dit partout que le
bureau arabe avait l'entreprise des transports dans nos
possessions barbaresques.

On est de la même force sur la manière dont se fait tout
le reste en Algérie.

Le touriste allait donc présenter sa lettre au chef de
bureau, qui écrivait au qaïd le plus rapproché une lettre
avec cette phrase : « Tu aideras monsieur à trouver un
mulet, *tkoun fi aounou*, etc., tu engageras les indigènes à
s'entendre avec lui, etc. »

Le qaïd lisait, attrapait un Arabe quelconque, le premier venu, le forçait à fournir son mulet au prix de trois francs par jour, et voilà comment se pratiquait l'arrangement à l'amiable.

Le voyageur, s'il était bien éduqué, revoyait l'officier, lui rendait compte que la chose s'était faite sans la moindre difficulté, qu'on lui avait offert même trois ou quatre mulets, s'il en avait besoin, et chacun était satisfait; il n'en était plus question.

Dans le rapport mensuel, le bureau arabe mentionnait que les arrangements entre indigènes et civils devenaient chaque jour plus faciles et plus simples.

Il nous était toujours aussi recommandé de bien traiter les voyageurs; les bien traiter à Bousadah où la viande était flasque, les légumes secs et le vin aigre!

Il leur était affecté une chambre dans la redoute, une chambre nue, plus nue que la Vérité.

Les jours où quelqu'un y logeait, on la meublait en y plaçant un lit de campagne sur des cantines, un bidon, une grande gamelle, un tabouret et un vase quelconque de poterie arabe pour un usage spécial.

Les pauvres captifs de la Bastille avaient tout cela, mais il leur manquait ce qui fait passer par-dessus tout le reste, la liberté.

Un jour, un Anglais arrive dans sa chambre et demande de l'eau, un ordonnance lui en apporte un bidon, cela ne suffit pas; un deuxième, un troisième se succèdent, il a l'air de trouver la quantité encore insuffisante; nous commencions à nous inquiéter de cette demande exorbitante de liquide, quand nous vîmes notre hôte tirer de sa petite valise un objet en caoutchouc qu'il déploya, c'était un extrait de baignoire, un vase tenant le milieu entre la baignoire et le bidet. Il était enclin au bain de siége.

S'il nous arrivait un gros bonnet, un personnage qui, par son âge ou sa position exceptionnelle, avait droit à des égards plus minutieux, un officier du bureau ou moi, nous lui offrions notre chambre.

Un jour, on nous annonce un général russe.

Jamais nous n'avions eu l'honneur d'une pareille visite.

C'était le cas de mettre les petits pots dans les grands, de chauffer la réception.

Je m'entendis à ce sujet avec mes commençaux, les officiers du bureau arabe et le docteur.

Le cuisinier fut appelé et interrogé sur ce qu'il avait de bon à nous offrir et il répondit : rien, et pourtant c'était un zéphir.

Cette réponse nous affligea sans nous étonner, nous y étions préparés ; ce mot *rien* peignait assez fidèlement la situation habituelle de notre popote. J'en ai peu vu d'aussi mal montée ; nous payions assez cher et nous ne mangions rien. J'ai surpris une nuit le cuisinier qui donnait un souper à quelques camarades, il avait fait des invitations dans tous les détachements ; je suis tombé sur les convives à coup de cravache, mais j'avais eu le temps de m'apercevoir qu'il les traitait beaucoup mieux qu'il ne me traitait moi-même, et à moins de frais.

Mais nous avions une ressource, c'était le gibier. Nous en étions saturés, dégoûtés ; il fallut y recourir. Vous savez qu'il ne nous faisait jamais défaut ; avec un signe fait à mon grand veneur Mohamed ben Bekkai, que vous connaissez, j'avais tout ce que je voulais.

La veille de la venue du général, dans la soirée, le spahis

arrivait à la cuisine avec une outarde, un lièvre et quatre perdreaux. Dans la prévision d'un second souper à la cantonnade, je fis constater le résultat de la chasse et son entrée au garde-manger.

Le général arriva. C'était un homme charmant ; nous lui fîmes visiter l'oasis, les jardins, la ville, à laquelle, on avait fait subir, le matin, l'opération du balai ; il parut s'intéresser vivement à ce qu'on lui montra.

Il n'y eut pas jusqu'au dîner qui ne lui semblât de son goût.

C'est que tout avait été mis sur un bon pied.

Le maître d'hôtel s'était affublé d'une veste en soie jaune qu'il avait remarquée sur le corps du qadhi quand il venait juger au bureau arabe ; elle était pour lui d'une ampleur remarquable ; mais, dans les pays chauds, il est bon d'être drapé.

Elle laissait voir le devant d'une chemise sortant du blanchissage, mais qui n'était pas repassée ; l'art du repassage n'avait pas encore pénétré jusqu'à nous. L'aspect d'un col repassé annonçait toujours quelqu'un rentrant de voyage ou venant des contrées extérieures.

Un pantalon blanc dont les jambes se perdaient dans des bottes arabes couleur cire d'Espagne. une ceinture rouge, une cravatte bleue et un chechia de turco avec un gland pendant jusqu'à moitié du dos, tel était le menu du costume de notre maître d'hôtel. Il avait voulu joindre à son accoutrement un yatagan en sautoir, mais je lui fis observer qu'il ne serait probablement appelé à décapiter personne pendant le repas et que cette arme le gênerait beaucoup pour servir.

Le service fut dressé à la russe et le dessert placé sur la table avant la soupe.

De prime-abord, quelque chose nous gêna dans cette disposition : nous n'avions pas de dessert, mais tout s'arrangea par la décomposition d'un sac des quatre-mendiants que nous avions conservé et qui forma quatre plats.

Nous possédions, comme partout, de la fameuse tête de mort ; c'est le fromage le plus répandu dans les nombreuses popotes de l'Algérie, parce qu'on n'en mange pas et qu'il se conserve.

La soupe et le bœuf, qui était à Bousadah du mouton, une salade de pissenlits excellents au goût, mais d'une dureté qui les rendait inattaquables ; des artichauts sauvages assez bons, mais plus insaisissables qu'un hérisson qui se pelotonne ; le fameux kouskoussou de Bel gomri, épicé à emporter la langue ; tout cela, joint au gibier dont j'ai parlé, constitua un fort gracieux repas. Inutile de dire que les perdreaux étaient bourrés de terfès ou truffes blanches qui ne diffèrent des noires que par trois points : la couleur, le parfum et le goût ; elles n'ont rien de tout cela.

A Bousadah, on inondait ordinairement le rôti des flots écumants du Champagne Perrier frères, véritable nectar qui lui seul faisait passer sur le reste.

Nous prîmes le café au cercle, et de là on alla voir danser les almées naïtliennes au café arabe.

Le général s'en éclipsa un instant. Il avait fait proposer une promenade sous les palmiers à une Odalisque qui lui avait tapé dans l'œil à distance.

La promenade fut courte ; il n'a rien transpiré de ce qui

s'était passé entre l'homme des contrées hyperboréennes
et la fille des régions sahariennes; on ne confie pas ces
choses-là à tout le monde. J'ai pourtant ouï-dire que le
Moscovite s'était déclaré satisfait et avait assuré qu'il
n'avait rien vu comme cela, pas même au Caucase.

Le général nous quitta paraissant charmé de son excursion dans nos solitudes et nous laissa le regret de n'avoir
pu retenir plus longtemps un homme des plus aimables
et des mieux élevés.

LETTRE LXXXIV.

LE COMMERCE DU SUD. — LES TOUAREG VEULENT NOUS
VENDRE DES NÈGRES. — LEUR SENÉ.

Avant notre installation dans les postes du sud de l'Algérie, nous commettions, sur le commerce qui s'y faisait,
ou plutôt qui ne s'y faisait pas, avec le Soudan, les mêmes
erreurs que sur les ressources, inconvénients et désagréments de ces contrées ; nous fûmes bientôt dégrisés,
désenchantés, détrompés et, comme l'ivrogne qui a cuvé
son vin, rendus à la réalité, et nous ne conservâmes plus
l'espoir d'attirer le commerce du Sud sur les marchés où
il n'a jamais figuré. Ceci n'empêcha pas le commandement de prescrire aux bureaux arabes des recherches sur
ce qu'était autrefois le commerce du Sud et les causes
qui l'ont fait fuir ; j'ignore ce qu'ils répondirent, ces
pauvres bureaux qu'on étourdit, qu'on accable de questions saugrenues, mais je suis seulement sûr qu'ils ont

fait des rapports, beaucoup de rapports, de longs rapports, véridiques ou non ; mais la question n'est pas là, l'exactitude n'est pas de rigueur, on n'exige pas l'impossible, l'autorité n'est pas ridicule à ce point-là ; elle veut un rapport, il lui en faut un, quel qu'il soit, cela lui suffit, c'est toujours assez juste pour ce qu'elle en veut faire. Dites donc que l'Algérie ne rapporte rien : c'est la terre du rapport.

Quoi qu'il en soit, je crois qu'en haute sphère, le commerce du Sud est toujours le dada de certaines gens ; ils rêvent toujours un peu la poudre d'or, les dents d'éléphant, les riches pelleteries, les pierres brillantes, les plumes d'autruche comme s'il en pleuvait, la gomme, les teintures, que sais-je ? aussi, on pensa d'abord aux Touareg. On les savait plutôt adonnés au vol qu'au commerce ; mais l'un n'empêche pas l'autre, et puis, tout cela se ressemble tant parfois ! Quand il parut des Touareg dans la province de Constantine, on les assomma de questions dans les cercles, les subdivisions, à la division ; toutes roulaient sur le commerce du Sud. Comme ils n'ont pas l'air causeur et n'avaient pas l'air de bien saisir, l'interrogatoire leur parut peut-être inconvenant ; cependant, ils proposèrent d'amener des nègres, beaucoup de nègres, une quantité de nègres ; on leur parlait poudre d'or, dents d'éléphant, etc.; ils répondaient nègres, nègres, toujours nègres. Il est clair que, pour eux, le vrai commerce, le bon commerce, c'était celui des nègres ; mais quand ils virent que décidément nous n'entendions pas de cette oreille-là et que le nègre ne nous allait pas, quand ils virent qu'il n'y avait pas moyen de nous infiltrer du nègre, ils promirent autre chose et partirent.

Ah! pour le coup, on ne se sentit pas d'aise, on se dit que les Touareg ne pouvaient être des farceurs, ils étaient trop vilains pour cela ; on compta sur eux comme sur le Messie, on se frotta les mains ; le temps que les chers Touareg mettraient pour aller et venir fut calculé et trouvé long. Enfin il arriva une lettre, une bienheureuse lettre, un amour de lettre, tous les secrets du Soudan y étaient renfermés ; on l'ouvrit, elle contenait quatre lignes ; on trouva que les secrets du Soudan ne tenaient pas grande place. Les Touareg étaient en route avec quelques chameaux seulement ; mais les chameaux des Touareg sont grands, forts et portent beaucoup ; ce sont des chameaux comme on en voit peu, des chameaux comme on n'en voit pas. De ce moment, il y eut recrudescence d'espoir, chacun se promettait de se payer une dent d'éléphant et autre chose, et cela à bon compte ; les rêves d'or revinrent, le sommeil fut retroublé, les sectateurs du commerce du Sud ne s'abordaient plus sans se demander de ses nouvelles : Où en était-il de son voyage? Il devait approcher. S'il était tombé malade en route, on l'aurait su. Il est bien portant et sera bientôt signalé.

Enfin, voilà qu'un beau jour le commerce du Sud débouche par une pluie torrentielle, par un temps à ne pas mettre un chien à la porte, escorté du chikh Othman et de sept à huit Touareg tout trempés, tout couverts de boue et à l'air piteux, ce qui venait de ce qu'il ne pleut jamais chez eux et de ce qu'ils commençaient à trouver qu'il pleuvait un peu trop chez nous. Le commerce du Sud était réparti sur quatre ou cinq chameaux sous les dehors du purgatif le plus vigoureux des temps mo-

dernes ; les Touareg le présentaient sous la forme du
sené ; mais il faisait aussi piteuse mine qu'eux, parce
qu'il était tout dégouttant de pluie comme eux. Il ne
manquait donc plus que la rhubarbe.

La stupéfaction fut générale, les aspirants au commerce
du Sud firent une affreuse grimace à l'aspect du sené,
exactement comme s'ils en avaient avalé. On se hâta de
payer aux Touareg ce qu'ils demandèrent, pour qu'il
n'en fût plus question ; coûte que coûte, on était heureux
de se débarrasser de cette grotesque affaire. Les Touareg
insistaient pour en apporter encore à ce taux, mais on
les remercia, en les priant de ne plus parler de cette
affaire-là, vu qu'il nous vient du Levant, de l'Egypte et
même de l'Italie, du sené meilleur et de 80 pour cent
meilleur marché que le leur.

Chaque fois que j'ai causé avec les Touareg, ils sont
toujours revenus sur les nègres ; ils prétendent qu'avec
notre législation sur la traite, nous les avons ruinés. Ce
n'est pas le moyen de les attirer chez nous, ces braves
Touareg ; mais ils exagéraient la chose. Nous avons nui
quelque peu à leurs intérêts, c'est possible, mais non pas
autant qu'ils le disaient, et je vais vous le prouver en
vous parlant de l'esclavage tel qu'il existait en Algérie.
Jamais le nombre des esclaves n'y a été considérable ; on
n'y a jamais acheté les nègres par milliers pour les faire
travailler sur les plantations, parce qu'il n'y a pas de
plantations ; les gens haut placés et les riches avaient
seuls quelques domestiques nègres ; on les achetait isolément, et ils n'abondaient pas sur les marchés.

LETTRE LXXXV.

DE L'ESCLAVAGE DANS LES ÉTATS BARBARESQUES.

Dans les Etats barbaresques, on avait peu de goût pour la domesticité, les femmes surtout n'entraient jamais en condition.

On comprend qu'un tel usage serait en complet désaccord avec les habitudes du foyer qu'on mure aux yeux des voisins et auquel la femme est irrévocablement fixée, car son existence se passe en séquestre ; il est vrai que la femme du peuple sort pour aller à l'eau et au bois, mais elle est suivie, à l'aller et au retour, par un argus de la famille, qu'elle a cependant l'art de tromper quelquefois.

L'Arabe a la faiblesse de garder ses femmes pour lui ; il ne consentirait pas à placer chez les autres ses épouses, sa sœur, sa fille, ses parentes. Dans la classe pauvre, les femmes font la cuisine, les gros ouvrages, les corvées, comme je l'ai dit, auxquelles elles concourent avec les mulets et les ânes ; elles sont chargées de la propreté de la tente, qui est toujours sale ; à ses moments perdus, elle tisse des tapis, des vêtements, tels que burnous, haïks.

Les familles riches ou haut placées avaient autrefois pour domestiques.des esclaves, nègres et négresses pour la plupart ; la république les a affranchies ; aujourd'hui, ces familles prennent des noirs à gage, quand elles en trouvent ; quand elles n'en trouvent pas, elles s'arrangent comme elles peuvent ; les femmes mettent la main à la pâte, pour se distraire.

Les nègres se vendaient sur les marchés, spécialement sur ceux du Sud ; quand ils y arrivaient, ils avaient déjà passé par plusieurs mains. Dans certains pays de l'Afrique centrale, les pères vendent leurs enfants, les rois vendent leurs sujets ; il existe aussi des rôdeurs ou chasseurs de nègres qui tendent aux filles et aux garçons des embuscades aux fontaines, dans les taillis environnant les villes, et les vendent aux Touareg et à d'autres peuples de leur bord. Les Touareg les conduisaient à R'at, à R'damès, au Touat, au Maroc ; il en arrivait aussi au Mzab, dont les habitants viennent ou venaient les vendre à Tougourt, à El Ar'ouath. Les Chambas en amenaient aussi sur ces marchés, d'où ils étaient dirigés sur Biskra, Mdoukkal, Bousadah, etc. Malgré cette longue navette, le prix des nègres, dans nos possessions actuelles, n'était pas exorbitant : une négresse coûtait moins qu'une belle jument, le prix d'un nègre excédait rarement celui d'un beau cheval.

Pour connaître le sort du nègre de l'Afrique septentrionale, gardez-vous de lire *la case de l'oncle Tom* ; ici, pas un mot de cela, pas de travail sur les plantations, parce qu'il n'y a pas de plantations, pas de préparation de canne à sucre, parce qu'il n'y a pas de canne à sucre, pas de fouet de commandeur, parce qu'il n'y a pas de commandeur. Chez les Arabes, le nègre était traité comme l'enfant de la maison, c'était un coq en pâte, heureux comme un rentier sans rentes ; le koran s'est occupé de son sort ; non-seulement il défend expressément qu'on le maltraite, mais même qu'on le traite mal ; le maître a, sur la négresse, les mêmes droits que sur ses femmes, il lui doit donc les mêmes égards ; il est vrai qu'en en ayant fort peu pour son épouse, il ne peut pas en avoir beaucoup pour sa négresse ; mais pour les femmes de cette couleur, les égards ne font pas le bonheur de l'existence, et leur sort n'est pas à plaindre en pays arabe.

Si la négresse est jeune, le maître use toujours de ses droits et passe du blanc au noir et réciproquement ; on dit que le meilleur moyen de raviver les sensations qui s'émoussent, c'est de varier la couleur de ses plaisirs.

Souvent il arrive qu'on marie la négresse avec le nègre ; il est convenable alors que le maître ne s'en occupe plus, un autre étant chargé de ce soin ; mais s'il continue à lui porter de l'intérêt, un mari noir doit comprendre tout ce que ce sentiment du maître a de flatteur pour l'esclave.

Il est très-rare qu'on batte les nègres s'ils se conduisent bien ; il est moins rare de rencontrer des maîtres qui ont pour eux une véritable affection ; on n'administre de volées qu'à ceux qui se conduisent mal ou qui volent, encore faut-il qu'il y ait récidive ou incorrigibilité constatée. Les noms les plus répandus des nègres sont, pour l'homme, Salem, pour la femme, Mbarka ; le mot Khadem, qui veut dire servante, est presque toujours pris comme synonyme de négresse ; Oucif veut dire nègre. Dans une tribu des environs de Sétif, chez les R'azla ; c'était, après la mort du qaïd Mahmoud, son nègre qui administrait la tribu ; la veuve et le fils du qaïd n'agissaient que par lui.

Le khalifa de la Medjana avait un esclave et une esclave qu'il traitait comme ses enfants. Ces esclaves n'étaient pas noirs ; la femme avait de la grâce et une agréable physionomie, on la surnommait El Ouannour'ia (du pays appelé l'Ouannour'a) ; le nègre était joli cavalier. J'ai toujours pensé qu'ils étaient descendants d'Européens capturés par les corsaires du pacha et réduits en servitude. Jamais le khalifa ne faisait une course ou une sortie sans emmener cette négresse, c'était comme qui dirait sa femme de campagne.

Je me trouvai un jour avec lui dans le Hodna, et nous devions aller faire ensemble un coup de main sur une fraction des O. Nail ; l'expédition ne devait pas être de longue durée, aussi je ne m'étais embarrassé ni de vivres, ni de bagages. Je partageai son kouskoussou, le meilleur medjbour qu'on pût trouver ; s'étant aperçu que je n'avais pas de tente, il m'offrit une place dans la sienne, et j'aurais accepté, si un de ses plus fidèles serviteurs ne m'en avait détourné ; vous allez savoir comment.

« Le khalifa vous a proposé de vous abriter la nuit sous sa tente ? — Oui. — Sidi est plein d'égards pour les officiers français, il a cru ne pas pouvoir se dispenser de vous faire cette offre, mais ce qu'il souhaitait le plus, c'était un refus de votre part. — Tu crois ? — J'en suis

sûr. — Pourquoi? — C'est que jamais il n'est arrivé à
Sidi de coucher en route sans son esclave ; elle est nécessaire à son existence de campagne ; vous allez la bouleverser de fond en comble, troubler son repos, lui faire
des nuits sans sommeil, et songez qu'il a 75 ans ou plus
peut-être ; à cet âge, l'habitude ou la routine devient une
nécessité de la vie. — Alors il faut arranger autrement
les choses. »

Nous trainions à notre suite un goum de 250 Hachem,
et il faut vous dire que les Hachem formaient une tribu
Makhzen, attachée spécialement au service du khalifa et
tenue de mettre sous les armes 500 cavaliers qui devaient
le suivre quand il était appelé à marcher pour une expédition commandée par un chef français, ou quand il
agissait seul pour opérer un coup de main, une razzia
ou même pour prélever l'impôt ; quand les Hachems
étaient employés à faire rentrer l'impôt, il leur en restait toujours un peu après les doigts, et le bon khalifa
ne faisait qu'en rire, car, quand il arrivait dans les siens,
il n'en sortait jamais intégralement.

Les Hachems occupaient, en campagne, de petites tentes
en laine ou en toile, dans lesquelles couchaient cinq
cavaliers et où ils pouvaient tenir dix en se serrant un
peu ; on doubla donc la garnison d'une tente pour en
vider une autre qu'on me donna ; de cette manière, le
khalifa ne fut forcé d'apporter aucune modification à ses
habitudes nocturnes et dut me savoir gré de ma discrétion.

A notre rentrée dans le Hodna, l'esclave tomba malade,
et le jour de l'arrivée à la Medjana, le khalifa, dévoré
par l'inquiétude, fit appeler le sous-aide-major qui se

trouvait au fort de Bordy Bouariridj ; il fallait qu'il eût de grandes craintes, car il ne présentait jamais son esclave à qui que ce fût ; il ne voulut pas même que l'interprète indigène qui se trouvait avec moi l'approchât, et il me pria de servir d'interprète au médecin. Je parlais assez mal l'arabe, je ne le comprenais pas beaucoup mieux, je m'en tirai tant bien que mal : la pauvre fille était atteinte de choléra, mais elle résista à l'attaque et sa bonne constitution la sauva. Qui peut peindre la joie du khalifa? il aurait embrassé le tebib[1] et lui aurait fait de superbes cadeaux, s'il n'eût su que cet officier était la délicatesse même et incapable de rien accepter. Nos médecins militaires donnent chaque jour des preuves de désintéressement et d'obligeance ; on les aime fort en Algérie.

En 1848, la république abolit l'esclavage ; quoiqu'il fût, en Afrique, exempt de tout ce qui en est ordinairement l'apanage, elle ne pouvait l'y laisser subsister ; c'était une question de principes ; mais sachant quelle perturbation cette mesure allait produire dans les habitudes et la vie de l'aristocratie indigène, elle se montra moins brutale qu'on ne la fait souvent et donna, pour préparer les Arabes à l'application de la nouvelle loi, un délai de deux ans. Toutes les précautions qu'on prit ne réussirent pas à rendre le coup moins sensible pour les indigènes ; ils espéraient toujours qu'on reviendrait là-dessus ; une grande quantité d'esclaves ne voulurent pas quitter leurs maîtres, sachant qu'ils étaient mieux traités par eux qu'ils ne le seraient partout ailleurs ; d'autres

---

[1] Médecin.

restèrent chez eux par crainte, car les Arabes leur
disaient que la mesure ne concernait que la France et
non pas l'Algérie, que s'ils fuyaient, on les poursuivrait.
Quelques-uns, ne pouvant résister à l'amour du changement, s'enfuirent sans avoir de but ; il n'est pas de ruses
et de mensonges qui ne furent mis en œuvre par les
maîtres pour obtenir qu'on les leur rendît. Les qaïds
étourdirent les bureaux arabes de leurs plaintes ; à les
entendre, leurs nègres les avaient volés. Les bureaux
arabes ne voyaient pas trop clair dans ces sortes d'affaires. Quelques chefs de ces bureaux firent rentrer les
esclaves chez leurs maîtres, d'autres laissèrent les chefs
arabes se plaindre, c'était ce qu'ils avaient de mieux à
faire. On vit des nègres fugitifs aller se vendre à Tunis.
Des caravanes amenant, sans avoir peut-être connaissance
des ordres donnés, des nègres sur les marchés du Sud,
virent l'autorité donner la clef des champs à leur car-
gaison humaine, ce qui ne les arrangeait guère et leur
faisait éprouver des pertes considérables. Un jour, à Bousadah, douze négresses furent émancipées de la sorte ;
elles furent d'abord conduites à la maison d'hospitalité
(*bitiddeaf*) où il leur fut servi un plat de kouskoussou,
et la manière dont elles le nettoyèrent annonçait chez
elles de grandes dispositions à la propreté. On fit ensuite
venir la négresse du qaïd, qui fut chargée de leur dire
qu'elles étaient libres. Elles accueillirent cette ouverture
d'un air hébété, en se regardant comme des êtres naïfs
qui cherchent à comprendre. C'est qu'en effet ce qu'on
leur disait leur paraissait si extraordinaire, cette liberté
qu'on leur offrait leur semblait si impossible, si dange-
reuse, qu'elles étaient fort inquiètes sur la manière de

s'en servir. Le chef du bureau arabe leur fit une offre
dont l'acceptation l'eût mis dans un étrange embarras : il
leur proposa de les faire reconduire dans leur pays. Il est
impossible de décrire l'impression de frayeur qui se
refléta sur leurs traits à ces paroles : elles pleuraient,
s'arrachaient les cheveux, se déchiraient les joues. Il n'y
avait pas autre chose à faire que d'engager quelques
chikhs et gens aisés de la ville à les prendre pour ser-
vantes et à en avoir soin. Dix notables se présentèrent et
en emmenèrent chacun une ; les deux qui restaient
furent, le lendemain, confiées à deux chefs de tribus de
la plaine.

Quelques jours après, le bruit de cet incident se répandit ; on se figura que le gouvernement se chargeait, dans
l'intérêt des indigènes, du commerce qu'il prohibait pour
les particuliers, et comme on est porté à croire que l'intervention du gouvernement légitime même un crime,
et que tout ce qui vient de lui découle d'une source
pure, fatale erreur ! personne ne s'étonna du fait, et de
toutes parts on accourut au bureau arabe demander
l'époque de la prochaine distribution de nègres ; le bureau
arabe répondit qu'il n'en savait rien, que cela ne pouvait,
au reste, avoir lieu que dans une occasion solennelle et
qu'il fallait attendre, sans rien espérer cependant, la fête
de l'Empereur. Ils ne furent pas la dupe d'une plaisanterie difficile à avaler.

Les marchands mozabites assiégèrent, pendant cinq
jours, la porte du bureau arabe ; fatigués, rebutés, ils
eurent l'idée d'attaquer, devant le qadhi, les détenteurs
des négresses, et le qadhi leur aurait alloué une indemnité, si le bureau ne lui avait dit qu'il se brûlerait les

doigts en touchant à une pareille affaire. Ils songèrent alors à réclamer au chef-lieu de la subdivision de la province, ils écrivirent lettre sur lettre, et puis, comme tout passe, en Afrique comme dans les autres parties du monde, on n'entendit bientôt plus parler de cette affaire.

Une de ces négresses, sans doute mieux inspirée et mieux conseillée que les autres, fit, quelques jours après la distribution, son apparition dans la maison de la tolérance, établissement très-bien fourni et achalandé, qui faisait l'admiration et les délices des touristes. Elle avait de la grâce et y jouit d'une vogue qui devait devenir fatigante ; mais quelques mois après, elle en fut tirée par un Arabe riche qui l'épousa devant le qadhi. Vous savez ou vous ne savez pas, cher compatriote, que l'acte de l'état civil est, en pays arabe, une éponge qui efface le passé le plus maculé ; c'est un savon qui fait disparaître la tache la plus invétérée, puisqu'il blanchit même les négresses. Il n'en est pas ainsi chez nous, où l'opprobre de la vie passée suit la femme jusque sous le toit conjugal, tandis qu'en pays musulman, la courtisane qui s'est mariée, au sortir du lupanar, a droit au même respect, à la même déférence que si elle avait été prise au couvent.

Conçoit-on que la barbarie soit appelée à donner au monde civilisé l'exemple de la charité, de la tolérance, de l'oubli des fautes réparées?

Près de quelques centres de population européenne, on fonda des villages nègres ; dans quelques postes du Sud, on installa des douars nègres dans des cabanes de feuilles de palmier. On y trouvait des hommes pour servir les maçons, travailler à la terre, soigner des chevaux ;

mais, au début, ces villages devinrent un lieu de recel pour les voleurs ; c'est là que les pratiques (mauvais garnements) de l'armée française allaient vendre leurs effets d'habillement, leur linge, leurs chaussures. On voyait des nègres vêtus de pantalons rouges, de capotes de soldat, en loques, d'autres chaussés de souliers de magasin. On fit des visites domiciliaires, des exemples, et à la longue, tous ces bouges se moralisèrent un peu. J'ignore dans quel état de prospérité ou de misère ces établissements se trouvent pour le quart d'heure.

Vous voyez, cher compatriote, qu'en Afrique l'esclavage était exempt des horreurs qu'en Amérique il traînait à sa suite ; vous voyez aussi que le nombre des esclaves ne pouvait pas être bien considérable et que les Touareg exagéraient le tort que la prohibition avait pu leur causer.

Pour revenir aux Touareg, je vous dirai que j'ai toujours été d'avis que, pour le moment, il fallait les laisser tranquilles et ne pas s'en occuper, qu'il était absurde de se casser la tête avec le commerce du Sud, que des obstacles insurmontables éloignaient de la route que nous voulions le voir prendre ; enfin, qu'il y a bien des choses plus utiles à faire en Algérie que de courir après un mythe.

LETTRE LXXXVI.

QUELS SONT LES MOYENS D'ARRIVER A DÉVELOPPER LA PRODUCTION DANS LE SUD ET A FIXER AU SOL L'ARABE DE LA TENTE.

Ce qui précède pourrait vous faire penser, cher compatriote, que je suis un adversaire de l'occupation complète.

En tout cas, je ne serais pas le seul.

Bien des gens ont désiré nous voir nous arrêter en route, nous fixer sur la côte ou au moins ne pas dépasser le Tell; sur ce dernier point, leurs avis s'étaient partagés, mais ils voulaient l'occupation plus ou moins restreinte.

Si nos aigles ont pris leur vol vers le Sahara, vous savez comment cela s'est fait : insensiblement, sans parti pris, par l'enchaînement des évènements.

Quant à moi, je n'ai jamais eu de goût pour l'occupation restreinte ; dans une autre correspondance je vous dirai pourquoi.

Je veux, pour le moment, me borner à vous prouver qu'avant de songer au commerce de l'Afrique centrale, nous avons bien des choses à faire dans la nôtre : nous avons à développer les ressources du pays, sa production ; nous avons à y encourager la culture des denrées qu'on y récolte, à y faire revivre celle des denrées qu'on y trouvait jadis. Nous n'y ferons pas pousser de dents d'éléphant, nous ne changerons pas en poudre d'or le sable de nos fontaines.

Il n'est pas dans nos habitudes de faire des choses merveilleuses.

Plus tard nous demanderons cela au Soudan ; ne le tracassons pas pour le quart-d'heure, ce Soudan mystérieux, ce cachottier de Soudan ; je songe à quelque chose de plus pressé, de plus sérieux, de moins périlleux à faire aujourd'hui, et pour cela, ce n'est pas au Soudan qu'il faut nous adresser, c'est à la sonde artésienne, dont on fera bien de s'occuper beaucoup, et à la noria[1], dont on devrait s'occuper davantage.

---

[1] *Noria*, machine hydraulique analogue au chapelet hydraulique et qu'on emploie pour les irrigations. Elle se compose d'une chaîne sans fin qui s'enveloppe sur un tambour ; le long de cette chaîne sont attachés des godets ou augets, depuis le fond où ils vont puiser l'eau jusqu'à la partie supérieure où le liquide est élevé. En imprimant un mouvement de rotation au tambour, la chaîne est entraînée et les seaux, d'un côté, sont pleins et ascendants, tandis que ceux de l'autre côté sont vides, descendants et ont leur ouverture renversée ou en bas. (BOUILLET, *Dictionnaire des sciences, lettres et arts.*)

Laissons les Touareg chez eux, nous pouvons nous passer d'eux, nous avons assez de coquins dont nous nous passerions de même.

J'ignore où l'on en est avec eux pour le moment.

Quand j'ai quitté l'Afrique, on venait de leur envoyer des ambassadeurs.

C'est une idée originale, amusante ; on n'a pas d'idées comme cela, une mission toute trouvée.

Il n'y a là rien de grave ; je n'y verrais qu'une fantaisie innocente si, au bout de tout cela, il n'y avait pas, pour l'Etat, une carte à payer, l'addition, comme au restaurant.

Quand la conquête de l'oued Rir' fut accomplie, nous sûmes ce qu'étaient les oasis du Sahara ; quand nous eûmes suivi, avec un sentiment de pitié, la longue série de pénibles travaux par laquelle passent les Arabes pour trouver la nappe jaillissante, on songea à la sonde et au trépan.

M. le colonel Desvaux avait eu l'heureuse idée d'engager à venir étudier l'oued Rir' un industriel très-connu, M. Laurent, successeur de M. Dégouzée, dont la maison a entrepris et réussi bien de difficiles sondages.

M. Laurent fut bientôt convaincu que, dans nulle autre contrée, la sonde ne se trouverait plus à l'aise pour travailler. Partout des couches faciles à percer, une profondeur relativement insignifiante, le trépan devait entrer là-dedans comme dans un fromage de Gruyère, la sonde y manœuvrer toute seule.

Il ne s'agissait pas de puits de Grenelle, ni de Passy, mais de puits charmants, de puits de bon Dieu.

Tous ces rudes travaux arabes firent sourire de compassion l'intelligent industriel ; tout ce qu'il voyait devait être pour lui un jeu, une plaisanterie, la chose irait plus vite qu'on ne voudrait.

Il fit donc tous ses calculs, détermina le poids, les dimensions du matériel à expédier, matériel qui devait traverser l'espace à dos de chameau. M. Laurent retourna chez lui avec des données certaines, précises.

Bref, il expédia tout ce qu'il fallait pour creuser, tuber, mastiquer, et mit à la disposition du gouverneur, pour diriger les travaux qu'on avait résolu de faire, un jeune praticien de sa maison, M. Jus, homme habile, exercé, que rien n'embarrassait jamais et qui mena la chose vite et bien.

Doué d'une bonne constitution, peu soucieux de ses aises, patient et gai de caractère, il devait se faire promptement à cette existence en plein air ou sous la toile.

C'était l'homme qu'il fallait pour travailler au milieu des indigènes.

Depuis bien des années, M. Jus est là, forant, tubant et cuvelant des puits avec quarante troupiers qui travaillent sous ses ordres sept mois sur douze.

Dans les premiers temps, M. Jus fut secondé par un officier de spahis, M. Lehaut, qui mourut et que remplaça un capitaine d'artillerie, M. Zikkel.

Le goût que ces officiers intelligents et actifs prirent à ces travaux en fit bientôt des hommes capables de diriger un atelier.

Enfin, un petit matériel de campagne, un bijou de matériel, un véritable joujou, fut confié à un sous-officier de tirailleurs, le sergent D'hem, qui annonçait de grandes dispositions pour la partie et rendit de grands services dans la direction d'un personnel indigène qu'on employa à dégager et creuser des puits dont le forage présentait moins de difficultés.

Pendant son séjour dans l'oued Rir', le sergent D'hem étudia le procédé de creusement des Arabes, et c'est à lui que je dois certains détails de ce genre que je ne connaissais pas bien. Tout marcha comme sur des roulettes ; dans quelques endroits, il ne fallait pas à ces Messieurs plus de quatre ou cinq jours pour creuser un puits, le terminer complètement.

Je constate donc le succès de la sonde dans le sud de la province, et je crois pouvoir lui prédire un bel avenir dans notre Sahara. Les essais furent faits dans l'Oued Rir', sur des propriétés particulières.

C'est bien sur ce théâtre-là qu'il fallait débuter, c'est dans des puits faciles, de bonne composition, pas méchants du tout, qu'il fallait d'abord introduire la sonde ; c'était la placer dans sa sphère véritable ; là elle devait se montrer dans son beau, briller de tout son éclat.

Là nos ingénieurs devaient apparaître comme de nouveaux Moïses et enfoncer le prophète ; le miracle de la baguette allait s'expliquer, et Moïse allait se voir réduit aux proportions de M. Mulot. Près de Raphidim, il avait donné de l'eau à 600,000 Israélites, les nôtres allaient en donner à des millions de palmiers, et un palmier boit beaucoup plus qu'un Juif.

On se disait : « Espérons qu'il ne viendra pas à M. Jus l'idée de se faire chérif et qu'il n'abusera pas de sa position. » Des articles de journaux témoignèrent de la joie, de l'admiration, de la jubilation, des transports des Arabes à la vue des faits et gestes de la sonde.

D'après eux, c'était à l'introduction de la sonde dans l'Oued Rir' que nous étions redevables de la tranquillité profonde qui y régnait.

Les choses ne se passèrent pas tout-à-fait comme on l'a raconté.

Je soupçonne que, dans l'oued Rir', l'enthousiasme était chauffé par les chefs arabes, les intrigants, les ambitieux, les farceurs. Les avantages de la sonde ne parurent pas, de prime abord, aux populations, aussi évidents qu'on l'a dit.

Ces Rouar'as, si enthousiasmés, soi-disant, de notre sonde, se plaignaient de ce qu'elle allait faire mourir de faim les charpentiers, les puisatiers et les plongeurs.

C'était l'histoire des ouvriers de divers métiers, à l'apparition de la vapeur et des machines.

C'était celle des commissionnaires de roulage, des entrepreneurs du service des diligences, des maîtres de poste, lors de l'installation des chemins de fer en France.

Les Rouar'as ne montraient aucun goût pour le transport du matériel, quand on leur demandait, moyennant un loyer convenable, des chameaux pour diriger l'outillage sur les différents ateliers de sondage.

Notre makhzen (nos agents indigènes) nous rapportait qu'à Tougourt on élevait des doutes sur la solidité, sur la durée du matériel, sur le débit de nos puits qui, disait-on, donnaient moins d'eau que les leurs.

Pour mettre en doute de tels rapports, il faudrait ignorer que l'Arabe est l'être le plus défiant qui soit au monde, surtout quand il s'agit des procédés Roumis.

Franchement, la sonde n'était pour rien dans l'attitude

pacifique des Rouar'as, c'était ma conviction ; elle ne jouait aucun rôle dans la politique, elle était loin de se douter, la pauvre fille d'artisan, qu'on lui prêtait le talent d'un diplomate habile.

Il y a comme cela, de par le monde, des gens qui ne connaissent pas leurs capacités, comme les hercules ne connaissent pas leur force.

Les Rouar'as sont d'un caractère doux, peu guerroyeur, peu énergique même ; ils vivent à l'abri de toute excitation à la révolte ; pour eux elle n'est pas le plus sacré des devoirs, il ne leur prendra pas l'envie de s'insurger, ils songent à vivoter tranquillement, grignoter leurs dattes et s'abrutir avec l'amour et le leguemi[1]; ils ne voient pas plus loin.

Je n'en veux pas aux gens qui ont écrit ce que j'ai lu, je ne leur en fais pas un crime, il faut bien que tout le monde vive ; d'ailleurs, dans mon âme et conscience, ils n'ont voulu nuire à personne.

Ils ont dit sans doute ce qu'ils pensaient, et c'était supposable.

En effet, les propriétaires des puits que nous creusions n'étaient pas à plaindre.

On épuisait, on éreintait pour eux ce malheureux budget des centimes additionnels[2], pauvre vache à lait qui se laissait traire par tous les bouts ; et s'ils contri

---

[1] Liqueur fermentée extraite du palmier.

[2] Ce budget supportait les dépenses les plus variées ; on lui imputait tout ce qu'on ne pouvait imputer aux autres, on abusait de sa jeunesse et de son inexpérience.

buaient à l'amaigrir, ils ne concouraient pas, en
revanche, à la refaire. L'impôt qu'on leur demandait était
insignifiant. Ceux qui payaient beaucoup étaient ceux
pour qui on ne faisait rien, ceux sur qui roulaient les
réquisitions, parce qu'ils étaient nos voisins et que nous
les avions sous la main.

Il leur manquait des routes, des chemins, des passe-
relles, leurs fontaines étaient dans un état pitoyable ;
mais le puits foré du Sahara dominait la situation.

Je n'étais pas partisan de ce système exclusif, que je
trouvais infiniment trop prolongé.

Le soleil doit luire pour tout le monde.

Je ne sais plus où en est la sonde, ce qu'elle fait ; il
m'a fallu, le cœur gros, renoncer à suivre les développements de son œuvre pleine d'intérêt pour moi.

A-t-on persévéré dans les mêmes errements? a-t-on,
tout en continuant l'entreprise, modifié le système? c'eût
été sage.

A l'époque où le trépan travaillait presque sous mes
yeux, j'avais mes idées sur la marche à adopter pour les
travaux, je nourrissais mon petit projet, j'avais mon
petit plan, je le chauffais, je le mûrissais, mais je le gardais pour moi.

Oh! diable, je me gardais bien d'en exposer les bases
ou les détails. L'autorité supérieure de ce temps-là n'avait
pas l'habitude de demander aux inférieurs leur avis sur
telle ou telle chose; tout ce qui venait d'en bas était
généralement pris en pitié et pas du tout en considération.

Voilà ce que j'aurais voulu que fît l'Etat avec son
argent, pas celui des indigènes, pas celui du budget des

centimes additionnels, le sien ou celui de l'Algérie tout entière, car ce projet intéressait, selon moi, tout le monde et devait profiter à la colonie autant qu'à la population arabe.

Après quelques essais suffisants pour prouver aux populations la puissance de nos engins, j'aurais voulu que, de suite, sans retard, sans perdre un instant, on entreprît une œuvre qui me semblait grande et utile pour l'avenir.

J'aurais voulu qu'on se servît de la sonde pour fixer au sol la population nomade[1].

Ah! voilà qui va faire sourire les Africains, les Africains féroces, des Sudistes même, qui connaissent l'Arabe et son coursier, qui ont vécu avec les chevaux ou plutôt les chameaux du Sahara.

N'y a-t-il pas folie à croire qu'on parviendra à fixer au sol des tribus dont la vie est le mouvement (*in motu vita*), qui ne peuvent rester en place, méprisent l'agriculture, possèdent des chameaux, des ânes, des moutons (*el machi*) (le bien qui marche), des gens qui changent cinquante fois de campement par hiver, font deux cents lieues par année, aller et retour, rien que cela, pour se rendre au Tell, traînant après eux leurs tentes, leurs richesses mobiles, leurs familles, emportant tout, comme Bias, qui n'avait rien.

Ceux qui ont vu les campements des nomades, ceux qui les ont rencontrés dans leurs émigrations annuelles,

---

[1] Non pas seulement les tribus que, dans la province de Constantine on appelle les nomades et que l'indigène nomme El Ar'ab, mais tous les Arabes pasteurs, Ouled Naïl, etc.

chevauchant à travers les plaines, savent que ces marches sont, pour eux, autant de parties de plaisir. La poudre y parle, l'amant y parade sous les regards de sa maîtresse dont l'œil noir suit tous ses mouvements par les ouvertures ou les trous du haouli usé ou mal ajusté sur le djahfa qui la voiture et dont les jambes du chameau sont les roues.

Mais c'est la vie joyeuse de Bohême, c'est l'existence variée et folâtre, c'est l'amour, c'est l'allure dégagée, c'est la liberté ; est-ce qu'on renonce à ces choses-là ?

Il y a du vrai là-dedans, je le reconnais ; mais permettez, ne tranchons pas ainsi, ne prononçons pas ce mot fatal de M. Rouher : « *jamais.* »

Est-ce que nous ne voyons pas, à toutes les époques, des peuples changer de mœurs, d'habitudes, d'existence ? Est-ce que l'histoire ne nous fournit pas des exemples de ce genre à toutes les pages ?

Est-ce que les Gaulois nos pères, passionnés jadis pour la vie en plein air, les courses lointaines, la chasse, les combats, n'ont pas bâti des villes ? Ne sont-ils pas devenus de paisibles citadins et de bons bourgeois ? n'ont-ils pas subi l'influence de Rome ? et les Berberes de l'Afrique ? N'ont-ils pas subi trois ou quatre métamorphoses ? Est-ce que les Kabyles d'aujourd'hui vivent comme les Numides de Jugurtha ? Et ces mêmes Numides ne tenaient-ils pas de l'invasion lybienne le goût pour la tente, l'amour des changements de lieu ?

Quelques années de séjour en Espagne et dans les possessions romaines d'Afrique suffirent pour modifier les mœurs des Vandales.

Les historiens racontent que déjà à cette époque on ne

retrouvait plus chez eux les habitudes de quelques petites fractions de ce peuple restées sur la Vistule, le Danube et le Rhin.

Les cas dont je parle, ces phases de la vie d'un peuple, sont très-fréquents pour l'individu.

Or, c'est sur l'individu qu'il faut opérer.

Il ne s'agit pas d'une entreprise en grand, d'un système appliqué immédiatement et par la force.

C'est une affaire de temps.

Il s'agit de rechercher, dans les tribus, les indigènes dont les dispositions ne seraient pas contraires à nos projets, de favoriser ces dispositions, de les développer par l'offre d'avantages matériels, par l'amour de la propriété. Je vous expliquerai, un peu plus bas, ce qui m'autorise à penser que nos démarches, dans ce but, ne seront pas sans résultat.

Il faut commencer par quelque chose; le temps, l'exemple, feront le reste; les Arabes sont un peu comme les moutons de Panurge.

Et puis, quelque chose vient en aide à nos efforts, c'est le cas de force majeure.

Le développement de la colonie européenne et indigène menace depuis longtemps l'existence des tribus errantes, déjà entravée par l'accroissement des cultures dans le Tell et le défrichement des terrains vagues qui deviennent de plus en plus rares.

Les nomades sont gênés et deviennent très-gênants ; le jour où nous fonderons la propriété indigène, ils ne seront plus supportés.

S'ils se voient contraints de passer tous leurs étés dans le Tell, adieu au train de vie qu'ils mènent ; il faut que cette vie, ces habitudes pastorales se modifient ; changer d'allures ou mourir ! il n'y a pas de milieu : en Afrique, le suicide n'est pas dans les goûts.

J'ai, d'ailleurs, été amené à croire mon projet réalisable par de fréquentes observations, faites pendant que j'exerçais un commandement militaire dans le sud de la province. Il ne se passait pas un mois sans que quelque Arabe des Ouled Nail ou des tribus du Hodna, tout ce qu'il y a de plus mobile en fait de tribus, notez-le bien, ne vînt me parler d'une source située sur leur territoire et me demander l'autorisation de se fixer près d'elle.

Comme le nombre des fontaines n'est pas considérable dans ces parages, la même était toujours demandée par plusieurs ; mais souvent on m'en indiquait que je ne connaissais pas et dont la population indigène même ignorait l'existence.

Le postulant demandait avant tout :

Qu'on le retirât des mains de son qaïd et de celles de son chikh, dans lesquelles il paraît qu'il ne se trouvait pas aussi bien qu'on pouvait le croire.

Il désirait aussi payer son impôt seul et à l'agent français directement.

Tout ceci témoigne hautement des sentiments d'affection et de confiance dont son cœur était pénétré à l'égard des fonctionnaires ses compatriotes.

Enfin, qu'il les aimât ou non, il aurait en tout préféré autre chose.

Je continue. Mon Arabe voulait la propriété du terrain environnant la source et la jouissance de son eau.

On devrait lui laisser aussi la latitude d'envoyer un parent, avec une tente volante, conduire ses troupeaux dans les pâturages et dans le Tell pendant l'été, ainsi que font tous les habitants des ksours qui possèdent des chameaux ou des moutons.

A ces conditions, il s'engageait à bâtir un gourbi près de la fontaine et à s'y fixer avec sa famille ; il déclarait aussi que, dans le cas où l'Etat aurait la louable intention de l'aider à construire, il ne s'y opposerait pas.

Je rendis compte de ces tendances heureuses, de ce goût des indigènes pour les fontaines ; j'en rendis compte à plusieurs reprises et on me répondit que c'était parfait, que l'autorité supérieure éprouvait une véritable satisfaction en apprenant que de telles idées se manifestaient chez les indigènes, qu'il fallait les encourager en promettant de songer à cette affaire-là ; mais qu'il n'y avait pas à s'en occuper, parce que ce serait engager l'avenir.

Comment trouvez-vous cela, cher compatriote ? L'Etat ayant des scrupules pour l'avenir de quelques filets d'eau de l'Algérie, quand il ne fait pas autre chose, depuis plusieurs années, que d'engager celui de la France entière.

C'est écrasant. Décidément, dans l'univers, il y a une partie du monde qui se moque de l'autre.

Vous comprenez que mes remarques devaient me faire penser qu'il fallait essayer de fixer les nomades au sol.

J'aurais donc voulu :

1° Qu'on se mît en mesure de rechercher et de reconnaître toutes les fontaines ;

2° Qu'on travaillât à en augmenter le débit ;

3° Qu'on les mît, soit par une grille très-solide, soit

par une construction quelconque, à l'abri de la main des indigènes;

4° Qu'on limitât une certaine zône autour de ces fontaines ;

5° Qu'on recherchât la source artésienne dans des terrains vagues où on serait certain de la trouver ;

6° Qu'on y préparât la création d'oasis et de villages, sans oublier les travaux de drainage pour l'écoulement des eaux parasites ;

7° Qu'on y appelât le pépiniériste de Biskra[1] pour y faire, avec le secours des indigènes, des plantations de palmiers, de garance, de henné et de vigne ;

8° Qu'on y plaçât les Arabes qui le désireraient.

Cette entreprise eût été poussée plus ou moins activement, selon l'étendue des ressources qu'on aurait pu y employer et le nombre des postulants.

Dans les Zibans, dans les lieux rapprochés du Tell, ou bien on ne trouve plus la couche artésienne, ou bien on ne la trouve qu'à une profondeur telle que, pour la faire jaillir, la vapeur devient indispensable ; le transport du matériel, dans ce cas, est impossible sans le secours des routes carrossables dont nous ne jouissons pas en pays arabe, ou au moins sans celui d'excellents chemins dont nous ne jouissons guère.

---

[1] Nous avions à l'époque, à Biskra, un pépiniériste habile, M. Béchu, qui y faisait des choses charmantes. Travailleur, observateur, aimant sa partie, il était parvenu à dresser quelques indigènes à nos procédés de jardinage, et, comme il n'était pas affligé d'un esprit étroit et routinier comme tant d'autres, il ne dédaignait pas les pratiques arabes qu'il jugeait bonnes.

Mais dans ces endroits on rencontre, à quelques mètres du sol, la nappe ascendante qu'on peut, au moyen de la noria, amener à sa surface avec aisance et facilité. Alors, « prenez mon ours, » la noria que j'aime, la noria dont je raffole.

Et, Dieu merci, je sais ce que c'est ; dans le midi de la France, on en voit de toutes les couleurs, de toutes les dimensions, de tous les prix.

Dans les cités gasconnes ou peu s'en faut[1], à qui est-on redevable de cette prodigieuse quantité de légumes dont elles regorgent ?

A la noria.

A Toulouse, où l'aspect des marchés a quelque chose de merveilleux, à qui doit-on cette abondance de produits qu'y amène le maraîcher ? A la noria ; et notez que nous ne voyons qu'une moitié de ce qui pousse dans ses jardins, car le chemin de fer se gêne peu pour enlever l'autre, sans même s'informer s'il en laisse assez.

Ne peut-on, en Algérie, créer des oasis avec la noria, comme on en créerait avec les sources naturelles et les puits artésiens ?

Il faut dire qu'on y a songé. On a fait, dans le pays, quelques essais de noria ; mais c'était la noria en bois avec des godets idem, ou en poterie ou en cuir, la chaîne sans fin était une corde d'halfa.

Tout cela se brisait, se disloquait, se rompait et ne se raccommodait jamais ; impossible d'astreindre l'Arabe,

---

[1] Les habitants de la Haute-Garonne, en parlant de ceux du Gers, disent « les Gascons. »

l'homme du *grosso modo* par excellence, aux détails multiples du rafistolage de la noria primitive.

Le midi de la France est couvert de norias en fer, grandes, moyennes, petites, norias mues par des chevaux et mulets, des ânes, par le bras d'un gamin même.

Elles sont d'une solidité dont rien n'approche. Il y a, dans les villes, des ouvriers en fer qui ne fabriquent que des norias.

Voilà celles qu'il faut à l'Algérie, et, dans tous les postes occupés par nous, on trouvera des artisans qui, avertis par les bureaux arabes, iront réparer, quand cela sera nécessaire, les constructions des fontaines, les puits artésiens et les norias.

J'ai omis de dire que, chaque fois qu'on placera une famille indigène dans une oasis, il faudra lui chercher, dans le Tell, un Arabe ou un colon chez qui il placera son troupeau pendant l'été.

Dans les grandes plaines situées au pied des montagnes, des Pyrénées par exemple, les paysans reçoivent, pendant l'hiver, les troupeaux dont les maîtres habitent les hauteurs.

Ils les parquent sur leurs terres pour les fumer et construisent même exprès des hangars pour les abriter pendant la nuit.

Tout cela n'est pas la mer à boire, il ne s'agit que de le vouloir, il ne faut que s'en occuper sérieusement.

Ne pourrait-on pas employer utilement les bureaux arabes à cette œuvre ?

Ne faut-il pas parcourir les tribus, étudier leur territoire, reconnaître les sources qui les arrosent, lever des plans ?

Ne faut-il pas arriver à bien connaître les populations, pour y découvrir les hommes disposés à seconder nos projets?

N'avons-nous pas à leur faire sentir le prix des avantages qu'on leur fera, à combattre la mauvaise volonté des chefs indigènes qui mettront tout en œuvre pour persécuter, vexer, perdre dans notre esprit ceux de leurs administrés qui demanderont à se séparer de la tribu? car ce fait leur est fatal, nos essais poussent droit au désagrègement de la tribu, et c'est leur ruine.

Il faudra procéder à l'installation des Arabes dans les oasis, à la recherche des colons ou des indigènes qui recevront, dans le Tell, leurs troupeaux pendant l'été.

Il y aura bien d'autres détails à régler, et je trouve cette mission plus sérieuse, plus utile pour l'avenir, que celle donnée aux officiers des bureaux arabes et qui consiste à suivre l'employé du domaine et le géomètre dans l'opération de délimitation des tribus, opération éternelle, entravant tout et relativement peu utile pour la constitution de la propriété individuelle, question que j'aurais voulu voir aborder tout de suite.

Voilà quelles sont mes idées sur le parti qu'on peut tirer du sud de la province de Constantine; voilà, cher compatriote, comment je crois possible d'essayer de fixer au sol une population qui devient aussi gênante qu'elle se trouve elle-même gênée, et qui, devenue stable et propriétaire d'immeubles, concourra, en doublant la production dans le Sud, à agrandir le commerce des denrées propres à l'Algérie, commerce qui profite aux Européens autant qu'aux indigènes. Mais, pour arriver au but, il faut de la persévérance, et nous n'en avons guère.

De la patience, nous n'en avons pas.

De l'argent, nous savons toujours où en prendre pour des entreprises hasardeuses, absurdes, et nous n'en trouvons jamais pour les dépenses productives.

Et cependant..... qui veut la fin, veut les moyens.

BIBLIOTHÈQUE NATIONALE — R.F. — IMPRIMÉS

FIN.

ERRATA

Page 6, ligne 21, au lieu de héserber, *lisez* éherber.
— 32, — 29, au lieu d'encognures, *lisez* encoignures.
— 41, — 27, au lieu de poussaient, *lisez* poussent.
— 87, —   5, au lieu de moix, *lisez* mois.
— 117, — 25, au lieu de singe, *lisez* signe.
— 145, —   5, au lieu de village se disent, *lisez* se dit.
— 274, —   3 de la note, au lieu de pas, *lisez* par.
— 322, —   4, au lieu de éparpillés, *lisez* éparpillé.

Châlons, imp. T. Martin.

www.ingramcontent.com/pod-product-compliance
Lightning Source LLC
Chambersburg PA
CBHW050548270326
41926CB00012B/1967